12步玩转股权激励

鲍乐东 著

中信出版集团 | 北京

图书在版编目（CIP）数据

12 步玩转股权激励 / 鲍乐东著 . -- 北京：中信出版社，2021.6
ISBN 978-7-5217-3187-3

Ⅰ.① 1… Ⅱ.①鲍… Ⅲ.①企业管理–股权激励–研究 Ⅳ.① F272.923

中国版本图书馆 CIP 数据核字（2021）第 097322 号

12 步玩转股权激励

著　　者：鲍乐东
出版发行：中信出版集团股份有限公司
　　　　　（北京市朝阳区惠新东街甲 4 号富盛大厦 2 座　邮编　100029）
承　印　者：三河市科茂嘉荣印务有限公司

开　　本：787mm×1092mm　1/16　印　张：30.25　字　数：316 千字
版　　次：2021 年 6 月第 1 版　　　印　次：2021 年 6 月第 1 次印刷
书　　号：ISBN 978-7-5217-3187-3
定　　价：86.00 元

版权所有·侵权必究
如有印刷、装订问题，本公司负责调换。
服务热线：400-600-8099
投稿邮箱：author@citicpub.com

目 录

前　言 ... XI

第一章　为什么要做股权激励 ... 001

第一节　股权激励的兴起 ... 003
一、人力资本时代已经来临，人才成为企业第一资源 ... 003
二、面对竞争，如何留住人才 ... 008
三、税收强监管时代到来，高管面临巨大税负 ... 011

第二节　股权激励的发展历史 ... 015
一、股权激励理论发展史 ... 015
二、股权激励实践发展史 ... 020

第二章　股权激励的方法论 ... 031

第一节　宏观："四位一体"，全面洞悉人才激励 ... 033
一、"一体"——企业战略是股权激励的核心 ... 034
二、"四位"之企业文化 ... 036

三、"四位"之薪酬绩效 ... 039

四、"四位"之税务筹划 ... 040

五、"四位"之股权激励 ... 040

第二节 中观："股权激励九连环"，实施股权激励的脉络 ... 042

一、需求诊断 ... 042

二、尽职调查 ... 044

三、调研访谈 ... 045

四、拟订方案 ... 046

五、配套文件完善 ... 046

六、方案过会 ... 047

七、授予大会 ... 047

八、方案考核 ... 048

九、激励管理 ... 048

第三节 微观："股权激励12步法"，逐一击破股权激励难题 ... 050

一、定目的：企业基于什么目的而实施股权激励 ... 051

二、定对象：哪些人能成为股权激励的对象 ... 054

三、定进入：当次股权激励的具体对象 ... 055

四、定模式：哪种激励模式最适合公司的实际情况 ... 055

五、定来源：激励股份、员工资金分别从哪儿来 ... 056

六、定载体：是否要设立持股平台 ... 057

七、定数量：激励股份的总量、个量分别是多少 ... 057

八、定价格：激励股份授予价格的确定 ... 058

九、定时间：激励计划时间如何安排 ... 058

十、定考核：达到什么条件可以行权或解锁 ... 059

十一、定调整：调整机制的分析 ... 059

十二、定退出：如何设定退出机制 ... 059

第三章　股权激励第一步——定目的 ... 061

第一节　绑定员工、股东和公司的利益 ... 063
一、为在职骨干锻造"金手铐" ... 063
二、为公司元老铺设"金地毯" ... 064
三、为潜在人才搭建"金台阶" ... 065

第二节　练就"吸金大法",补充流动资金 ... 066

第三节　完善公司的治理结构 ... 070
一、降低代理成本 ... 071
二、防止内部人控制 ... 071
三、防止高管追求短期利益 ... 074

第四节　降低成本,完善薪酬体系 ... 076

第五节　特殊目的 ... 079

第四章　股权激励第二步——定对象 ... 081

第一节　常见的激励对象群体 ... 084
一、上市公司激励对象范围 ... 084
二、非上市公司的激励对象范围 ... 090
三、国有企业的激励对象范围 ... 091

第二节　让更多人看见机会 ... 092
一、纵深:激励对象范围可适当放宽 ... 092
二、横向:跳出企业内部,突破到产业链的激励模式 ... 093
三、误区:放宽激励对象范围不是全员激励 ... 096
四、总结:确定激励对象范围的思路 ... 097

第三节　不同发展阶段确定激励对象的策略 ... 098
一、初创期的激励对象范围 ... 098
二、成长期的激励对象范围 ... 099

三、成熟期的激励对象范围 ... 099

四、衰退期的激励对象范围 ... 100

第五章　股权激励第三步——定进入 ... 101

第一节　进入机制的前提 ... 104
第二节　定人的原则 ... 105
一、公平公正原则 ... 106

二、过往贡献度原则 ... 106

三、可持续贡献原则 ... 106

四、不可替代性原则 ... 107

五、动态管理原则 ... 107

第三节　选人的工具 ... 108
一、人才九宫格 ... 108

二、四象限 ... 111

第四节　定人的核心要素 ... 114

第六章　股权激励第四步——定模式 ... 119

第一节　股权激励模式的概况 ... 121
第二节　常见的股权激励模式 ... 123
一、分利不分权 ... 123

二、先分利后分权 ... 165

三、分利又分权 ... 186

第三节　创新的股权激励模式 ... 197
一、项目跟投机制 ... 197

二、资产管理计划 ... 205

三、收益权转让 ... 211

四、合伙人计划 ... 214

五、项目孵化模式 ... 220

六、阿米巴模式（小组模式） ... 224

七、上下游激励模式 ... 227

第四节　不同发展阶段企业股权激励模式的选择 ... 230

一、初创期企业股权激励模式的选择 ... 230

二、成长期企业股权激励模式的选择 ... 230

三、稳定期企业股权激励模式的选择 ... 231

四、衰退期或持续发展企业股权激励模式的选择 ... 232

五、华为公司各阶段股权激励模式的选择 ... 233

六、小结 ... 237

第五节　不同类型企业股权激励模式的选择 ... 238

一、连锁经营企业的股权激励模式选择 ... 239

二、文创、生物医药、新一代信息技术三大行业的股权激励模式选择 ... 248

三、多元化、多业务模式企业的股权激励模式选择 ... 262

第六节　股权激励模式特征的总结 ... 269

第七章　股权激励第五步——定来源 ... 271

第一节　股票来源 ... 273

一、上市公司常用股票来源 ... 274

二、非上市公司常用股票来源 ... 288

第二节　资金来源 ... 291

一、鼓励员工自筹资金 ... 291

二、上市公司常见购股资金来源 ... 292

三、非上市公司常见购股资金来源 ... 300

四、其他员工购股资金来源方式 ... 301

第八章　股权激励第六步——定载体 ... 305

第一节　直接持股 ... 307
第二节　间接持股 ... 308
一、有限责任公司 ... 309
二、有限合伙企业 ... 312
三、信托 ... 316
第三节　代持 ... 321
一、代持的优、劣势 ... 322
二、代持的相关法律法规 ... 322
三、代持的特殊形式 ... 324
第四节　几种模式的对比分析 ... 324
一、控制权 ... 325
二、控股成本 ... 326
三、减持自由度 ... 327
四、税负 ... 328

第九章　股权激励第七步——定数量 ... 331

第一节　定总量 ... 333
一、上市公司规定 ... 333
二、非上市公司操作指引 ... 336
第二节　定个量 ... 338
一、上市公司规定 ... 338
二、国有控股上市公司规定 ... 339
三、非上市公司操作指引 ... 340
四、三大方法 ... 341

第十章　股权激励第八步——定价格 ... 347

第一节　定价模型 ... 350
一、折价：进入价格＜基准价格 ... 350

二、平价：进入价格＝基准价格 ... 350

三、溢价：进入价格＞基准价格 ... 351

四、可变价格模式 ... 351

第二节　进入价格设定 ... 352
一、上市公司规定 ... 352

二、非上市公司定价参考因素 ... 356

三、国有控股上市公司规定 ... 358

四、不同类型公司的定价参考 ... 358

第三节　退出价格设定 ... 360

第十一章　股权激励第九步——定时间 ... 361

第一节　激励周期的概念 ... 363

第二节　有效期 ... 364
一、上市公司规定 ... 365

二、非上市公司操作指引 ... 365

第三节　授予日 ... 366

第四节　等待期（限售期）... 367
一、一次性等待期 ... 369

二、分次等待期 ... 370

第五节　禁售期 ... 371

第六节　分期激励绑定时间 ... 373
一、上市公司数据分析 ... 373

二、不同类型企业建议 ... 374

第七节　可行权日和行权期（期权相关）... 375

第八节　解锁期（限制性股票相关）... 376

第十二章　股权激励第十步——定考核 ... 379

第一节　业绩考核的三个原则 ... 381
一、增量原则 ... 381

二、确定性原则 ... 383

三、差异性原则 ... 383

第二节　业绩考核要求的确定 ... 385
一、业绩考核的前提 ... 385

二、业绩考核指标的选择 ... 387

三、业绩考核标准的确定 ... 398

四、业绩考核的评价方法 ... 400

第三节　业绩考核结果的利用 ... 408
一、在行权或解除限售环节的利用 ... 409

二、在激励对象股份调整环节的利用 ... 409

第四节　股权激励计划深度剖析 ... 410
一、简洁型业绩指标 ... 410

二、复合型业绩指标 ... 413

三、弹性指标 ... 418

四、封顶式股权激励 ... 423

第十三章　股权激励第十一步——定调整 ... 427

第一节　激励股权数量及价格的调整办法 ... 429
一、上市公司激励股权数量及价格的调整 ... 429

二、非上市公司激励股权数量及价格的调整 ... 432

第二节　激励对象异动时的股权激励方案调整办法 ... 432

一、激励对象违反竞业条款和保密条款时的股权激励计划处理 ... 432

二、激励对象升职、调岗、转换任职公司时的调整办法 ... 433

三、激励对象服务终止时的调整办法 ... 434

第十四章　股权激励第十二步——定退出 ... 439

第一节　预先设置退出机制的重要性 ... 441
第二节　如何设置完美的退出机制 ... 451

一、设计退出机制时应遵循的原则 ... 451

二、设计退出机制实际操作 ... 453

三、股权退出的方式 ... 460

四、股权退出注意要点 ... 462

五、股权退出的相关案例 ... 463

结　语 ... 467

前　言

　　笔者自成为律师以来，专注公司法尤其是股权业务已经十余年，一开始认为股权激励是一种法律专项服务，后来深悉其作为企业人才管理工具，实质上是一种全方位、综合性的管理咨询项目，横跨企业战略制定、人力资源管理、法律、财税等多个领域。因此，想要制订出科学完善、切实可行的股权激励方案，构建企业发展的长效激励机制，股权激励方案的制订者及实施者就不能局限于掌握某个单一领域的专业知识，而是需要具备多领域知识综合运用的能力。笔者以员工、管理者、第三方等多重身份接触过股权激励，深刻感受到了股权激励对一个企业的重要程度。企业的发展离不开长久有效的激励机制，而每个股权激励方案都是为每个重视人才的企业量身打造的。

　　如今，仍有很多企业认为，股权激励难以落地实施且只适合盈利的大企业。这个误区导致很多需要股权激励、绑定人才、快速成长的初创期、成长期企业不愿也不敢尝试引入股权激励来构建公司长效激励机制。针对这种情况，本书力求以最通俗的语言、最落地的方式为企业家打开正确理解股权激励世界的一扇小窗，助力更多企业通过股权激励获得人才的支持，从而快速发展。

　　尤其随着工业4.0浪潮及数字化时代的袭来，当前的企业竞争在某种意义上已经转变为人才的竞争。股权激励也必将伴随着时代的发展而得以蓬勃兴起。

作为一名股权领域的律师，笔者希望以更加通俗易懂、生动鲜活的方式为企业家解析股权激励的相关知识。本书是笔者通过分析上百个实战案例及上千个客户咨询项目，并结合自身专业经验对股权激励领域十几年来的研究成果进行剖析后，所形成的对股权激励的独特见解。在本书中，笔者从实践经验中抽象出宏观层面的四位一体战略、中观层面的九步法、微观层面的12定模型，细致分解股权激励自实施伊始到结束的全过程，并进一步在实践中运用上述理论模型为客户制订了个性化的股权激励方案。这些方案均取得了非常不错的实施效果，深受客户好评。正是在这一意义上，笔者认为，只有经过实践验证的理论才是我们真正需要的理论成果。股权激励实质上是企业家绑定人才、人才同企业共同发展的激励工具。股权激励最需要的不是高大上的表达方式，不是空中楼阁般的战略构想，而是最通俗易懂的语言、最易落地的方案、最能让人才相信的目标。落地实施才是股权激励最大的价值。

未来，随着人才重要性的逐步凸显，建立长效激励机制、留住人才必将成为公司发展之必然。在这个数字化席卷一切、创新变革奔涌而出的时代，笔者期待本书能够帮助更多企业家走出对股权激励的认识误区，充分知悉股权激励的本质内涵，从而做出顺应时代潮流的正确决策，助力公司快速发展！

谨以此书献给所有重视人才、渴求发展的企业家！

第一章

为什么要做
股权激励

第一节　股权激励的兴起

随着经济的快速发展和新技术的兴起，我国已步入人力资本时代，人才成为企业的第一资源。如何留住人才成为困扰众多企业主的难题，但是仅仅凭借传统雇佣制下的高薪酬、高福利似乎并不能达到有效吸引、留住人才并使之为公司发展全力以赴的目的。同时，高薪酬、高福利下的高税负，也使得企业主面临"费钱不讨好"的窘境。基于上述原因，股权激励应运而生。

一、人力资本时代已经来临，人才成为企业第一资源

什么对于现代企业来说最难得？答案是人才。习近平总书记曾指出："国家发展靠人才，民族振兴靠人才，人才是兴国之本、富民之基、发展之源。"[1] 比尔·盖茨也说过："如果谁挖走了微软最重要的几十名人

---

[1] 李焱. 经济特区应当成为科技人才的集散地［EB/OL］.［2020-10-05］. http://views.ce.cn/view/ent/20201005_35857014.shtml.

才，微软可能就完了。"由此可见，人才已经成为推动企业发展与社会进步的关键因素。对于企业主而言，人力资源的重要性不言而喻。

人力资本与物质资本相对，是指体现在劳动者身上的资本，包括劳动者的知识技能、文化水平、管理能力等。人力资本的主要特点是，它依附于个人并随着人员流动而改变。只有在社会生产力达到一定水平且社会发展到一定阶段时，人力资本才能得到重视。而以人才为本的这一阶段，我们便可称为"人力资本时代"。

（一）人力资本理论在美国的兴起

人力资本理论于20世纪五六十年代在美国经济学界兴起，1979年的诺贝尔奖获得者西奥多·W. 舒尔茨是公认的人力资本理论的构建者。1960年，他在美国经济协会上做了题为"人力资本投资"的演讲，人力资本理论随之诞生。人力资本理论的诞生与当时的社会背景息息相关。[①]

二战后到20世纪60年代是美国的黄金发展期。二战后，世界进入美苏争霸的冷战时代。随着苏联的原子弹成功爆炸和第一颗地球卫星的发射，美国开始担忧自身的科技水平和军事实力。通过研究，美国认为苏联的成功得益于其对高素质人才的培养，于是改善现有的教育体制和加大对人才的培养成了当时美国政府工作的重中之重。

在这一时期，美国政府推出了一系列政策和计划。在政府的干预下，美国的科技创新成果颇丰。例如：1946年，世界上第一台电子计算机在美国诞生，标志着以微电子技术和信息技术为先导的第三次科技革命开始爆发，社会生产由于新技术的诞生发生翻天覆地的变化；1948年，美国发明了晶体管，制造了半导体收音机和计算机；1956年，美国成功研制出了集成电路；1958—1969年，美国成功实施了阿波罗登月计划。

[①] 吴红蕾. 20世纪中叶美国人力资本理论的产生[D]. 长春：东北师范大学，2006.

创新离不开企业的发力。20世纪五六十年代，有许多今天的世界500强企业开始崭露头角。比如，英特尔公司率先提出了技术至上、人才至上的企业经营理念，强调"一切用产品说话"的价值；而IBM（国际商业机器公司）作为当时八大电脑公司（其他七家公司为通用电子计算机、都市生活、科学数据系统、控制数据公司、通用电气公司、美国无线电公司、霍尼韦尔）之首，在行业里独领风骚。在此发展浪潮中，一方面，新技术的应用使得产能极速增长，物质资本已不是限制企业发展的难题，而新的资本领域——人力资本得到广泛重视；另一方面，计算机虽然智能但仍需人力掌控，这就需要企业加大对劳动者的培训力度。

正是在这种社会环境之中，美国的管理制度开始在全球兴盛，90%的世界500强公司都曾实施股权激励方案[①]，以吸引和留住优秀人才。因此，人力资本理论在美国应运而生。这一理论诞生后，美国政府开始普遍关注人力资本投资的意义，重视教育政策、人才引进、就业政策的效用。人力资本理论还极大地推动了20世纪60年代许多国家的教育改革。更为关键的是，人力资本理论的兴起使得企业主和管理学学者开始思考企业管理方式，即通过内部教育、培训来提高员工的技能和管理水平，同时充分发挥优秀人才的效用，从而提高企业竞争力。

（二）我国已进入人力资本时代

与20世纪美国经历的快速成长期类似，我国经济在改革开放后一直保持着高速发展态势，而驱动因素随着时代变迁在不断发生变化——家庭联产承包责任制的诞生解放了农业生产力，国企改革解放了工业生产力，加入世贸组织后繁荣的进出口贸易引发了新一轮经济增长……经

---

① 肖雅心. BXNY公司股权激励问题研究[D]. 湘潭：湘潭大学，2015.

过多年高速发展,国际形势风云变幻,国内资源环境约束加紧,工业发展红利不再,中国经济已由高速发展向高质量发展转变。国家响应时代号召,提出了"大众创新、万众创业"的口号,未来的经济需要创新驱动,而创新理念的"载体"正是各式人才。

从产业的角度来看,随着经济发展和人民生活水平的提高,大家对生活品质的高要求反过来促进了第三产业的发展。国家统计局数据显示,2019年我国第三产业占GDP(国内生产总值)的比重为54.4%,对经济增长的贡献率达到63.5%。而第三产业的资本构成往往以人力资本为主。尤其是随着市场的开放和信息技术的发展,企业获取资金、客户的途径越来越丰富,人力资本和资金资本开始拥有平等的话语权,人才理所当然成为企业的第一资源。

因此,自2017年以来,众多新一线城市展开了"人才抢夺战",纷纷抛出各种"橄榄枝",即优惠政策。武汉打响了"人才抢夺战"的第一枪,此后越来越多的城市开始加入。各地政府真金白银地"砸钱"吸引人才,并出台大量配套措施。例如:武汉推出"百万大学生留汉创业就业""百万校友资智回汉"计划,实行30周岁以内在武汉就业创业且有稳定住所的即可直接落户;成都实行45岁以内全日制大学本科及以上毕业生凭毕业证落户,免费入住青年人才驿站;杭州专门出台落实"人才生态37条"的有关补充意见,通过重磅政策招才引智,对全球本科及以上所有应届大学生,在发放本科1万元、硕士3万元、博士5万元一次性生活补助的基础上,再给予每年1万元租房补贴,最多享受6年。这些城市之间的"抢人"措施,大多都见效显著。以杭州为例,杭州2020年新引进35岁以下大学生数量超过40万,远超2019年引进数量,且其近三年人才净流入率、互联网人才净流入率保持全国第一,在激烈的"人才抢夺战"中拔得头筹。随着人才的增加,杭州2020年生产总值增速高于全国。在人力资本时代,人才的重要性不言而喻。

可见，新时代城市间竞争的本质就是人才的竞争，对于企业来说亦是如此。尤其是在飞速发展的互联网行业，优秀员工的重要性不言而喻。"人、财、物"三要素中唯有"人"令企业主大伤脑筋。雷军说过："在创业期间，HR（人力资源）80%的时间都是在满世界招人。"为此，众多企业推出了激励制度，希望借此吸引、留住优秀员工，助力企业高质、高速发展。阿里巴巴自2010年开始在管理团队推行合伙人制度，华为的全员持股计划令公司99%的股票由员工持有，小米成立伊始就推行了人人持股的计划。纵观2020年，A股440家上市公司发布448个股权激励计划，同比增长32.94%，多期股权激励计划数量达到208个，同比增长30.82%。[1] 由此可见，股权激励计划已呈常态化发展。中国的人力资本时代已经到来，谁拥有人才，谁就有抢占资本市场的可能性。

案例
英科医疗：企业与员工缔造的神话[2]

英科医疗是国内领先的一次性医疗耗材和医疗耐用设备制造商，自2017年10月发布第一期限制性股票激励计划以来，已推行并实施了四期股权激励计划。从小心尝试到不断扩大覆盖面，通过两年半的时间，英科医疗构建了属于自己的激励体系与独特的企业激励文化。

通过四期股权激励计划，英科医疗的市值也实现了质的飞跃，从2017年年末的25.5亿元增长到2020年12月的550.8亿元，实现了三年近22倍的跨越式增长（见图1-1）。伴随着企业的市值增长，员工所获收益也跨越了近22倍！英科医疗实现了企业和员工的共同财富神话，而这背后所体现的正是人力资本股权化的示范效益。

---

[1] 数据来源：《2020年度A股上市公司股权激励实践情况统计与分析报告》，荣正咨询。
[2] 案例来源：《英科医疗：股权激励改变命运》，荣正咨询。

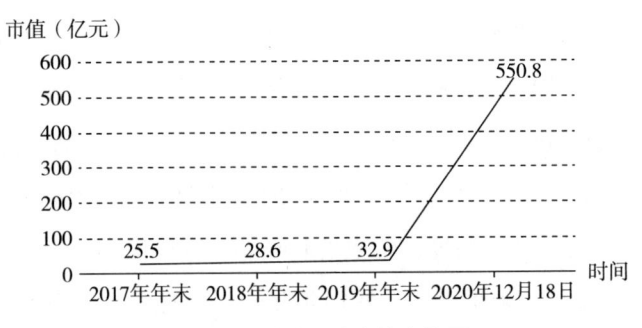

图1-1 英科医疗市值变化图

二、面对竞争，如何留住人才

中国区块链创业指导专家龚焱在《公司制的黄昏》一书中提出，公司制这一套操作系统已然进入"山穷水尽"的时期，即将迎来"黄昏"。尤其是在2020年年初，一场席卷全球的新冠肺炎疫情让众多企业主和投资机构开始思考企业与员工的关系——企业是否需要那么多员工？员工能给企业创造什么价值？而在我看来，暂且不论公司制是否"日薄西山"，仅传统的雇佣制是否仍能起到吸引人才、激励人才的目的就值得深思。

在传统的雇佣制下，企业主是老板，员工是打工者，而找一份"钱多、事少、离家近"的工作是大部分员工的真实心理写照。企业的发展和创新往往基于员工的创造和勤奋工作，但基于打工者的天然属性，员工自然无法和企业主一样为公司发展尽心尽力。表现优异的员工往往不满足现有待遇，想着跳槽或离职创业；能力出众却不展现、每天上班只是"当一天和尚敲一天钟"的员工，宁愿泯然众人矣，也不愿为公司的发展出谋划策。

所以，如何留住优秀的员工并激发其工作积极性，是无数企业主日思夜想的难题。在雇佣制下，公司如果想要激励员工，往往只能采取加薪、加福利等成本高且激励效果不佳的方式。毕竟，员工无法仅凭拿到的奖励去拒绝待遇更好的公司的录取通知。同时，即使做到较高职位，员工也摆脱不了打工者的身份和角色心理，难以像企业主那样充分发挥主观能动性，这使得员工的价值并不能得到最大程度的开发。因此，是否存在一种方式，既能以较小的激励成本留住优秀员工，又能让员工心甘情愿地为公司打拼、与公司共同成长，成为企业主面临的一大困惑。

下文通过分析三个案例，讲解企业主该如何以各种形式的激励留住优秀员工，挖掘人力资本的价值，从而实现优秀员工与企业的共同成长。

案例
小米"薪酬+股权"方案[①]

小米作为互联网企业，对人力资本的依赖尤为明显。在员工的薪酬体系方面，小米设计了三种方案供员工选择，分别是100%薪酬、70%薪酬+30%期权以及基本生活费+高期权（见表1-1）。

表1-1 小米薪酬结构

方案一	方案二	方案三
100%薪酬	70%薪酬+30%期权	基本生活费+高期权

也就是说，小米的薪酬包包含了短期及中长期激励，更加有利于优秀员工和企业的共同成长。小米设计的薪酬包分为两个梯度，为不同员工提供不同的方案。选择拿期权的员工，自然在最大程度上享受小米的发展红利，与企业发展同步，最终得到的个人收益也会更多。当然，这

---

① 案例来源：《小米集团公开发行存托凭证招股说明书》，证监会网站。

些高额的回报属于当初那些选择了高期权方案的员工，他们赢在未来，实现了自身的财富自由。小米作为中国人力资源资本化的样板企业，借助"薪酬＋股权"方案，取得了企业与人才相互成就、相辅相成的双赢结果，值得广大企业借鉴。

案例
永辉超市"合伙人制度"[①]

永辉超市作为零售商超，对一线员工的稳定性具有较高要求。为了激发基层员工的积极性，提高员工的工作绩效，永辉超市创新性地推出了"合伙人制度"，即由公司总部和门店合伙人代表根据历史数据和销售预测先制定一个业绩指标，如果门店在经营过程中实际经营业绩超过了业绩指标，超过部分的利润将按照既定比例在总部和合伙人之间进行分配，并且门店内部会按照岗位的贡献度进行二次分配（见图1-2）。在这种模式下，这些"合伙人"虽然没有公司的股权，但是享有分红权。这种制度照顾到了每位一线员工，使得一线员工能够在超市的经营过程中充分发挥主观能动性，竞相促进门店业绩提升。

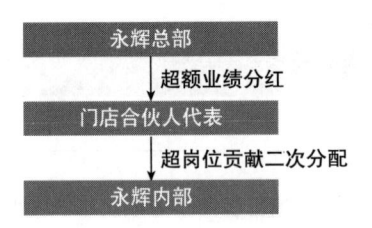

```
┌─────────────┐
│  永辉总部   │
└─────────────┘
       │ 超额业绩分红
       ▼
┌─────────────┐
│门店合伙人代表│
└─────────────┘
       │ 超岗位贡献二次分配
       ▼
┌─────────────┐
│  永辉内部   │
└─────────────┘
```

图1-2　永辉合伙人制度示意图

---

① 案例来源：《永辉超市股份有限公司股权激励权益授予公告》，永辉超市。

案例
碧桂园"同心共享计划"[①]

自2014年10月起,碧桂园推出"同心共享计划",对于项目采取跟投的机制。在项目通过内部审批后,集团投资85%以上,剩余部分由员工跟投,即由集团和员工共同成为项目公司的股东,同股同权,故名"同心共享计划"(见图1-3)。在该制度下,员工不再是纯粹的打工者,而是项目公司的股东,对项目公司的收益享有分配权利。事实证明,在"同心共享计划"之下,碧桂园的各项业务指标有了显著改善和提升。

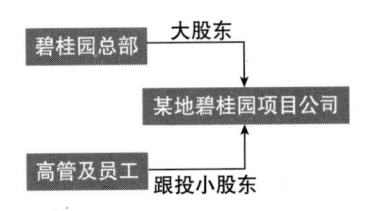

图1-3 碧桂园"同心共享计划"示意图

与此同时,作为项目的跟投者,员工自身利益与项目收益紧密绑定,这促使员工把公司项目当作自己的项目,真正做到追求利益最大化,公司无须单纯依靠KPI(关键绩效指标)考核驱动员工行为。这种人力资本创新应用模式已经在绝大部分地产企业应用,获得了很好的反馈,为股东、企业、合作伙伴、员工创造最大价值起到了很好的作用。

三、税收强监管时代到来,高管面临巨大税负

员工的工资、奖金都要适用3%~45%的超额累进税率。以杭州为例,企业承担的四险比例总计为24.6%,承担的公积金比例则为12%。

[①] 案例来源:《欲破规模瓶颈 碧桂园推升级版"合伙人计划"》,《中国经营报》。

假设一个员工月薪为1万元，企业就需要实打实地拿出1万元的薪水以及按比例承担四险一金，即13 660元；但对于员工来讲，在不考虑专项扣除的前提下，按照3%的个人所得税率以及四险一金中的员工承担部分为工资的22.5%折算，拿到手的钱仅有7 600元。对于企业而言，钱没有少出，但是员工拿到手的却不多。不仅如此，在当前企业端金税三期、自然人税收管理系统（ITS）以及《中华人民共和国个人所得税法》的相关规定下，高管面临的税负压力尤为突出，压在企业肩膀上的税收负担越来越重。

具体来说，以大数据著称的金税三期实现了覆盖税务总局、国税、地税各级机关与其他政府部门的网络互联，逐步建成基于因特网的纳税服务平台；在征管信息整合后，其对纳税人涉税行为的管理也将更加集中、全面，可以用来打击企业虚开增值税发票的行为。对于自然人税收管理系统而言，7.8亿自然人的全网数据大集中，促使税收思维发生了变化，从查企业变成了查个人，从查收入变成了查支出，征税力度更强。另外，根据《中华人民共和国个人所得税法》的规定，我国现行的个人所得税的免征额为5 000元，超过5 000元的部分按照税率表分梯级计算。如果某员工年薪为100万元，扣除免征额、五险一金之后的税负达到将近43万元，那么员工真正拿到手的工资可能只有57万元。也就是说，企业主拿出了100万元诚聘英才，但是员工真正拿到的只有不到60万元，这导致双方对工作价值的衡量标准产生差距。企业主会认为自己都已经给出了如此高额的工资，员工却仍然不全力以赴地工作；员工则会觉得自己才拿这点工资，企业主凭什么要求自己全心全意。

可见，在传统的雇佣制下，税负问题成了横亘在企业主和员工之间一道难以逾越的鸿沟。无论是金税三期、自然人税收管理系统还是《中华人民共和国个人所得税法》，都体现了国家对税务的强监管。以杭州为例，如果某个人月薪为1万元的话，那么企业的实际支出与员工的实际收入相差近6 000元。目前的税收制度使企业支付成本高昂，而员工的个税负担重，这导致双方的认知不对称，难以实现共创共赢的局面。因此，无论是企业还是员工个人，都应当增强税收管理能力，警惕税务风险，提高税务合规水平。

但如果员工的工资并不是依据传统的工资奖金制发放，而是含有激励股权的话，那么情况便大不相同了。按照相关税收规定，激励股权所得属于"利息、股息、红利所得，财产租赁所得，财产转让所得和偶然所得"，适用20%的税负比例，远低于超额累进税率中的最高比例45%。如果一个员工的百万年薪全部是激励股权所得的话，那么他最多可以避税20多万元，税负压力大大降低。对于企业和员工来讲，这是一种激励员工奉献企业的双赢手段。

另外，为支持国家"大众创业、万众创新"战略的实施，充分调动科研人员的创新活力和积极性，使科技成果最大程度转化为生产力，财政部、国家税务总局2016年联合印发了《关于完善股权激励和技术入股有关所得税政策的通知》，对符合条件的非上市公司股权激励实行所得税递延纳税优惠，即员工在取得股权激励时可暂不纳税，递延至转让该股权时纳税。因此，采取股权激励更成了企业管理中一举多赢的好办法。

如果没有该政策，那么员工获得的股权激励收益将会大打折扣，从而导致激励效果大幅缩水。平安保险便深受改革之苦。

案例
平安保险：员工税负高昂，激励获益大幅缩水[①]

2007年，由于个人不能成为上市保险公司的股东，所以平安保

---

① 案例来源：《关于同意以"平安职工合股基金"名义申请法人注册的批复》，中国人民银行深圳特区。

险在上市之前将员工受益计划设计为法人持股，即由新豪时公司和景傲实业公司这两家集合员工投资的公司代表员工持股，股权架构为：平安保险员工→（新豪时公司、景傲实业公司）→平安保险上市公司。2010年4月，首批平安保险限售股解禁，根据计算，1.9万名平安保险员工平均每个人出售所持股票获益为200万元。但是出售股票的主体是新豪时公司和景傲实业公司，200万元按照25%的税率缴纳企业所得税后只剩下150万元，分给员工时还需扣缴20%的个人所得税30万元。也就是说，员工需要负担80万元的企业所得税和个人所得税（见图1-4）。这还不包括管理费等相关费用的扣减。这些导致员工的持股收益大幅缩水，引来平安保险员工的极大不满。

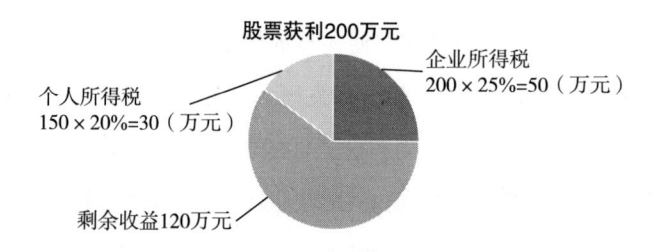

股票获利200万元

- 企业所得税 200×25%=50（万元）
- 个人所得税 150×20%=30（万元）
- 剩余收益120万元

图1-4　平安保险员工税负比例图

针对与上述类似的情况以及未来鼓励企业对人才进行股权激励，2016年财政部、国家税务总局在联合印发了《关于完善股权激励和技术入股有关所得税政策的通知》后，取消了股权激励中的企业所得税，目前只收取20%的个人所得税。股权激励自此成了一条员工和公司实现互利共赢的好途径。

第二节　股权激励的发展历史

股权激励在理论和实践层面都不是新概念。1952年，辉瑞公司为了避免公司高管因现金薪酬而缴纳高昂的个人所得税，首次推出了股权激励计划，由此拉开了股权激励计划的序幕。1956年，美国路易斯·凯尔索等人更是设计了"员工持股计划"，其后，员工持股计划、股票期权等股权激励模式纷纷走入大众视野。日本于20世纪60年代后期也推出了员工持股计划等形式的股权激励方案。股权激励在美国和日本的推行以及由此产生的积极影响，促使欧美多个国家开始效仿，国际上由此掀起了股权激励的风潮。

一、股权激励理论发展史

股权激励作为一种新型激励制度，其诞生自有原因。这些原因有着不同的理论基础，我将挑选常见的几种理论加以介绍。

（一）委托代理理论

20世纪50年代，企业得到了前所未有的快速发展，但规模扩大也给企业主带来了新的挑战。企业主的专业知识、管理能力、时间精力等毕竟有限，让企业主只身管理企业未免难度太大，于是职业经理人便应运而生。企业主委托专业人员执行管理企业的职能，从而实现了公司的所有权和经营权相分离。但是发展到后期，这种形式便不可避免地出现了委托代理问题。一方面，作为所有权人的公司股东自然希望公司利益最大化，从而保障自己的权益，而作为公司的经营者，代理人的目的是自身效用的最大化。这样一来，一旦两方的目标出现偏差，代理人就极有可能牺牲公司利益来凸显自己的效用。另一方面，所有权人只能看到代理人经营的结果，却不了解过程，由此容易产生道德风险。由于双方信息不对称以及代理人的行为不受监管，出于利己目的，代理人容易出现偷懒甚至贪污、渎职等损害公司利益的行为。而公司股东由于未实际控制公司，难以判断代理人的经营投入程度和行为正当性，自身利益往往会受到损害。

为解决上述问题，美国旧金山的律师路易斯·凯尔索在20世纪50年代提出了股权激励，旨在有效激发代理人的主观能动性，提高代理人的主人翁意识。股东通过让渡一部分所有权给代理人，让代理人同时具备股东和劳动者的双重身份，从而将代理人的目标与公司股东的目标调整到同一轨道，构建激励与约束相容的机制。这既可以让代理人获得更大的利益，又可以从源头上避免道德风险的发生。

（二）产权理论

正所谓"有恒产者有恒心"，人如果对某物拥有所有权，那么往往会更加尽心尽力，凡事也是亲力亲为。员工如果拥有公司的所有权，就会对公司的发展和业绩指标更加上心。员工持有的份额越大，其对公司业绩和利润的关心程度相应会更高。不难理解，股权激励让激励对象成为公司的所有权人之一，相应地会增加其提高公司业绩和利润的动机。

（三）激励理论

激励理论是管理学对股权激励做出的解释，即由人的需求出发，去探讨股权激励的原理，其中最为知名的有马斯洛需求层次理论、赫茨伯格双因素激励理论、麦克利兰成就需要理论。马斯洛需求层次理论下文会详细展开论述，此处不予赘述。

赫茨伯格双因素激励理论，又称"激励、保健因素理论"，由美国的行为科学家弗雷德里克·赫茨伯格提出。赫茨伯格通过对200名工程师、会计师的调查访问发现，使职工感到满意的都是工作本身或工作内容方面的，使职工感到不满的都是工作环境或工作关系方面的，前者被称为激励因素，后者被称为保健因素。由此他得出结论：如果想对员工起到激励效果，公司就必须首先满足员工基本的外部要求（保健因素），比如公司的工作氛围、行政管理、薪水，因为保健因素能够消除员工不满；其次满足员工的内在要求（激励因素），比如工作成就感、工作挑战性，因为激励因素能够提升员工满意度。

麦克利兰成就需要理论由美国哈佛大学教授麦克利兰提出，他认为人除了生存需求之外，还有三种重要的需求，即成就需求、权力需求和友谊需求。该理论与马斯洛需求层次理论类似，都能够在实践中指导公司激励员工。

（四）人力资本理论

正如前文所言，人力资本包括劳动者的知识技能、文化水平、管理能力等，代表着个人的能力和素质。于个人而言，它具有财产属性，具备增值的能力。当激励对象将这部分财产让渡给企业（为企业工作）时，其应当取得对价，获得因增值产生的额外资本价值。

剩余索取权是一项索取公司总收益减去合约报酬后剩余部分的权利。在为公司提供人力资本后，劳动者应该根据自身对公司所做的贡献来获取相应的剩余索取权，从而有效利用人力资本价值以实现公司的目标。

（五）不完全契约理论

不完全契约理论的前提是，涵盖完全的契约是不存在的，因为契约各方的信息是不对称的，契约本身及契约对象又具有极大的不确定性，明确所有权利、义务的成本过高,拟定涵盖完全的契约是不可能的。当契约不完全时,所有权就具有重要意义,此时将剩余控制权配置给投资决策相对重要的一方是有效率的。也就是说,公司在拟激励员工时,将部分公司所有权让渡给管理层,可以更加有效地达到提高员工工作积极性,继而促进公司业绩增长的目标。

(六)马斯洛需求层次理论

马斯洛需求层次理论是激励理论的一种,但相较于前述几种理论,马斯洛需求层次理论应该是在一般群众中传播度最高的,在人力资源、企业薪酬、教育行业中的应用尤为广泛。该理论由美国心理学家亚伯拉罕·马斯洛于1943年在《人类激励理论》一文中首次提出。

马斯洛将人的需求分为生理需求、安全需求、爱和归属感需求、尊重需求与自我实现需求五类,依次由较低层次到较高层次排列。在自我实现需求之后,还有自我超越需求,但它通常不作为马斯洛需求层次理论中必要的层次,大多数人会将它合并至自我实现需求当中。[1]

现代企业管理是以人为中心的人本主义管理,管理者首先要了解人,而要了解人首先要了解人的需要。[2]在现代企业管理的环境下,满足员工的生理需求就意味着企业需要向员工提供物质激励,达到保障员工基本需求的目的,而常见的物质激励以薪资激励、福利激励为主。安全需求是生理需求的延伸,通常包括两方面的内容:第一,当下与未来的生活安全有所保障,这就意味着员工的薪资待遇需满足日常需求,且在一段时间内不会发生重大变动;第二,身体和心理的安全有所保障,即企业要为员工提供安全的工作环境并建立完善的社会保险制度,同时

---

① 郭悦.当前江苏中等职业学校行为偏差学生管理研究[D].南京:东南大学,2017.
② 王延臣,翟红敏.论马斯洛需要层次理论在企业管理中的运用[J].商场现代化,2008(24):47-48.

保持员工队伍的相对稳定。爱和归属感意味着员工渴望被接纳、认同和关怀，无论是在上下级之间还是在同级员工之间，企业都应该营造出亲情管理的氛围，而不是疏离的工作关系。尊重需求则要求企业在内部建立起良好的沟通机制，让员工能畅通无碍地表达内心的诉求，同时将物质激励、精神激励、情感沟通相结合。自我实现需求则需要企业管理者知人善任，把合适的人放在合适的位置，挖掘、锻炼、发挥出每一个员工的比较优势，从而充分激发员工的潜能，让员工借助企业平台实现个人理想和抱负，与企业"共赢"。

马斯洛认为，这五种需求像阶梯一样从低到高，按层次逐级递升。低层次的需求在得到相对满足后，就会向高一层次发展。只有增强员工高层次需求的满足感，企业才可以增强激励的力量。

随着中国经济、科技、文化、教育等方面的飞速发展，就个体而言，大部分员工基本已满足了生理需求和安全需求，开始追求爱和归属感、尊重与自我实现这三种更高层次的需求。这就意味着员工开始追求其在企业中的参与感、价值感、公平感、身份感、安全感。

实际上，不同年龄阶段也对应着不同的需求。马斯洛需求层次模型从下往上基本能够对应60后、70后、80后、90后、00后人群的就业心态（见图1-5）。比如，60后、70后员工较为普遍的需求还是生理需求和安全需求，而对于90后、00后员工来说，家庭环境远比过去更好，生存压力也已经从对物质的需求上升到精神层面。因此，满足员工的尊重需求和自我实现需求才是留住当今人才最重要的着力点，企业管理者要与时俱进，理解员工的需求，追求共同发展。

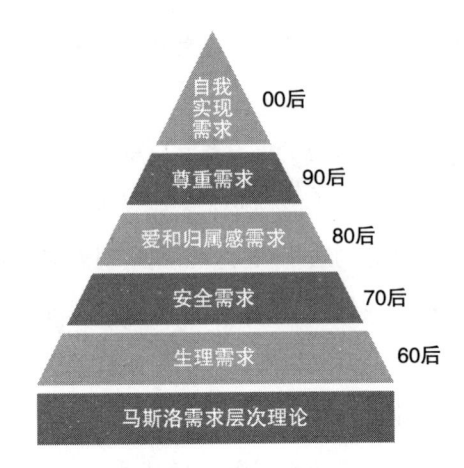

图1-5　马斯洛需求层次理论与年龄对应图

二、股权激励实践发展史[①]

（一）美国史

1. 福特：五美元工资制[②]

早在辉瑞公司第一次使用现代意义上的股权激励之前，美国著名企业家亨利·福特就推出了"五美元工资制"。当时，福特所在的底特律是"美国汽车城"，同行业流水线员工的日工资是2.5美元，员工普遍工作效率低下、旷工率高。但由于行业需求大，所以他们就算被辞退也不缺新工作。在这样的情况下，福特公司流水线上的员工流动性大，伴随而来的是高昂的培训成本和管理成本。为了配合流水线式的新型生产方式，也为了解决上述难题，福特将日工资由2.5美元提升到5美元，并

---

① 徐怀玉.股权的力量：企业股权激励设计精讲[M].北京：机械工业出版社，2018.
② 胡荻.亨利·福特　成败T型车[J].中国商贸，2014（22）：38-42.

推出了利润分享计划。一方面,工资的大幅提升增加了员工的工作积极性;另一方面,"独一无二"的五美元工资制使得福特公司的职位成了市场上的"香饽饽",现有员工稍有不慎,就有可能被公司淘汰。激励和约束双管齐下,福特公司的产量和利润因此得到了巨大的增长。这表明,利益能极大地驱动劳动者的工作积极性。福特公司虽然付出了一定的薪酬成本,但收获的却是无须过分操心管理、利润大幅增长的优势局面。同时,这份激励成本并没有分薄公司的利润,只是占据了一部分增量利润。

2. 宝洁:员工持股计划[①]

作为全球最大的日用消费品企业之一,宝洁在与员工分享利益方面也毫不吝啬。作为全球"员工持股计划"的开创者之一,宝洁提供给美国以外的员工一项福利,即每一位员工都可以购买和拥有宝洁公司的境外股票,自愿选择成为公司的股东,一同分享公司的成长利益。

宝洁在19世纪末就开始推行员工持股计划,形成了一套较为成熟的留人机制。为激励员工,宝洁在中国实施了"利润分享计划"。自2008年4月起,宝洁在华的正式员工可按自愿原则,选择用基本工资的1%~5%购买公司股票。截至目前,员工持股计划持股总额大约占公司总股本的14%。参与持股计划的员工主要通过宝洁公司的信托基金会来进行投资。在激励工具上,除了通过信托基金会购买公司的员工持股公司债,员工还可以购买公司的限制性股票以及期权。在激励对象上,宝洁对优秀员工发放限制性股票,对高管发放绩效性股票。持有股票的员工可享受公司股息分红,股票锁定期为36个月及以上。另外,宝洁规定:如果员工通过持股计划来购买公司股票,那么总额不得超过工

[①] 案例来源:《宝洁启动中国员工持股计划》,《北京周报》。

资总额的15%。在2014年的员工持股计划中，宝洁一共计划发行1.85亿股股票，截至2017年共有1.25亿股股票可流通。除了长期激励，宝洁还结合各种福利措施和丰富的培训等短期激励进行留人。通过多种形式的激励机制，宝洁将员工离职率降低到8%左右，这远低于行业内15%～20%的人才平均流失率。

然而，宝洁中国的员工受到外汇投资以及跨国证券市场交易等诸多门槛限制。直到2017年年底，宝洁中国的员工持股计划才得以获批，这使得宝洁成为第一家获此许可的外资企业。自2008年4月开始，宝洁中国的正式员工可自愿选择将基本工资的1%～5%用于购买公司境外股票。在员工决定认购比例并确认后，公司HR将对其当月工资进行扣款，然后宝洁中国会将认购金额汇总给美国宝洁总部，宝洁总部通过指定的托管机构（信托基金会）来进行购买，而员工可因公司的发展获得股票的增值利益。

当前，宝洁公司的业绩快速增长。面对激烈的市场竞争，它不断加强人才和技术方面的创新政策，强化自己日化市场的霸主地位，使员工持股计划真正实现了留住人才、促进公司发展的初衷。

3.UPS：员工持股激励[①]

UPS（United Parcel Service）是一家全球性公司，于1907年在美国华盛顿州西雅图成立，经过一百多年的发展，目前已经成长为全球最大的快递公司、美国零担快运市场的领导者和全球供应链管理解决方案的提供商，服务覆盖全球220多个国家和地区。

UPS公司的创始人在公司创办早期就意识到了员工对公司发展的重要性——快递服务主要依托的就是员工，员工是公司服务质量和品牌形

---

① 案例来源：《全球最大的快递公司UPS（UPS.US）是如何发展的？》，智通财经网。

象的决定性因素。UPS公司在1927年实施了第一次员工持股计划,规定由员工持有公司股票,且员工于公司1999年上市时应持有公司2/3的股票,这实现了公司、股东和员工的利益绑定。当UPS公司上市时,其主要管理层均在公司就职超过25年,足见员工持股计划不但起到了留住人才的作用,还大大提升了员工对公司的忠诚度。

4.美国西北航空:员工持股计划[①]

美国西北航空公司成立于1926年,到20世纪80年代,已经成长为美国第三大航空公司,总资产近50亿美元,员工达3万多人,主要经营美国—日本等东方航线。

20世纪80年代末90年代初,由于美国政府解除了对航空业的管制,放开价格,取消政府补贴,再加上航空公司数量增多,市场竞争激烈,油价上涨,航空业出现了普遍亏损的局面。1990—1993年,航空业亏损额超过了前20年美国航空业盈利的总和,其中美国西北航空公司是亏损最严重的企业。1993年,美国西北航空公司的净收入只有1.6亿多美元,而它需要偿还的本金为3.3亿美元,公司负债高达47.36亿美元。按照当时的法律,公司在这种情况下可以申请破产保护。但如果公司宣布破产并以公司净资产偿还债务,结果就是股东血本无归、债权人严重受损、员工失业。面对这种局面,美国西北航空公司的股东、债权人、员工决定实行以员工持股为核心的公司重组,从而挽回局面。1994年年初,美国西北航空公司的债权人、股东、职工代表三方经过艰难而激烈的谈判,在相互妥协的基础上达成了调整股权结构、实行员工持股、加强公司管理以挽救企业的协议。协议的核心内容是实行员工持股计划,即通过出让55%的股份给员工,使员工享有剩余索取权的利益分

---

① 李汇.员工持股制度的专题研究与案例分析[D].北京:北京理工大学,2001.

享机制和拥有经营决策权的参与机制。

美国西北航空公司在实行员工持股和债务重组后，现金流得到了平衡，债务额度减少，偿债期限推迟，经营成本降低，员工生产积极性也被充分激发。公司在很短的时间内扭亏为盈，股票很快增值。股东保住了公司，债权人拥有了有价值的股权，相应债权也有了保障，员工避免了失业，最后公司起死回生。

5. 辉瑞：股票期权计划[①]

辉瑞公司创建于1849年，是全球最大的以研发为基础的生物制药公司。辉瑞公司于20世纪50年代推出世界上第一个股票期权计划。股票期权是指公司授予员工于未来特定时期在满足一定业绩条件的前提下以特定价格购买公司股票的权利，员工可以在可行权日决定购买与否。如果公司业绩增长，投资者看好公司前景，股价相比授予日有所提升，那么员工以事先确定的价格行权便可以获得股票增值的差价利益。

辉瑞公司实施股票期权计划初期的目的是，用股票期权支付高管的奖金，以避免高管需要缴纳的高额个税（当时个人所得税边际税率攀升到92%）。但它后来发现，除了规避高税负，该计划还可以有效激励高管的工作积极性。自此股票期权作为股权激励的模式之一，被众多公司效仿实施。

20世纪90年代，这种激励模式对高管的财富分配效应开始显现：IBM总裁从当时的股票期权中得到了6 000万美元的收益；迪士尼总裁艾斯纳获得的股票期权收入将近5.7亿美元。1997年，美国实施股票期权计划的上市公司比例达到了53%。在2008年美国股市暴跌前，期权收入已达到管理层总收入的80%以上。

---

① 案例来源：《图解股权激励》，搜狐网。

6. 潘尼苏拉报纸公司：员工持股计划[①]

1956年，美国加利福尼亚地区一家小型的报纸连锁公司——潘尼苏拉报纸公司第一次推出了员工持股计划，即由员工持有公司的股票，建立员工享有剩余索取权的利益分享机制和拥有经营决策权的参与机制。这种股票奖励计划在20世纪50年代至70年代美国股票市场的快速上升期逐渐流行，随后《1974年雇员退休收入保障法》也给予了员工持股计划官方认可。此后，美国国会通过了《1984年税收改革法》，对员工持股计划的四种参与者分别给予了对应的税收优惠政策，员工持股计划自此得以快速发展。

7. 安然事件：不合理激励制度带来的灾难[②]

安然公司曾经是世界上最大的电力、天然气以及电讯公司之一，原本是"美国最具创新精神的公司"，却因为2001年的财务丑闻事件成了公司欺诈的"代名词"。2001年，因遭投资者质疑以及美国证交会调查，安然公司承认做假账的事实，其自1997年以来虚报的盈利竟高达6亿美元。而高管虚报数据则是为了达到行使期权的目的——通过隐瞒关联交易，避免信息披露，结合财务造假，从而推高股价，满足行权条件。股票期权作为一种激励模式，公司往往会在授予时明确行权条件。在可行权日，只有符合了特定的行权条件，比如业绩指标，高管才能够申请行权。

安然薪酬委员会（董事会下设的专业委员会之一）披露的报告显示，当时安然公司高管薪酬的一半是股票期权，另一半是限制性股票。安然事件中的高管们为了满足一己私利，不顾公司与投资者的利益，弄

---

① 案例来源：《揭老底！是谁在为"股权激励"撑腰？》，西姆股权激励研究。
② 尹莉.资产证券化中特殊目的载体的法律问题研究[D].北京：北方工业大学，2006.

虚作假。在2001年12月申请破产保护前的一年时间里，安然公司向100余位高层管理人士总共发放了约7.44亿美元的现金和股票，其中公司前任董事长肯尼思莱一人就拿走1.5亿多美元。

在安然事件发生后，美国企业开始反思公司管理制度，美国证交会也出台了32项规定来完善上市公司治理结构，而如何加强对高管的监督、引入外部监管、优化内部管理成为重中之重。就股权激励来说，其设计初衷是正向的，但若欠缺激励与约束双管齐下的制度安排，公司将难以引导激励对象做出正确的行为选择。因此，公司在推行股权激励的同时，应当辅以正确的制度安排，使其真正起到促进公司长足发展的作用。

（二）中国史

1. 西北晋商身股制度

在我国历史上，传统意义上的股权激励最早可以追溯至山西票号的身股制度。在央视频道热播的电视剧《乔家大院》中，晋商乔致庸作为票号的东家（现代意义上的大股东），为了激励实际经营票号的掌柜们（相当于职业经理人），将票号的身股分给掌柜们。票号的股份分为银股和身股，东家作为出资者，持有的是银股，而出力未出钱的掌柜持有的就是身股。身股和银股一样可以参与分红。但是，银股享用永久权益，可继承可转让，而身股不可继承不可转让，即一旦身股股东离职，其分红权利就终止。事实上，山西票号的身股制度已初具股权激励雏形。它通过将票号、东家、掌柜的利益绑定在一起，来吸引和留住优秀的职业经理人，并且激励其为票号发展做出贡献。山西票号因此得到了平稳、快速的发展，成为中国史上的商业奇迹。

2. 胡庆余堂：胡雪岩的激励制度[①]

北有票号，南有钱庄，与北方票号相类似的钱庄在清朝也处于蓬勃发展状态。著名的阜康钱庄的创始人胡雪岩，在开办钱庄的同时又投身药业，创办了可与北方同仁堂齐名的"江南药王"胡庆余堂。胡庆余堂的兴旺发达，极大程度上得益于胡雪岩知人善任的用人原则。

首先，胡雪岩在胡庆余堂创立之初就向掌柜（职业经理人）授予股权，让其全面负责经营管理。其次，普通员工如果符合一定的条件，就可获得"功劳股"；这与晋商的身股大同小异，持有"功劳股"的员工享有分红权。最后，设立"阳俸"和"阴俸"制度。"阳俸"是给对药店有过贡献、因年老或生病无法工作的员工，照样发薪直至其身亡；更激励人的是"阴俸"，指员工去世后，按其入店的时间长短发钱给其家属。2016年6月，国内互联网巨头腾讯公司推出了一项福利，即腾讯过世员工的家属可以领员工原有半薪10年，这与100多年前胡庆余堂的激励方法如出一辙。上述激励方式已有现代股权激励的影子，有效地激发了掌柜和员工的工作热情，提高了他们的忠诚度，有利于药堂的发展。

3. 万科：中国第一家做股权激励的上市公司[②]

我国在20世纪90年代开始推行现代意义上的股权激励，万科就是第一家实行股票期权的民营企业。它于1993年第一次推出股票期权方面的预案，并在接下来的20年里经历了三个阶段。

1993—2001年：第一次股权激励计划。万科于1993年推出第一次股权激励计划，计划以三年为单位，分为三个阶段共九年，以约定价格由全体员工持股，三年后员工可购买股票并可以上市交易。但是，该计

[①] 徐怀玉. 股权的力量：企业股权激励设计精讲[M]. 北京：机械工业出版社，2018.

[②] 李晓莹. WK公司股权激励模式应用研究[D]. 兰州：兰州理工大学，2016.

划在第一期授予过后，由于政策问题，被证监会叫停。

2006—2008年：第二次股权激励计划。2006年，得益于证监会颁布的《上市公司股权激励管理办法》，万科第二次推出了股权激励计划，采用的是当时较为主流的限制性股票的模式。激励对象主要是董事会成员、监事会成员、高级管理人员、中层管理人员以及其他的业务骨干和重大贡献人员。

第二次股权激励计划由三个年度计划组成，每个年度计划的期限为两年或三年。在公司净资产收益率高于12%的前提下，激励方案要求公司在扣除经常性损益后年净利润要比上一年增长15%，且行权时股价要高于上一年的均价。万科每年将从净利润的增长部分中提取激励基金并交由信托公司买入公司股票，如果激励对象符合相关条件，那么经过第一年储备期、第二年等待期后，他可于第三年获得激励股票。但除了2006年的激励计划在2008年实施完成外，2007年和2008年的激励计划均因为公司股票价格未达标而终止实施。

2010年：第三次股权激励计划。万科于2010年推出第三次股权激励计划，拟向851名激励对象授予股票期权，授予总额占当时股本总额的1%，激励对象人数占万科员工总数的3.94%。激励方案要求万科2011年、2012年、2013年全面摊薄的年净资产收益率依次不得低于14%、14.5%、15%。本次激励方案被称为"各方供应、教科书般标准的方案"，三年激励计划都得以顺利实施。

我们来分析万科"三次激励两次失败"的激励史：第一次股权激励由于政策因素不了了之，当然其本身也有许多不规范之处，比如最为明显的全体持股，"大锅饭模式"极易损害员工的工作积极性；第二次股权激励基于相关的业绩指标，原理是科学的，但是由于设定的行权指标较为苛刻，以及万科在2007年、2008年所表现出的增速放缓，使得激励计划流产。因此，在设定行权条件时，公司应当结合企业特点并充分考虑经济形势、市场环境和不确定因素，合理设置指标，这样才能让激励计划得以顺利实施。

同时，万科还推出了如下几种激励措施。

2010年：经济利润奖金制度。在实施股权激励计划的同时，万科于2010年引入了以经济利润为考核指标的经济利润奖金制度，按照固定比例提取经济利润奖金，将其中一部分作为个人奖金，个人可以当期领取，另一部分作为集体奖金，由公司委托第三方机构进行管理，获取收益。其后，经济利润奖金制度的计提力度不断提高，公司管理层越发受益于公司利润增长。

2014年：事业合伙人制度。万科的事业合伙人制度是以上述经济利润奖金制度为基础发展而来的，满足条件的激励对象即事业合伙人需要将计提奖金账户中的全部权益（后升级为个人奖金和集体奖金中的全部权益）委托给指定合伙企业的一般合伙人进行投资管理，主要是通过杠杆形式来增持万科的股票。在2014年的年报中，万科管理层解释推行该制度的初衷：区别于股权激励、奖金制度等，事业合伙人制度提高了管理层与公司共担风险的程度，将管理层的利益与股东利益调整到更加一致的高度。

2014年：项目跟投制度。除了事业合伙人制度，万科还推出了项目跟投制度。这一制度后来也被众多房地产企业、重资产企业效仿使用。项目跟投制度要求负责项目的公司管理层、项目公司的管理层必须跟随公司对项目公司进行增资，其他员工可以自愿参加跟投，即与碧桂园"同心共享计划"如出一辙。通过项目跟投制度，万科让负责项目的管理层和核心员工成为项目公司的股东，达到收益共享、风险共担的目的。

不过，由于万科信息披露不充分的问题，上述制度受到众多投资专家诟病。如果万科能够在实施激励的同时，增加信息透明度，那么上述制度可能会达到更好的效果，甚至能够避免管理层在"宝万之争"中落人口舌的局面。

4. 汉得信息：中国做股权激励次数最多的上市公司[①]

截至2020年年底，汉得信息是中国A股市场做股权激励次数最多的上市公司。公司做大蛋糕，分出去的是股份，但合起来的是力量，能够使员工与公司实现双赢。自2011年2月1日登陆创业板以来，汉得信息平均每1.25年就推出一期股权激励计划。截至2020年年底，汉得信息共实施了8次股权激励。

汉得信息是一家人力资本高度密集化的公司，当前的交付团队拥有总计超过8 000名具备各类专业知识与技能的顾问。因此，激励核心团队对公司的规模扩张、业绩增长至关重要。

在海外，部分公司甚至将股权激励视作"年终红包"，一年一次，而有的公司半年推行一次股权激励，充分将股权激励工具应用于公司的日常治理。汉得信息连续8年推出股权激励，走在我国A股市场的前列。

自登陆创业板以来，汉得信息的股价从起初的3.91元一路增长到2015年巅峰值41.83元。这一成就的达成离不开汉得信息实行的多次股权激励——留住核心人才，将员工与企业利益相绑定，推进公司飞速发展。

在汉得信息案例中，值得我们学习的是充分开放的人才观，即不局限于工资、年终奖等常规工具，主动了解并运用股权激励等工具，多维度、多层次地对员工进行激励；同时将股权激励长期化、常态化，让员工利益与公司利益真正长期、稳定地绑定在一起，实现公司与员工的共同成长。

---

① 案例来源：《八期股权激励践行者——汉得信息》，和讯网。

第二章

股权激励的方法论

↱ 做决定前,思辨再三;
做决定后,义无反顾。
当企业确定要做股权激励后,
唯一的问题就是如何把股权激励做好。

第一节　宏观："四位一体"，全面洞悉人才激励

随着股权激励的价值显现以及官方对股权激励的认可，越来越多的公司试图实施股权激励。它们探索的第一步就是，咨询是否有股权激励的协议模板，但股权激励并不是一套协议模板就可以直接解决的。同样，仅从股权激励这一维度单线入手，我们也不能发挥股权激励的真正价值。

股权激励是一项综合化的工程，需要通过多维度共同合作才能完成。战略、人力资源、法律、财税缺一不可。在股权激励计划的实施过程中，核心的战略、人力资源往往占到60%，剩下的40%则由法律服务和财税服务占据（见图2-1）。股权激励也是一个跨学课的项目。

在此基础上，澜亭股权研究院创造性地提出"四位一体"人才激励服务模式，因为企业在实施股权激励的过程中往往会忽视企业自身的特性。所谓"一体"就是企业的战略目标，"四位"分别是企业文化、薪酬绩效、税务筹划、股权激励。"四位一体"则是以公司战略为核心，从企业文化、薪酬绩效、税务筹划和股权激励四方面入手，全局性地解决问题。

股权激励 = 战略、人力资源(60%) + 法律服务(30%) + 财税服务(10%)

图2-1　股权激励计划图

一、"一体"——企业战略是股权激励的核心

战略（strategy）一词最早是军事方面的概念，也称"军事战略"，是对军事斗争全局的策划和指导。其基本含义是：战略指导者基于对军事斗争所依赖的主客观条件及其发展变化的规律性认识，全面规划、部署、指导军事力量的建设和运用，以有效地达成既定的政治目的和军事目的。

随着时间的推移，战略被延伸运用到经济、政治、企业经营等方面，但其实质并没有发生重大变化。从国家层面来看，国家战略就是领导集体依据国际国内情况，综合运用政治、军事、经济、科技、文化等国家力量，筹划指导国家建设和发展，维护国家安全，达成国家目标；从企业层面来讲，企业战略就是企业根据环境变化，依据自身资源和实力选择适合的经营领域和产品，形成自己的核心竞争力，并通过差异化在竞争中取胜。

战略目标是实施股权激励的核心，企业应当有宏观、全局、前瞻、长远的战略目标。战略目标有别于短期目标。战略目标的实施与实现一定是一个长期艰难的过程，但是它可以分解细化成一个个短期目标，并在实践过程中根据短期目标的实现不断调整完善。

实际上，大多数企业都有一个战略目标，并且这个战略目标还相当远大。但问题是，企业无法对战略目标进行分解、实施和控制。

这里我们可以类比中国历次五年计划。

"一五"计划（1953—1957年）：工业增速，赶英超美。

"二五"计划（1958—1962年）：大跃进，大倒退。

"三五"计划（1966—1970年）：三线建设，备战饥荒。

"四五"计划（1971—1975年）：严重失控，调整战略。

"五五"计划（1976—1980年）：新跃进，大转折。

"六五"计划（1981—1985年）：走向改革开放。

"七五"计划（1986—1990年）：改革闯关，治理整顿。

"八五"计划（1991—1995年）：邓小平南方谈话，改革潮涌。

"九五"计划（1996—2000年）：宏观调控，经济软着陆。

"十五"计划（2001—2005年）：指令计划退场，市场配置资源。

"十一五"规划（2006—2010年）：改革开放，坚定不移。

"十二五"规划（2011—2015年）：发展战略性新兴产业，调整收入分配格局。

"十三五"规划（2016—2020年）：全面脱贫，全面小康。

正如党和国家实现中华民族的伟大复兴需要将目标划分为众多个五年计划一样，企业在制定远大目标的同时，也应当考虑将目标划分为一个个小目标——只有循序推进，才能不断调整、优化企业战略，从而达成目标。

我们都认可人才是企业发展的核心，股权激励是吸引人才、留住人才的有效工具，而股权激励的核心就是企业战略。只有基于企业中长期发展战略，企业才能决定是否需要实施股权激励、实施哪种模式的股权激励、设定何种考核条件等。

有了明晰的战略目标，企业就可以令广大员工意识到企业未来的发展走向，让他们对企业的发展轨迹有稳定的预判，从而相信通过股权激励与公司、股东相绑定，自身将会有更强劲的发展潜力、更高额的股权收益和更美好的未来。正是基于对企业战略目标的认同，志同道合的员工才愿意加入企业的股权激励计划；正是相信企业战略目标能够达成，能力出众的员工才会投身于企业的建设之中。阿里巴巴、华为和小米等公司向来因独特的企业文化以及员工与企业上下同心而被不少人事管理领域的讲师津津乐道。对于这些企业来说，战略目标不是老板一个人的筹谋，而是员工共同认可并愿意为之努力的目标。

二、"四位"之企业文化

企业文化体现在企业日常经营的各个方面，具体表现为企业的愿景、使命、价值观等。许多企业对自身的文化并不重视，觉得企业只要有盈利就能留住人，就可以创造更大的价值。这其实是片面的。企业有盈利，或许可以吸引人才前来，但只有企业与员工有了共同的价值观，企业才能留住人。员工也可以通过企业文化来找到未来的同行者。从股权激励角度来看，如果面对的是短期利益追求者，那么企业其实可以只交换短期利益，因为长期激励起不到左右和吸引他们的作用。

高瓴资本张磊曾说："长期主义不仅仅是一种方法论，更是一种价值观。流水不争先，争的是滔滔不绝。"企业文化其实只能吸引一拨同行者一起建设企业的未来，长期才是企业长青的秘诀所在。

例如，"阿里合伙人"是一种特殊身份，要成为阿里合伙人，首先需要认同阿里的文化（见图2-2）。2011年2月21日，阿里巴巴B2B公司宣布，为维护公司"客户第一"的价值观及诚信原则，2010年公司清理了逾千名（约0.8%）涉嫌欺诈的"中国供应商"客户，公司首席执行官卫哲、首席运营官李旭晖引咎辞职，原淘宝网首席执行官陆兆禧接任。阿里合伙人代表的不是短期的利益，而是要引导阿里走向未来的百年发展。

阿里合伙人的含义	阿里合伙人的产生	阿里合伙人的委员会
■ 必须持有公司一定的股份，要在60岁时退休或在离开阿里巴巴的同时退出合伙人（永久合伙人除外） ■ 不等同于股东、董事，不需要承担无限连带责任 ■ 职责是体现和推广阿里巴巴的使命、愿景与价值观	■ 新合伙人需要在阿里巴巴或关联公司工作五年以上 ■ 由现有合伙人向合伙人委员会提名，经过合伙人委员会的确认，才能成为正式的候选人 ■ 现有合伙人一人一票，需要75%以上的合伙人通过，候选人才能被选为新合伙人	■ 负责管理合伙人选举 ■ 提议和执行阿里高管年度奖金池分配，向董事会的薪酬委员会提议高管的年度奖金池，并在董事会表决后，在董事会的薪酬委员会同意下给公司管理人员和合伙人分配奖金

图2-2　阿里合伙人示意图

在实施人才激励之初，实施者需要对公司的老板做访谈和调查，以明确公司的企业文化和价值取向。在股权激励实施过程中，实施者也需要将上述企业文化灌输给激励对象，毕竟只有目标一致，才能做到共建共享。企业文化是一个较为宏观的词汇，包括企业的发展目标、人文关怀、管理理念等，这些无形的因素共同构成了一家企业的"精神面貌"，并反映在员工的工作态度上。

人才激励的实质是让骨干员工成为公司的"主人"（股东），实现员工利益与公司利益相绑定的目标。但"道不同不相为谋"，激励对象必须与老板有共同的发展和经营理念。如果员工不能够认同、融入老板倡导的公司文化，那么两者将来势必会出现分歧，这样的员工是没有必要引入激励对象群体的。

其实，实施人才激励也是在推广一种价值理念，即将公司的企业文化通过人才激励这一现实载体展现给公司全体员工。如果公司倡导"技艺传承"，希望资深员工能够多多指点新员工，那么在股权激励的考核方案中，公司就可以将"每年带徒数量"纳入个人层面的业绩指标。激励对象要想在规定的时间内享有公司授予的股权，就必须达到这样的要求。当所有激励对象都为此目标而努力时，公司就极易形成"老师傅带新人"的良好氛围。

除了"老师傅带新人"外，公司还可以股权为饵，激发公司创新创能。例如，威星智能全员以"为客户服务，坚持群体奋斗，践行疯子精神"为使命，以"付出与回报相匹配"为价值理念。

案例
威星智能[①]

威星智能（证券代码：002849）是一家专业从事智能燃气信息系统开发的高新技术企业，于2018年9月推出限制性股票激励计划。其中，考核条件分为公司层面和个人层面，前者为公司净利润的增长率指标，后者为个人上一年度的绩效考核结果为合格以上。

自2018年实施股权激励以来，威星智能成功塑造了"付出与回报相匹配"的价值理念：一方面，公司鼓励激励对象创新，达成科技创新的绩效指标；另一方面，只有激励对象有升职加薪的机会。在这样的情况下，公司内部自然形成一个人才圈层，即优秀的人才成为激励对象。为了得到激励股权，他们必须勤勉尽责地达成科技创新指标，而达成之后又能获得升职加薪的机会。其他员工受到鼓舞也会朝激励对象看齐，由此形成了良性循环，"多劳多得"的文化也得以形成。

---

① 案例来源：《威星智能仪表股份有限公司2018年限制性股票激励计划》，威星智能。

三、"四位"之薪酬绩效

股权激励是公司薪酬体系的一部分，同时又以公司绩效制度为依托。

薪酬体系是短期、中期、长期激励的组合，公司可以根据员工所处的位置进行分配：对于基层员工，以短期激励、工资为主；对于核心员工，尤其是高管，需要偏重中长期的激励，以奖金、股权激励为主。股权激励通过将股权授予骨干员工，以起到激励员工的作用，其表现形式虽然可视为员工薪酬的一部分，但它只有与奖金、分红等中短期薪酬模式相结合才可以发挥作用。通过实施股权激励，公司可以优化员工的薪酬体系，完善薪酬制度。核心员工的工资所得不应该只有固定薪酬，而应该以"固定薪酬+公司股权"为模式（见图2-3）。这种随公司发展形势而变动的动态薪酬体系，能够持续地促使员工记得"利益共同体"这个概念，从而持续为公司的发展做出贡献。

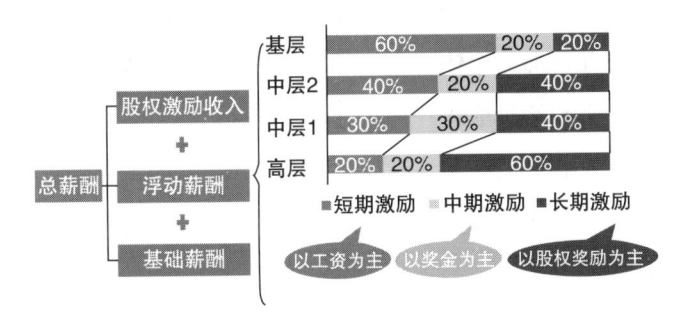

图2-3 绩效薪酬搭配图

值得注意的是，企业在实施股权激励时，切不可盲目地对员工原有的薪酬进行大幅度的调整，否则会让激励对象质疑公司实施激励的"真心"。原有的薪酬是基于员工过去的表现所给予的报酬，而股权激励更多的是对员工未来创造更大价值的展望，因此这两部分是并行且不可相互替代的。

考核是股权激励中极其关键的一环，员工只有达到了考核要求，才能够真正享有公司的股权。而考核通常是由公司绩效和个人绩效两个层面组成的，尤其是在个人绩效层面，与之相匹配的是公司的绩效考核制度。因此，合理有效的绩效考核制度将关乎股权激励的效用大小。公司可以通过调整股权激励方案中的考核要求来完善公司现有的绩效考核制度。激励对象也要用实际行动将公司的绩效考核制度贯彻得更为彻底，让其更具有执行力。

四、"四位"之税务筹划

正如辉瑞公司推出股权激励之初的目的是为高管规避高税负，股权激励的确能够让激励对象尤其是高管在实现多得的同时又避免高额税收。在第一章，我们提到过，对于百万年薪的高管，公司拿出的钱和高管实际拿到的钱有着巨大的差异。再加上金税三期的推出，也令以往虚开发票、让员工注册为个体工商户等避税手段难以规避税务部门稽查的风险。因此，股权激励成了一种既可以激励员工，又能优化税务筹划的优选。正如上文提到的，实施股权激励以后，员工的工资包并不只有固定薪酬，而是"固定薪酬+公司股权"的模式，而股权所得的税负远低于固定薪酬。

在设计股权激励方案时，澜亭股权研究院会结合公司和激励对象的实际情况，针对性地进行税务筹划，以期通过合理的避税措施，使得公司与激励对象都能够达到规避高额税收的目的。

五、"四位"之股权激励

股权激励是人才激励的一种方式，也是最为重要和常见的人才激励方式。人才激励可以采取多种不同的模式，比如业绩分红、项目跟投等。澜亭股权研究院会根据公司的战略目标，建议公司采取合适的激励模式。股权激励必须体现为在公司战略的指引下将公司的股权分享给激励对象，使之享有公司股东的身份和权利，同时加上基础的企业文化、完善的薪酬绩效方案以及合理的税务筹划。这样，一个好的股权激励制度便有了土壤，从而促使企业与员工真正实现共赢。

相比其他激励方式，股权激励更强调留住人才并使其与公司拥有共同发展的愿景。此处选取股权激励的两大特点加以解释：分期授予与股东身份。

分期授予是股权激励常见的一种制度安排，在期权股权激励中称作"分期行权"，在限制性股票股权激励中称作"分期解锁"。通过按比例在固定时间授予股权，它可以起到"小步快跑"的作用，即阶段性地激励对象。同时，它可以将分期绩效目标与公司的阶段性战略目标相衔接，以达到更好的激励效果，并能够通过调节授予周期的长短，达到留住优秀员工的目的。

股东身份是指在股权激励中，激励对象可以获得公司所有权，这不同于业绩分红的模式。一是公司所有权会产生更大的激励效果，正如我们在第一章中提到的"有恒产者有恒心"，一旦从"打工者"切换为"老板"，激励对象的工作积极性和创造性就会得到极大提高，他们也会把落实公司战略真正放在心上。二是股权激励是一种长期激励，只有公司得到发展，股权有了增值，激励对象才"有利可得"，这就意味着员工与公司的利益完全绑定在一起，"公司好"才是"员工好"。而业绩分红的模式可能会导致员工一味追求高业绩而牺牲公司其他利益的情况。

第二节　中观："股权激励九连环"，实施股权激励的脉络

前面我们讨论过，股权激励不是包治百病的灵丹妙药，我们也不可能将一套股权激励协议模板应用于所有企业。要想制订出的股权激励方案能够适应某家企业的土壤，我们就必须"因地制宜"，通过调研诊断、方案设计、方案实施、管理优化四个阶段的精雕细琢，来帮助企业落地股权激励方案。本节将主要介绍股权激励的方案设计流程和整体落地流程。

一个股权激励方案的落地需要经过调研诊断、方案设计、方案实施、管理优化四个阶段，这四个阶段又可以细分为九个步骤。其中，调研诊断主要包括需求诊断、尽职调查和调研访谈；方案设计包括拟订方案、配套文件完善、方案过会；方案实施主要指授予大会；管理优化主要为方案考核和激励管理。

一、需求诊断

实施股权激励的第一步就是明确企业的需求。通过与企业领导层和核心股东的沟通，我们需要明确以下几个问题。

- 老板或股东基于什么原因要实施股权激励，企业当前是否存在痛点？
- 老板或股东希望通过股权激励达到什么目的，以及对痛点的改善达到什么程度？
- 企业的战略目标如何，当前处于什么阶段，以及当前是否是实施股权激励的时间点？

只有在确定企业确有实施股权激励的需求和必要性，并且正处于实施股权激励的良好时机时，我们才可以进一步推进股权激励的流程。

但并不是所有咨询股权激励的企业都适合实施股权激励，澜亭股权研究院在接受企业咨询时就曾遇到这样的情况，比如M集团。

M集团是一家互联网科技企业，总部位于杭州，在世界范围内设有多家分公司或办事处。该公司以直播业务起家，短短两三年时间就开始高速发展。之后，该公司看中教育行业的前景，于是抽调出最精锐的员工组建新公司。出于成本考虑，两个公司可以根据业务需要共享部分员工。但由于新业务开展时间短、前期投入大等，新公司的赢利能力尚未显现，而原公司的直播业务依旧发展强劲且员工获得的回报丰厚，所以出现了精锐员工回报低于普通员工、机动员工不愿做新公司业务的尴尬情况。为了提高员工的积极性，M集团的老板想实施股权激励。但我们在与其初步沟通后发现，M集团当前并不适合做股权激励，而应该先梳理企业的组织架构和薪酬绩效管理体系（见图2-4）。在这些条件都成熟后，它才可以尝试股权激励。

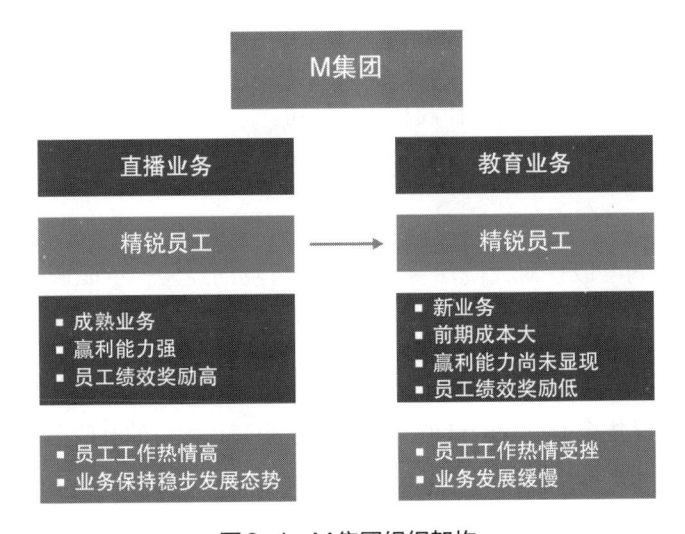

图2-4　M集团组织架构

二、尽职调查

在明确企业确有实施股权激励的需求后,我们就可以着手做股权激励的前期准备。首先,我们要对企业做尽职调查,只有在对企业及其所处的行业有初步的了解后,下一步的工作才能推进。关于尽职调查,我们主要从以下几个方面入手。

- 公司所处行业整体情况、行业标杆企业情况。
- 公司及子公司基本情况、历史沿革及现状。
- 公司股权结构及股东情况。
- 董监高任职情况。
- 组织架构和法人治理。
- 员工及薪酬绩效制度。
- 公司业务情况。
- 公司主要资产情况。
- 财务状况及重大债权债务。
- 税务及财政补贴情况。
- 是否涉及重大诉讼、仲裁和行政处罚。
- 过往是否有股权激励计划及具体实施情况。

基于澜亭股权研究院深耕股权激励市场的经验,尽职调查对于股权激励非常重要,但是它与传统意义上非诉项目的尽职调查重点完全不一样。主要区别在于,我们不是为了找出企业存在的漏洞,而是为了梳理企业和寻找企业自身的价值。我们做尽职调查的目的有两个:一方面是帮助企业梳理价值现状,辅助企业家更精准地制定公司未来的发展战略,确定公司目前的估值,了解员工需求;另一方面是帮助激励对象了解企业价值评估的内在逻辑和底层数据，了解自身对企业的价值所在，从而更好地表达自己的需求。同时，根据尽职调查所获得的内容，我们也会给企业提供现代企业治理方面的科学建议及完善路径。

三、调研访谈

实施股权激励，就好比老板、股东和员工之间进行"联姻"，不是哪方一厢情愿就可以的。在做这件事之前，我们一定要看各方是否"志趣相投"，只有在这个基础上，是否实施股权激励才有继续讨论下去的必要。而通过调研访谈，我们可以掌握老板预期和员工预期的落差程度。

对老板而言，他们需考虑在大方分股权的同时如何确保控制权不丢失、股东利益不被侵犯；对股东而言，他们需考虑员工的激励股权从哪儿来、自己的股权是否会被稀释；对员工而言，参与股权激励，意味着自己要投入时间、金钱、精力，甚至还要放弃一些潜在的机会或利益，如何让自己的付出能得到应有的回报是被格外关注的问题。

如果让老板、股东和员工直接沟通，那么可能会出现下列两种情况：一是碍于情面，双方都不愿意直接表达内心的真实想法，嘴上说着不计较，心里却有十万个不愿意；二是亲兄弟明算账，谈到股权、价格、数量、回报等问题寸步不让，计划始终停滞不前。

为了能够了解老板、股东和员工内心最真实的想法，最好由独立的第三方对相关主体进行访谈，从而本着独立、公平、公正的原则，兼顾老板、股东和员工三方的利益，设计出最公允的股权激励计划。其中，第三方的调研访谈需要完成以下事宜。

- 老板或股东访谈：在明确企业需求的基础上，结合尽职调查时发现的问题与老板或股东做更进一步的沟通，然后结合股权激励"12定"模型，与老板或股东梳理股权激励计划具体的细节，简单勾勒出股权激励计划的雏形。
- 高管访谈：澄清误区，梳理正确的合伙人价值观，了解高管的需求及其对股权激励的想法。
- 中层访谈：传递合伙人价值观，了解中层管理人员的需求及其对股权激励的想法。
- 出具访谈报告：根据上述对老板、股东、中高层的访谈，整理呈现各方需求和初步建议。

四、拟订方案

在需求诊断、尽职调查、调研访谈三个阶段过后，我们就可以梳理出公司实施股权激励的目标和需求、整个公司的具体情况以及利益各方尤其是拟激励对象（中高层管理人员）的想法和意见。在这样的前提下，我们便可以拟订初步的股权激励方案。激励方案主要是将"12定"的核心内容体现出来，一方面明确公司激励的大框架，另一方面建立其他配套文件展开的基础。

五、配套文件完善

在拟订方案以后，我们并不是直接就据此实施股权激励，而是需要根据公司老板及其他相关人员的建议再进行完善。激励方案的草案是根据先前的需求诊断、尽职调查和调研访谈拟订的，但是我们不能确保自己完全掌握了公司的情况，所以方案还必须由公司的老板以及他觉得需要提出建议的相关人员把关并提出需要改动的事项。或者，在股权激励前期调查阶段，老板开始了解股权激励并提出更多的想法，在看到股权激励方案草案后，他想要修改先前不成熟的想法或是有了新的更为实际的方案。

因此，这个阶段主要就是拟进行股权激励公司的老板、高管对方案进行审查和建议。在总结上述建议后，我们会对激励方案进行完善，其中为了进一步明确老板和高管的想法，可能会涉及二次访谈。这都是为了将老板真实的想法完完全全地体现在激励方案中，以达到预期的目标。

我们不能片面、单一维度地对股权激励方案进行完善，还要考虑绩效薪酬、税务筹划。为了更好地达到预期的目标，除了采纳老板、高管的建议修改草案，我们还需要对薪酬、税务进行同步的修改完善。

六、方案过会

股权激励方案体现的是公司的意志，因此按照《中华人民共和国公司法》和公司章程的规定，需要通过特定的表决程序。常见的表决程序为股东会表决或董事会表决。只有按照公司章程载明的生效要件的程序进行，股权激励方案才能够真正产生效力。只有股权激励方案生效，我们才能进行下一步的工作。同时，结合在上几个步骤中了解到的公司问题，我们将会针对性地提出包括薪酬方案、绩效考核、人力资源制度等方面的建议，便于公司梳理相应管理制度，为股权激励的推进预备好完善的土壤。

七、授予大会

在授予大会上，公司会完成对激励对象的授予事项，一方面是明确表明股权激励方案开始实施，另一方面是通过仪式更好地起到激励效果，满足激励对象的成就感。激励对象本身就是公司筛选出来的优秀人才，仪式能让其对成为公司股东有更加深刻的感受，促使其在接下来的工作中朝着考核目标全力以赴。

部分公司会考虑将授予流程安排在年初的启动大会（动员大会）上。一方面，这样能够达到在全公司员工面前表彰激励对象的目的，激发优秀员工的荣誉感和使命感，使他们更加认可公司的企业文化；另一方面，在年初启动大会这样的场景下授予优秀员工激励股权，将极大地促使其他员工向激励员工看齐，让他们在新的一年树立更高远的目标，以期为公司创造更多的价值，从而早日成为公司激励对象。

八、方案考核

股权激励的配套文件中包含考核管理办法，其中载明了具体的考核要求及考核方式。接下来的"12定"会提到"定考核"这一关键环节，激励对象只有满足了特定的考核条件，才能够享有激励股权。方案考核阶段就是按照股权激励方案、考核管理办法的具体规定，来判断激励对象是否达到考核要求、是否可以行使权利。方案考核一般由股权激励办公室（没有设置股权激励办公室的，可以由人力部门代为行使考核职能）根据上述两份文件载明的程序，进行核查并给出考核结果。

九、激励管理

这一阶段主要是股权激励管理部门处理激励对象的解锁、行权或回购等申请，并及时更新股权激励对象所持权益变动文件，将每个具体环节和处理结果都记录在册，规范股权激励的管理（见图2-5）。

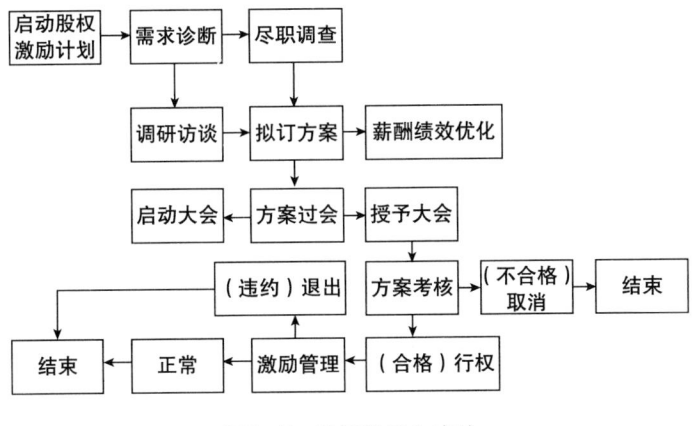

图 2-5 股权激励九步法

各步骤所涉及的具体事宜及相关法律文书如表 2-1 所示。

表 2-1 股权激励步骤详解表

阶段	步骤	具体事项	法律文书
调研诊断	需求诊断	明确老板或股东的需求和目的	—
	尽职调查	明确公司资产、股权架构、组织架构、财务状况、行业发展等情况	尽调报告
	调研访谈	掌握老板、股东、中高层管理人员的想法和需求	访谈报告
方案设计	拟订方案	拟订初步股权激励方案	■ 股权激励计划 ■ 股权激励实施方案
	配套文件完善	■ 提供实施股权激励的配套文件 ■ 提供薪酬绩效优化的配套文件 ■ 根据老板、股东提出的建议，完善股权激励方案及配套文件	■ 公司章程 ■ 合伙协议 ■ 规章制度 ■ 劳动合同 ■ 保密协议 ■ 竞业限制协议 ■ 薪酬制度优化建议 ■ 绩效制度优化建议
	方案过会	按照《中华人民共和国公司法》和公司章程的规定，履行相应表决程序	■ 股东会决议 ■ 董事会决议

(续表)

阶段	步骤	具体事项	法律文书
方案实施	授予大会	举行授予仪式，授予激励股权	—
管理优化	方案考核	明确激励对象的考核方式和目标	股权激励考核办法
	激励管理	明确股权激励的管理方法以及实施股权激励的具体流程	■ 股权激励管理办法 ■ 股权激励管理流程图

第三节　微观："股权激励12步法"，逐一击破股权激励难题

基于多年对股权激励的深耕与沉淀，澜亭股权研究院首创股权激励"12定"模型。我们运用该模型可以快速提取出任意一个股权激励计划的核心要素，从而剥离出该股权激励计划的骨架。同样，企业也可以运用"12定"模型勾勒出一个全新的股权激励计划的框架，实现从0到1的突破，再结合企业的实际情况，设计定制化的条款作为"血肉"填充，这样一个饱满的股权激励计划就诞生了。

股权激励"12定"模型，主要由定目的、定对象、定进入、定模式、定来源、定载体、定数量、定价格、定时间、定考核、定调整、定退出这12个要素构成，在此基础上形成股权激励计划、股权激励实施方案、股权激励考核办法这三份重要的法律文书。接下来，我将结合具体案例为大家详细介绍"12定"模型的内涵。

一、定目的：企业基于什么目的而实施股权激励

企业战略是股权激励的核心，企业应该紧紧围绕"战略"这一核心来决定要不要做股权激励、如何做股权激励。公司的发展是长远的，每个阶段的需求并不相同，这就导致公司的股权激励计划并不是一成不变的，而是依据公司不同阶段的不同需求有所变动，因此确定股权激励的实施目的是制订股权激励计划的第一步。

通常，企业实施股权激励的目的有以下几种。

（1）铸造"金手铐"——吸引和留住优秀人才，调动员工的积极性。

人才已经成为推动企业发展的第一资源，但现在企业经常会面临新员工招聘难、优秀员工留用难、老员工停滞不前的用工难题。如何吸引新员工、留住优秀员工、激励老员工，成了令企业主头疼的问题。

而实施股权激励，一方面可以让优秀员工更大程度地分享企业成长所带来的丰硕成果，激发奋斗目标尚不明朗的新员工及颇有倦怠的元老；另一方面可以增加离职的失败成本，从而起到留住员工的作用。对于外部人才来说，只要足够优秀就可以成为公司的股东，与公司共享发展利益，这能够更好地吸引他们加入公司。

股权激励作为优秀人才与企业之间的"金手铐"，可以实现员工、股东和企业利益的深度绑定。

（2）完善公司的绩效考核体系和薪酬体系。

股权激励是企业长期激励的一种，与其他形式的激励相辅相成，共同构成企业的全面薪酬体系。在通常情况下，我们把工资、奖金视为中短期激励方式，因为薪酬多少关乎员工短期内的表现，而股权激励由于涉及公司中长期的盈利以及员工中长期的业绩指标，被视为长期激励方式。如果公司仅有薪酬制度，那么员工难免陷入短视的困境，公司在考核员工表现时也难以将公司未来的战略目标与员工表现相挂钩。如果辅

以股权激励，那么公司的业绩考核制度将会得到很大程度的完善。

另外，股权激励所得相对来说有较大的不确定性，毕竟是否可以享受以及能享受到多少激励股权带来的利益，取决于公司的业绩增长和个人的业绩考核。相比不确定性较小的工资来说，股权激励可以有效丰富员工薪酬体系。

（3）建立员工与公司共同持续发展的理念和企业文化。

当员工只是"打工者"时，个人目标与公司目标在大部分情况下并不同步，员工更看重的是自己的薪酬，在不影响工资发放的前提下，他们并不会过多考虑公司发展的好坏；而当完成"员工"到"股东"的角色转换后，员工就拥有了公司的"所有权"。结合前一章提到的"产权理论"，员工此时会对公司的事务更加上心，更加关注公司的发展，真正将个人利益与公司利益相绑定。

（4）与员工实现真正的利益绑定。

为了真正达到利益绑定的目的，大部分老板在采取股权激励时都会要求激励对象实际投资，因为只有投入资本，激励对象才会有更加强烈的"所有感"，真正产生"主人翁"意识。这部分出资除了起到上述目的外，还可以补充公司的流动资金，以缓解可能存在的资金周转困难。

（5）降低税务成本。

辉瑞公司采取股权激励的原始目的就是，通过调节高层员工的薪酬结构起到规避高税收的作用。同样是50万元的年薪，通过"工资+股权激励"给到员工和只用单纯的工资，前者会让员工实际拿到手的薪酬更高。因此，股权激励能够有效地降低企业和员工的税负成本。

（6）完善公司治理结构。

实施股权激励还有一个重要的作用，就是为公司治理树立正确的价值导向。首先，股权激励是有明确指标的，比如限制性股票模式中有解锁条件、期权激励模式中有行权条件——通过设定指标传达出公司发展导向，有时甚至可以解决企业通过管理制度难以解决的难题。比如，某制造公司对车间员工实施虚拟股权激励，将车间物耗、能耗相比先前节约下来的部分作为利润，并将其中的60%分给车间工作人员。在这样的设计下，员工在减少物耗、能耗方面有了极大的改善，而该企业最初的难题就是浪费严重。通过设置这样的激励目标，该企业明确了节约物资和能源的价值导向，并通过利润分成的具体方式来激励员工真正落实公司价值导向。其次，股权激励可能会导致公司股权结构发生变化，继而引发公司管理层进行调整，从而优化公司管理。

（7）特殊目的。

除了上述六个常见的目的外，少数公司也会为实现特殊目的而实施股权激励计划。

- 特殊人才导向型。有时，公司会为了吸引某一类人才而单独设计股权激励计划。比如，浙江三花智能控制股份有限公司（证券代码：002050）为了有效调动境外外籍核心人才的工作积极性，在2018年特意制订了股票增值权激励计划，并明确激励对象为对公司未来经营和发展起到重要作用的外籍核心人才。当然，基于已生效的《关于印发〈境内上市公司外籍员工参与股权激励资金管理办法〉的通知》，现在公司大可选用股票增值权以外的模式激励外籍员工。

- 特定项目导向型。除了常规目的外，盈峰环境科技集团股份有限公司（证券代码：000967）还明确二期股票期权激励计划另一个重要的目的是促进和加快公司向环保行业转型，从而吸引和激励环保行业的优秀人才。为了达到该目的，该公司特意规定：2018年股权激励的对象范围侧重于公司环保产业的业务、研发、工程、制造、运营等岗位的员工及相关中高层管理人员。

- 补充流动资金型。少部分公司会为了缓解企业的资金压力而向员工推出股权激励计划，借此达到补充流动资金的目的。比如，赣州科睿特软件股份有限公司（证券代码：836679）、上海数据软件系统股份有限公司（证券代码：430435）、上海炫伍科技股份有限公司（证券代码：834862）等多家新三板上市公司在2017年均为补充流动资金而发布了股权激励计划。

二、定对象：哪些人能成为股权激励的对象

在确定了公司实施股权激励的目标以后，我们接下来就要确定激励对象的范围。股权作为公司的核心资源，应当好钢用在刀刃上。因此，公司应当谨慎选择拟激励的对象范围。通常来说，激励对象范围包含公司董事、中高层管理人员、核心业务人员、骨干技术人员。股权激励的对象一定是对公司有战略价值的核心人才。

案例

缺乏激励，三星、LG公司的OLED核心技术研发人员纷纷出走

OLED（有机发光二极管）技术一直是三星、LG公司的核心技术。早在2015年，因三星公司原研究员涉嫌偷窃三星的OLED技术给LG公司，两个韩国巨头就纠纷不断。自2018年以来，又陆续传出三星、LG公司的OLED技术人员跳槽到中国企业任职的消息，而三星、LG公司为避免遭受巨大损失，将其起诉到地方法院。部分法院依据双方签订的商业秘密保护协议，禁止离职人员跳槽到国内外竞争行业就职。

由于类似事件频繁发生，韩国业界对技术外流的担忧加剧。究其原因，一方面是这些科技公司保密措施不到位，另一方面是它们欠缺对研发团队、核心技术人员的充分奖励。技术人员作为科技型企业的核心竞

争力，一旦流失甚至跳槽为竞争企业服务的话，公司就会损失惨重。如果公司能根据情况对这一类员工实施股权激励的话，那么这既能起到绑定技术员工为公司长久服务的作用，又能激发员工真正为了自己的股权利益而全力以赴进行科研开发，可谓一举多得。三星、LG公司的案例值得科技型企业学习和反思。

三、定进入：当次股权激励的具体对象

定进入与定对象其实都是解决激励对象的问题，但是相比定对象，定进入是指当次股权激励计划针对的具体对象。定对象确定的是一个大范畴，定进入则是在这个范畴之内继续缩小激励范围，将激励对象的具体要求更加细化。这个"门槛"的设定既不能太高，以防激励目的难以达成，也不能太低，以防激励变成"大锅饭"，而应当根据企业的具体情况设定合适的进入条件。

进入条件通常包含司龄、职级、绩效、特别贡献度等。在一般情况下，司龄设定为一年以上，职级至少为中级，绩效参照公司已有的绩效考核体系达到中等以上；在特殊情况下，有特别突出的贡献或资源的员工，也可以不受上述硬性指标的约束。进入条件是对员工过往表现的考核，也就是通过他过去的表现来评判他未来对公司做出贡献的可能性。

四、定模式：哪种激励模式最适合公司的实际情况

定模式解决的是采取何种方式进行股权激励的问题。一般来说，常用的股权激励模式包括股票期权、限制性股票和股票增值权。《上市公司股权激励管理办法》规定，上市公司的股权激励模式主要有限制性股

票（包括第一类限制性股票和第二类限制性股票）和股票期权两种模式，而诸如股票增值权或其他激励模式则参照《上市公司股权激励模式》等规定执行。

第一类限制性股票：公司根据股权激励计划规定的条件和价格，授予激励对象的一定数量的公司股票，其设有一定期限的限售期，在达到股权激励计划规定的解除限售条件后，方可解除限售。

第二类限制性股票：《上海证券交易所科创板股票上市规则》规定，该类股票是指符合股权激励计划授予条件的激励对象在满足相应获益条件后分次获得并登记的公司股票。

股票期权：公司授予激励对象在未来一定期限内以预先确定的价格购买公司一定数量股票的权利。等待期满，在满足公司股权激励计划设置的行权条件后，激励对象可以选择行权或不行权。

股票增值权：以公司股票作为虚拟股票，激励对象并不实际持有公司的股权，但是可以获得公司股票的增值收益。

对于非上市公司来说，除了上述四种激励模式外，还有跟投计划、收益权转让、合伙人计划、资产管理计划、薪酬创新计划、员工持股计划等其他激励模式。比如，碧桂园的合伙人计划（"成就共享"）和新项目跟投计划（"同心共享"）就是典型的创新激励模式。由于非上市公司实施股权激励暂无相关法律规定做指引，所以非上市公司在实践中具有极大的创新空间，可根据自身情况，参照上市公司实施股权激励的相关办法来设计不同类型的激励模式，从而达到激励目的。

五、定来源：激励股份、员工资金分别从哪儿来

定来源主要解决的是激励股份的来源及员工参加股权激励的资金来源。股权激励的实质是将公司的股权分享给激励对象，所以在激励之

前，我们应当明确拟授予的公司股权来自哪里。一般而言，原股东转让部分股权较为常见，上市公司也常采取从二级市场回购股票的方式。至于员工购买激励股权的资金来源问题，大多公司都要求员工认购公司股份的资金为自有资金，同时也不会为员工提供任何形式的贷款帮助。毕竟，只有让员工有真实的资金投入，员工才会更加认同股东的身份，更加有主人翁的意识，激励效果才会更显著。

六、定载体：是否要设立持股平台

对于上市公司而言，由于股东人数不受200人限制，并且实施限制性股票、股票期权激励计划时可以通过中登公司去办理，操作起来十分便捷，所以它们可不考虑持股平台的搭建。

但对于其他类型的公司而言，持股平台还是很重要的。非上市公司通常会选用有限合伙平台或有限责任公司作为持股平台，具体可见"股权激励第六步——定载体"一章的内容。一方面，搭建持股平台可避免公司股东人数增长突破《中华人民共和国公司法》规定的上限。另一方面，搭建持股平台有多重优势：首先，激励对象并不是公司的直接股东，而是通过持有持股平台的股权或份额从而间接持有公司股权，因此，可有效避免公司股权分散、控制权受影响等问题；其次，激励对象的进入和退出只需要在持股平台层面进行变更，无须在公司层面进行变动；最后，双层架构可有效降低股权激励的税收成本。

七、定数量：激励股份的总量、个量分别是多少

定总量是指公司拟拿出多少股权用于激励。在设置总量时，公司一方面需要在激发激励对象主动性的同时避免公司实控人失去控制权，另

一方面需要符合法律法规设置的上下限。

定个量解决的是在确定了总量以后，每个激励对象能拿到多少股权的问题。定个量要结合激励对象的岗位、技能、贡献度等，以实现激励最大化，同时也需要符合法律法规载明的上下限。

八、定价格：激励股份授予价格的确定

《上市公司股权激励管理办法》和《股权激励有关事项备忘录1号》对上市公司做出了股份授予价格的规定，其他公司可结合公司实际情况确定股份价格。定价包含折价、平价、溢价三种模式。一般而言，企业会选择以折价的方式向激励对象授予激励股份。当然，也有企业会出于向员工充分展现激励诚意的目的，而无偿向员工赠予股份。由于没有相关法律规定加以限制，任何定价方式都是可行的。但是，为了有效发挥股权激励的作用，实现绑定和激励员工的初衷，我们不建议公司零元授予激励股权，即必须让员工出资购买股权。

九、定时间：激励计划时间如何安排

股权激励作为一种长期激励方式，整个计划历时较久，其中会涉及多个时间节点。比如，股票期权激励模式会涉及有效期、授予日、等待期、可行权日等时间节点或周期，如何合理设置上述时间节点，使得既能达到长期绑定激励对象的目的，又不会打击到激励对象的积极性，就是一个技术性难题。一般来说，传统企业大多会选择"1+3"（有效期为4年）、"1+4"（有效期为5年）的时间模式，而互联网企业等新兴企业则因为成立时间短、激励需求更为迫切，多采用"1+2"（有效期为3年）、"1+3"（有效期为4年）的时间模式。

十、定考核：达到什么条件可以行权或解锁

定考核是指在满足何种条件下，激励对象可以享有激励股票。比如在股票期权模式下，激励对象在被授予股票期权后，并不能立刻行使购买的权利，而是需要经过一段等待期，只有在等待期满且符合一定的条件后，才能够行权。而这些特定的条件就是考核条件，是公司希望通过股权激励来激发激励对象达成的目标。一般而言，考核条件分为两个层面：一是公司层面，比如营收、净利润等；二是个人层面，比如业绩考核、培养人才、项目完成程度等。公司通过设置考核条件，引导激励对象与公司共同发展。

十一、定调整：调整机制的分析

股权激励的调整包括激励股权数量和价格的调整。通常在公司发生资本公积转增股本、派发股票红利、股份拆细或缩股、配股、职位变更等事宜时，公司会对激励股权数量及价格做出相应的调整。

十二、定退出：如何设定退出机制

退出机制解决的是激励对象如何从股权激励计划中退出的问题。由于股权激励计划涉及激励对象和公司两大主体，因此能够触发股权激励退出机制的通常就是激励对象和公司。根据具体情形的不同，股权激励退出机制可区分为员工异动和公司异动，前者包括主动退出、被动退出、意外退出等情形，而后者主要包括公司控制权变动、公司会计财务等出现违法情况等情形，同时涉及在员工出现离婚、死亡情形时激励股份如何处置的问题。

第三章

股权激励第一步
——定目的

着手做股权激励的第一步,
就是明确做股权激励的目标,
目标的设立将决定整个股权激励的走向。

第一节　绑定员工、股东和公司的利益

随意翻开一家上市公司的股权激励计划，我们几乎都可以看到这样一句话："……有效地将股东利益、公司利益和员工利益结合在一起，使各方共同关注公司的长远发展，提升公司的市场竞争能力与可持续发展能力……制订本激励计划。"确实，股权激励最显著的效果就是可以实现员工、股东和公司的利益绑定，因此，很多公司为了解决员工和公司利益不一致的问题而实施股权激励。

更进一步，我们可以将这里的员工细分为在职骨干、公司元老、潜在人才三个层面。拓展时间的维度，股权激励计划将会更加公平公正，让员工更加信服。

一、为在职骨干锻造"金手铐"

董事、高级管理人员和核心骨干人员等都是一家公司发展的中坚力量，他们就像船长和水手，带领公司这艘货轮在风起云涌的商海里乘风破浪，一路远航。

即使再优秀的骨干，也是凡人，也会有各种各样的需求，还会因为不同的需求做出新的抉择。就像船长和水手并不是永远待在一条船上，他们极易受到内在或外在因素的影响（见图3-1），从而投奔另一艘货轮或转向另一片海域。

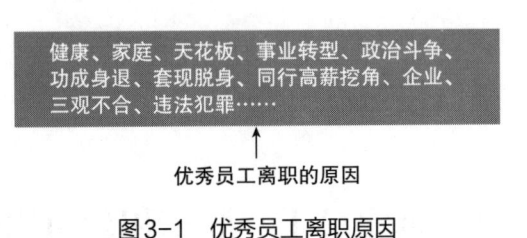

健康、家庭、天花板、事业转型、政治斗争、功成身退、套现脱身、同行高薪挖角、企业、三观不合、违法犯罪……
↑
优秀员工离职的原因

图3-1　优秀员工离职原因

正如我们在前文提到的"需求层次理论"，人的需求分为生理需求、安全需求、爱和归属感需求、尊重需求与自我实现需求五类，由较低层次到较高层次排列。低层次的需求在得到相对满足后，就会向高一层次发展，企业只有逐渐满足员工的高层次需求才可以增强激励的力量。

随着中国经济、科技、文化、教育等方面的飞速发展，大部分员工基本已满足了生理需求和安全需求，开始转向追求爱和归属感、尊重与自我实现这三种更高层次的需求，这就意味着员工开始追求其在企业中的参与感、价值感、公平感、身份感、安全感。而股权激励就是现代企业能够给员工带来"五感"的好手段，它可以为在职骨干量身定制一副"金手铐"，牢牢地将其绑在公司这艘为了一致利益而出发的货轮上。

二、为公司元老铺设"金地毯"

企业之间的竞争越来越激烈，有时候一路奔跑只是为了不后退。

很明显，企业常常会出现一些老员工即使兢兢业业、恪守本分也无法跟上企业发展的步伐或在新的业务面前时常显得力不从心的情形。但是，回头翻翻公司的功劳簿，其中分明记录着元老们的赫赫战功，他们为公司的起步与发展立下了汗马功劳。

对于这样的元老，直接劝退是万万不可的。一方面，他们掌握着公司的资源和机密，熟悉公司多年业务的发展与变动，公司应当仔细斟酌对他们的安排，稍有不慎，就会得罪元老以及以这个元老为纽带的资源与人脉；另一方面，对于现在的骨干来说，元老们的今天也许就是自己的明天，如果元老们走得落魄狼狈，那么在职骨干也会对公司心存疑虑。

我们知道，公司也不想轻易辞退对公司有过突出贡献的人，但是公司运转的一朝一夕都有资金需求。用"大红包"欢送元老的方法在现代企业恐怕是行不通的，但公司可以用股权激励铺设一条"金地毯"，让元老们功成身退。

首先，用激励股权代替大笔现金奖励作为"荣退"的大礼，公司的资金压力会大幅减少。鉴于元老们即将离退，公司可以将激励股权的考核条件设定为公司层面的目标达成即可行权或解锁，这样元老们对股权激励方案的接纳程度也会更高。

其次，在元老们离退前，给他们激励股权，可以充分肯定元老们对公司的贡献与价值，让他们获得尊重感。这样人走情意在，到了关键时候，公司也可以请元老们出手帮忙。基于共同的利益，元老们一般也会乐意为之。

最后，现职的骨干员工看到老员工们得到如此礼遇，会更加认可公司的文化与管理制度，获得安全感和归属感，从而与公司产生更深层次的连接、绑定、信赖。

三、为潜在人才搭建"金台阶"

对于任何一家企业来讲，人才梯队的建设都是必不可少的，只有源源不断的优秀人才进入、成长，才可以把公司这一潭水盘活。这就要求公司在制订股权激励计划时，应着眼于长远的战略发展规划，而不能仅仅局限在眼前。激励股权不能一次性用完，而应细水长流，为公司的潜在人才进入股权激励计划搭建一个"金台阶"。

这里的潜在人才包括三种：第一种是已经被列为激励对象，但是因为职级低、贡献度弱等问题获取的激励额度较少的一般员工，等他们逐渐成长为高级管理人员或核心技术人才甚至董事时，他们的激励额度也应得到提升；第二种是已经进入公司，但是由于司龄不长、资历尚浅等问题暂未被列为激励对象的新晋员工，假以时日，这些员工会逐渐成为公司的中流砥柱，此时公司也要考虑给他们激励股权；第三种是尚未进入公司的外部人才，随着公司业务的发展，他们会在恰当的时机进入公司，对他们的股权激励也是公司需要考虑的重要问题。

公司在第一次实施股权激励时就要考虑"金台阶"的搭建问题，否则可能会出现分配不均、动力不足的难题。同时，公司还需要将股权激励与公司的资本战略相结合，考虑公司的上市计划、上市进程、上市条件以及公司控制权等问题。只有把这些问题都考虑到，公司才能发挥股权激励的正面作用，使之成为与员工实现利益绑定的"金手铐""金地毯""金台阶"，而不是用股权激励为自己制造难题，把自己推到进退两难的尴尬境地。

第二节　练就"吸金大法"，补充流动资金

有时候，公司最怕的不是碰上资金短缺的问题，而是怕别人知道自己需要资金。因为这样不仅容易在对外开展业务时使己方处于劣势地

位，还容易引起内部员工的恐慌、臆测和误判。因此，即便是有融资需求，公司也不会在股权激励计划中直接表达。久而久之，股权激励解决资金问题的功能就会逐渐被大家忽视。

其实，再好的企业都会有资金紧张的时候，这时调整好心态比盲目找钱更重要。即便是华为这样的公司也有资金紧张的时候，但华为的伟大就在于创新与前瞻。早在20世纪90年代，华为就通过内部股帮公司解决了融资难的问题。当然，由于公司有融资需求，相较于一般的股权激励，公司会设置一些优惠、便利的条件来刺激员工参与股权激励的积极性，比如定价低于每股实际净资产、为员工提供贷款、回报率高等，这些特点在华为的股权激励案例中得到了充分体现。

接下来，通过对华为、中国联通、数聚科技三家公司的股权激励案例进行分析，我希望大家可以从中进一步感受到股权激励对于企业融资的重要作用。

案例
华为：利用虚拟股融资[①]

自1993年起，为了解决创业初期资金困难的问题，华为以1元/股的价格向内部员工授予股权（当时华为每股净资产为5.83元），并由公司为员工进行担保，鼓动员工向银行贷款以购买华为股权。此次华为推行内部股的效果相当明显，员工积极出资购买公司股权。到1997年时，华为的注册资本因此增加到7 005万元，而且增量全部来自员工入股，这些资金的注入帮助华为解决了资金难题。

据媒体报道，2004年至今，华为员工以购买虚拟股的形式，通过持股平台为华为增资超过260亿元。可见，股权激励做得好，募资力度

---

① 李林芮.华为公司股权激励制度研究[J].中国管理信息化，2020，23（17）：60-61.

完全不亚于IPO（首次公开募股），这也是华为坚持不上市的底气。而反观华为公司的直接竞争对手中兴通讯，其在A股上市以来累计募集资金不过24亿元；2004年在香港上市，融资不过21亿港元。两者的融资力度高下立判。

案例
中国联通：2018年募集资金最多[①]

中国联通也借助股权激励来募资。尽管中国联通的股权激励计划中并没有直接言明募资目的，但是实际上中国联通借助限制性股票激励计划实现了募资功能。

2018年2月，中国联通发布限制性股票激励计划及首期授予方案。两份文件显示，首次授予的激励对象（不包括预留部分）包括公司中高层管理人员以及对公司经营业绩和持续发展有直接影响的核心管理人才及专业人才，不超过7 855人。该计划首期拟向激励对象授予不超过84 788万股的限制性股票，约占公司股本总额的2.8%，其中首次计划预留4 485.6万股，占本次授予总量的5.3%，占当前公司股本总额的0.1%。中国联通首期授予激励对象的限制性股票（含预留部分）的价格为3.79元/股，最终募资金额高达32.13亿元，成为该年度募资最多的上市公司。可见，通过股权激励，中国联通成功实现了募资的目的。

当然，借助股权激励来融资不是头部企业的"专利"，近年来也有一些新兴企业开始尝试通过股权激励来募资并取得一定成果。比如，上海数聚软件系统股份有限公司在其公告的股权激励计划中表达了通过股

[①] 陈赟. 国企混改的关键点 [J]. 中国盐业, 2018, 000（001）: 30-36.

权激励来补充流动资金的目的。这里我以上海数聚为例为大家做简要分析。

案例
上海数聚软件系统股份有限公司：以内部融资为目的[1]

作为一家新三板挂牌的上市公司，2017年8月，上海数聚发布了《股权激励股票发行方案》，这份方案发行目的的第三款就明确了"本次募集资金主要用于补充公司流动资金"。同时，该方案还对补充流动资金的必要性做了说明："本次股权激励股票发行所募集资金较少，主要用于补充公司营运资金。公司的总资产及净资产规模均有所提升，资产负债率会有所下降，此次所募集的资金不会对公司的财务状况和经营成果造成重大影响。"

方案显示：该公司拟向包括公司董事、监事、高级管理人员和核心员工在内的28名员工募资，本次股票发行数量不超过49.155万股（含49.155万股），本次股票发行拟募集资金总额不超过294.93万元（含294.93万元）。

从公司财报来看，2011—2016年，公司净利润一直稳步增长，但2017年，公司净利润下降到仅有279万元，远低于2015年、2016年的净利润。在通过股权激励募资补充资金用于运营后，2018年公司的净利润明显上升，迅速恢复到410万元。

我们从上述案例可以窥见，股权激励是解决企业资金问题的好工具，如果股权激励用得好，那么效果甚至不输上市公司的募资能力。

---

[1] 案例来源：《数聚股份公告》，新三板讯。

第三节　完善公司的治理结构

利用股权激励完善公司治理源于20世纪80年代中后期英美掀起股东价值最大化的公司治理运动，其中一项重要内容就是授予公司高管更多股票和股票期权，使其薪酬和绩效（股价）直接挂钩。

由于市场经济环境和监管政策的变化，我国于2007年才将股权激励与公司治理联系在一起。2007年3月，证监会开展"加强上市公司治理专项活动"，并发布《关于开展加强上市公司治理专项活动有关事项的通知》。根据通知，上市公司只有完成了公司治理整改之后才能实施股权激励，治理结构存在严重缺陷以及拒不整改问题的上市公司，证监会将不受理其股权激励申报材料。专项活动的开展直接导致2007年上市公司公布的股权激励计划数量大幅度减少。此后，在上市公司的股权激励方案中，人们都可以看到目的之一就是完善公司治理结构并提高上市公司经营管理和规范运作水平。

通常，我们所讲的"公司治理"就是居于企业所有权层次，研究如何授权给职业经理人并针对职业经理人履行职务行为行使监管职能的科学。[①] 而何为"公司治理结构"，学者吴敬琏解释：公司治理结构是指由所有者、董事会和高级执行人员（高级经理人员）三者组成的一种组织结构。要完善公司治理结构，公司就要明确划分股东、董事会、经理人员各自的权力、责任和利益，从而形成三者之间的关系。其中又以所有者与经理人之间的关系为主，包括所有者对经理人的选择、聘用、激励、监督、解退等。而利用股权激励完善公司治理结构主要体现在降低代理成本、防止内部人控制和防止高管追求短期利益三个方面。

---

① 张向红. H集团母子公司管控问题研究[D]. 武汉：华中师范大学，2018.

一、降低代理成本

正如我们在第一章中提到的委托代理理论，由于委托人与代理人之间信息不对称，代理人不能以委托人的利益最大化为目标。在现代企业中，股东们由于自身并不具备相应的管理企业的专业知识，所以通常会选择委托职业经理人经营管理资产，但是由于双方掌握的信息不对称，股东和职业经理人所追求的目标并不一致。股东希望其持有的股权价值最大化，经理人则希望自身效用最大化，因此经理人可能利用信息不对称谋取个人利益，对公司形成侵蚀，我们称这种侵蚀为代理成本。

为了降低代理成本，股东需要对经理人的行为进行引导和限制，这种引导和限制往往通过实行一定的激励并制定约束机制来进行，从而降低股东和经理人之间的"道德风险"。而股权激励恰好可以满足股东和经理人的实际需求，能使经理人实现从经理人到股东的身份转换。当经理人也成为企业所有者之一时，基于产权的约束，公司的利益增长，经理人的利益随之增长；相反，公司的利益受损，经理人的利益也会随之受损。因此，经理人会投入更多精力以实现公司利益的最大化，代理成本也因此明显降低。

二、防止内部人控制

内部人控制主要是在现代企业中所有权与经营权（控制权）相分离的前提下形成的，所有者与经营者利益不一致，导致经营者控制公司的"内部人控制"现象产生。[1]公司的管理权都掌握在经营者手中，股东不参与公司的日常经营管理，无法有效地对经营者的行为进行监督，此分

---

[1] 李艳莉. 公司财务治理机制相关问题研究[D]. 太原：山西财经大学，2009.

离现象使股东不了解公司日常经营事务，进而导致股东利益受损。

内部人控制问题的形成，归根结底仍是公司治理中所有者缺位和控制权与剩余索取权不相配的问题。[1]内部人控制问题最易出现在股权结构分散的公司，此类公司一般规模大、股东人数众多、股东持股较为分散。股东持股较少，对公司事务管理也就听之任之，存在"搭便车"的心理，公司的日常事务由公司董事会选拔或聘请的管理团队管理，经营者掌握公司的实际控制权，对公司财务、人员、决策等产生影响。管理团队可能会凭借自身对公司的控制权，谋取自身利益的最大化，从而"截取"本应属于公司所有者的剩余索取权。

万科便深受"内部人控制"现象之苦，我在此对其加以简析，希望能使读者对该问题产生更多思考。

案例
万科：内部人控制问题严重[2]

2015—2017年，"宝万之争"轰轰烈烈地上演，吸引了各方的眼球，更引发了各界对公司股权结构分散以及内部人控制等问题的分析与反思。

万科之所以形成分散的股权结构，是万科董事长王石的个人选择使然。他在市场化初期，选择了做职业经理人的道路。长期以来，由于股权高度分散，未有一个股东持股超过20%，万科一直处于无实际控制人状态。在宝能系持股比例未达到5%之前，华润集团持股为14.89%，为万科第一大股东。但华润集团自2000年入驻万科以来就安于扮演投资者角色，不干涉经营管理，实际决策权掌握在以王石及郁亮为首的管

---

[1] 张勤.董事会特征与盈余管理关系的实证研究——基于深市中小板上市公司的面板数据[D].南京：东南大学，2012.

[2] 熊田.内部人控制视角下宝万之争的原因的案例分析[D].湘潭：湘潭大学，2018.

理层手中。在与宝能系的"战争"中,万科管理层多次直接越过公司的股东大会自行决策,未及时与大股东进行沟通,也不会将股东的利益放在首位。

起初,华润集团是站在万科一方的,但随着事态的发展,华润集团与万科管理层的矛盾越来越多,以致后期华润集团直接"反水",站在万科的对立面。而华润集团"反水"的重要原因就是万科私自进行资管计划。万科的资管计划是管理层出资收购万科的股份,目的是进一步加强对企业的掌控,避免外界资本的收购。由于万科事前没有进行信息披露,低调收购自身股份引起了社会上的猜疑——大家纷纷指责万科管理层压低股价是为了降低资管计划的成本,存在管理层"自肥"问题。华润集团的"反水",直接导致万科在宝能面前失去屏障,任由资本摆弄多时(见表3-1)。

表3-1 "宝万之争"关键事件的时间轴

时间	事件
2015年1月	宝能系开始收购万科股份
2015年7月10日	宝能系持股达5%,第一次举牌
2015年7月	宝能系持股达14%,第二次举牌
2015年8月26日	宝能系持股达15.04%,成为第一大股东
2015年12月11日	宝能系持股超22.45%,稳居第一大股东之位;万科为应对"野蛮人入侵",宣布正式停牌
2016年3月12日	万科正式引入深圳地铁集团作为战略合作伙伴
2017年1月12日	华润以22元/股的价格将全部股权转让给深圳地铁集团
2017年1月13日	宝能系表示欢迎深圳地铁集团,首次声明自己财务投资者身份,"宝万之争"落幕

三、防止高管追求短期利益

马云在浙江总会发表演讲时说道:职业经理人跟企业家的区别在于,一群人上山打野猪,职业经理人开枪后,野猪没有被打死,朝人群冲了过来,这时候职业经理人丢下枪就跑了,而企业家反而会拿起柴刀和野猪搏斗。真正的企业家是无所畏惧的,他们不是被培训出来的,而是从商场上一路披荆斩棘杀出来的。

这席话是马云解释阿里巴巴放弃职业经理人而采用合伙人制度的原因。在他看来,职业经理人都是短视的,他们会为了短期利益或个人安危在关键时刻抛弃公司,没有与公司生死与共的信念和决心。他们是公司在危难面前的旁观者甚至是逃兵,而不是拿起武器守卫公司一起破局的战士。

职业经理人最关注短期利益,即短期内能不能让雇主满意。而公司及股东不仅关注短期利益的获得,而且要兼顾公司未来发展的中长期目标。职业经理人的高流动性也决定了他们可以在进入公司后大刀阔斧地改革,而改革会带来诸多利益或风险。如果先降临的是利益,那么职业经理人可能会在高位变现走人;如果先来的是危机,那么职业经理人依然可以选择引咎辞职,再到下一家公司开展新一轮的事业。

与阿里巴巴放弃职业经理人不同,联想则是选择任用职业经理人,它也因职业经理人的短视而遭受了不小的损失。

> **案例**
> 联想:职业经理人的短视[①]
>
> 2007年,国内手机市场基本上被诺基亚、索尼爱立信、摩托罗拉

---

① 李靖宇. "过继"的游戏 解读联想出售手机业务的深层意义[J]. 移动信息,2008(03):16-18.

和三星四巨头瓜分，联想手机的市场份额仅占3%左右。2008年1月，时任联想CEO的阿梅里奥因为手机业务持续下滑拖累财报（公司税前及税后亏损分别约为2.35亿元和1.84亿元），以1亿美元的价格把它卖给了联想控股旗下以弘毅投资为首的私募基金。尽管柳传志和杨元庆作为联想创始人并不愿意卖掉手机业务，但是按照联想的治理结构，董事长和大股东是无法更改CEO的决定的，他们只能眼睁睁地看着"亲儿子"被卖掉。

一年后，阿梅里奥离开，杨元庆重新担任联想集团的CEO。2009年11月，为了进军移动互联网市场和实现多元化布局，联想又以2亿美元回购了手机业务。这一卖一买，不仅让联想亏损了1亿美元，更让联想手机错过了这两年的发展期。当联想将手机业务回购回来时，手机行业已发生了巨大变化，以苹果为首的智能手机正式面世，并备受市场青睐。尽管非智能手机的市场还在，但是其市场份额已被智能手机逐步蚕食，两年空窗期的联想被市场甩在了身后。

阿梅里奥卖联想手机业务的案例就足以展现一位职业经理人的短视，他无视无线互联网时代的到来，仅仅因为任职内的盈利目标就砍掉了具备战略意义的手机业务，使得联想在无线互联网时代陷入被动。如果他能像柳传志或杨元庆一样，以企业主人翁的心态放眼未来，他就不会为了短期业绩草率地将手机业务卖出了。

股权激励可以实现职业经理人到股东的身份转换，让经理人把工作当事业来做——不仅仅关注眼前一城一池的得失，更不会为了完成某个短期目标而牺牲一项极具前景的业务，而是与企业共同发展。

第四节　降低成本，完善薪酬体系

《中华人民共和国个人所得税法》规定，员工的工资、奖金等都需要适用3%~45%的七级超额累进税率。累进税率的制定原则是对纳税人收入多的多征、收入少的少征、无收入的不征，从而有效地调节纳税人的收入，正确处理税收负担的纵向公平问题。累进税率的初衷并没有问题，但是在实施过程中，企业和员工都在感慨税收负担重。

为了降低公司的财务成本和个人的税负，国内外众多公司的老板开始为自己设置较低水平的年薪，同时用股权激励给薪酬做加法，从而实现税收筹划的目的。苹果创始人乔布斯、脸书创始人兼CEO扎克伯格、阿里巴巴创始人马云、京东CEO刘强东、三一集团董事长梁稳根、乐视CEO贾跃亭等中外企业的高管都相继宣布只领"一元年薪"，但背后通常会给自己配上高价值的股权激励，以此达到合理避税、节省企业成本的目的。

股权激励在税务筹划方面展现了无与伦比的作用，而该方式早已在各大企业中落地实操，我接下来将分别介绍一些国内外案例来让读者可以更直观地感受其作用。

📁 案例
京东：一元年薪下的合理避税[①]

2015年8月，刘强东在结婚前夕，对外宣布将未来十年的年薪降至"1元"且没有现金奖励。当网友打趣"刘强东十年薪酬也买不起一杯奶茶"时，殊不知刘强东也为自己配上了一项股权激励计划。根据该

[①] 案例来源：《京东第二季度财报》，京东。

计划，刘强东将被授予2 600万股A股股权，相当于公司所有流通股的0.9%。刘强东获得该笔股权的每股执行价格为16.70美元，相当于每股ADS（American Depository Share，美国存托股票）33.4美元。未来十年，当京东股价达到或超过33.4美元时，刘强东就可以将他手中的股权套现。如果按33.4美元的行权价格计算，刘强东的这些股权价值4.34亿美元，折合人民币26.95亿元。这样的股权激励除了将刘强东与京东绑定得更深外，也使京东的成本支出和刘强东个人的税收负担都大幅减少。

案例
马斯克与特斯拉对赌：三年不到成为世界新首富

事实上，高管选择以股权授予代替工资是全世界通用的避税手段，比如世界首富埃隆·马斯克与特斯拉公司签订的对赌协议。此份对赌协议意味着，马斯克在这十年间将不会获得任何工资或奖金，只有分12次领取的特斯拉股票。每一批股票都只有在公司价值上升并达到营收和盈利里程碑之后才能解锁，而解锁之后的股权收益就是马斯克这十年所获。股权收益使马斯克在获得高额收益的同时降低了税负。

在实践中，越来越多的高管采用"低年薪+高股权激励"避税，越来越多的员工也认同"薪酬+股权"的个税筹划模式。

案例
人才的选择：纯年薪与年薪+股权激励

有一次，客户跟我陈述了他的两次互联网公司应聘经历。他去了其中一家互联网公司（以下称为A公司）应聘，双方谈得不错，A公司开出100万元年薪。这在很多人眼里是可遇不可求的机会，但客户却没有马上答应，而是又去另一家互联网公司（以下称为B公司）面试。B公司方面给出的薪酬方案是"50万元年薪+50万元期权"。客户在通过我们的解答和自身权衡之后，选择了B公司。其实，客户做出这样的抉择并不让人意外，因为在平台能提供的资源、机会相差不大时，员工考虑的最实际的问题还是到手的蛋糕有多大。以客户的求职经历为例，尽管在A公司他可以拿到百万年薪，但是按照目前3%～45%的超额累进税率，客户将适用45%的边际税率，最终拿到手的只有60多万元。而当他选择B公司"50万元年薪+50万元期权"的方案时，50万元年薪部分只需要适用30%的累进税率，50万元期权部分只需要按20%的税率计算个税，相比之下，他拿到手的钱也多得多。

　　A公司为员工付出的成本一分钱也没少，但员工并不领情；而B公司前期只需要支付50万元的成本，就可以将市面上价值百万的员工招致麾下，另50万元的期权部分在一定的时间区间内按条件行权。B公司付出的成本看起来与A公司相差无几，但实则不然。B公司会在50万元期权部分设置行权条件，只有当员工完成相应的业绩目标时，公司才会将相应的期权兑现。这样操作的好处有三个：第一，为公司赢来一定的时间差，公司可以把资金投放到更重要的地方；第二，员工实现业绩目标给公司带来的收益远高于其所获得的期权收益，员工从自己创造的价值中分享部分收益实属应当；第三，选择部分薪酬+股权激励的员工，一定认可公司的发展方向和未来前景，他们会将个人发展与公司发展联系在一起，希望借助公司的平台实现个人抱负。

　　B公司的模式是企业和员工双双降低成本和税负的典型案例。同样，在前文第一章提到的小米案例中选择"薪酬+股权"方案的员工，股权比例越大，税负压力相应越小，身价提升的程度也越明显。

第五节　特殊目的

除了前述几种常见目的，也有一些企业会针对一些特殊目的而实施股权激励。这些特殊目的主要是推进特殊项目。为了更大程度地激励员工，公司通常会从公司层面入手设计股权激励计划，从而将股权激励计划的影响力最大化。但事有轻重缓急，公司在不同阶段的业务发展也会有所侧重。在人力、物力、财力等资源有限的情况下，有些公司会将精力聚焦在单个项目上，并为该项目的成员量身定制一套股权激励计划，以实现项目组成员、项目组、公司和股东之间的利益绑定。

下文将通过介绍上海仁会生物制药股份有限公司（以下简称"仁会生物"）的股权激励方案，让大家进一步感受怀有特殊目的的企业主们是如何积极开展股权激励的。

案例
仁会生物：聚焦特定项目[1]

仁会生物是第一家挂牌前开始实施股权激励计划、后成功挂牌上市的新三板企业，系2014年1月27日以发起方式整体变更设立的股份有限公司，其前身是上海华谊生物技术有限公司（以下简称"华谊生物"）。仁会生物的定位是专注于创新生物医药开发和产业化，而公司正在研制的糖尿病药物谊生泰，是最接近于产业化的产品。仁会生物在还叫"华谊生物"时就已经在研发层面投入大量精力，并且为了防止科研成果泄露，一直未申请国家项目资金。从华谊生物到仁会生物，公司的投入已近7亿元。

---

[1] 案例来源：《新三板公告》，公告编号2018-010。

根据公司的发展规划，仁会生物预计2014年8月8日在新三板挂牌上市。在拟上市前半年，也就是2014年2月，其公告了股权激励方案。方案显示，此次激励对象为7人，都是在公司工作满6年且为公司主要产品研究和开发工作做出重大贡献的高级管理人员、中级管理人员及核心研发技术人员，并且行权条件是公司在2015年12月31日前通过GMP（生产质量管理规范）认证并获得相关证书。

如果公司在2015年12月31日前达到上述目标，则激励对象在等待期满后在可行权日100%一次性行权；若公司在2016年6月30日前、2016年12月31日前或2016年12月31日后完成目标，那么所授期权将分别按95%、90%、80%的折扣分两次行权。为了保证激励对象有更多机会达成行权条件，该方案将有效期设定为10年，这是法律法规规定的股权激励计划的最长年限。

我们从股权激励方案不难看出，仁会生物紧紧围绕"谊生泰"这个项目制订股权激励方案，无论是激励对象、行权条件还是有效期等方面，都体现了公司对"谊生泰"项目及该项目研发人员的重视。

第四章

股权激励第二步
——定对象

> 适当放宽激励对象范围,
> 让更多人看见股权激励的机会,
> 但也要秉承"宁缺毋滥"的原则,
> 将三观不合的员工排除在激励对象范围之外。

股权激励的对象一定是对公司具有战略价值的核心人才，他们控制关键资源，拥有关键技术，掌握核心业务，还有其他各种能够支持企业发展的核心能力。因为这群人的存在，公司的业务才会不断发展，公司才会离战略目标的实现越来越近，所以公司更愿意主动与他们分享成功的果实，并携手共赴前程（见图4-1）。

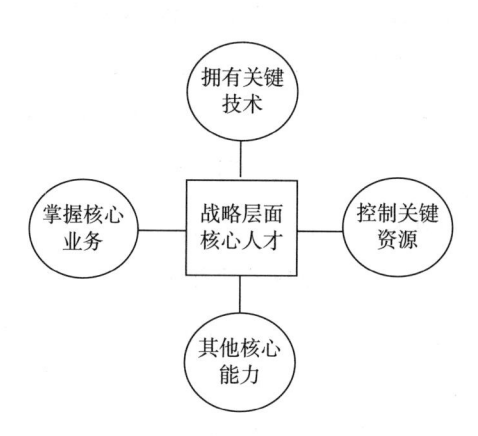

图4-1 股权激励对象图解

第一节　常见的激励对象群体

一、上市公司激励对象范围

早前，股权激励刚传入中国时一直处于没有法律法规指引的状态，各地企业主都是按照自己对股权激励的理解以及少许地方政策的限制用"土法炮制"本公司的股权激励计划。自2005年12月至2018年8月，证监会分别颁布和修订了各项文件用以规范上市公司股权激励——先是颁布《上市公司股权激励管理办法（试行）》对上市公司实施股权激励进行了初步规范，后为明确股权激励过程中涉及的重点问题又发布了《股权激励有关事项备忘录1-3号》。从《上市公司股权激励管理办法（试行）》到《上市公司股权激励管理办法》的正式颁布，A股上市公司实施股权激励的过程将有更为规范的指引，但这不是终点，该《上市公司股权激励管理办法》仍在不断地进行修订和完善。

从激励对象的范围来看，这几份文件有所差异，但是愈加符合企业发展需求。其中最明显的变化有以下几点。

（1）监事能否成为激励对象？

虽然2005年《上市公司股权激励管理办法（试行）》中明确规定监事可以成为股权激励的对象，但是考虑到监事的独立性和充分发挥其监督作用，证监会在2008年《关于上市公司股权激励备忘录2》中又明确规定上市公司的监事不得成为股权激励对象。此后，该规定在其他文件中相继被沿用。

（2）主要股东或实际控制人能否成为激励对象？

公司持股5%以上的主要股东或实际控制人不能成为激励对象。虽然《股权激励有关事项备忘录1号》明确说明，如果依照法律规定召开股东大会，并且决议事项经股东大会表决通过，那么上述人员及其配偶、近亲属符合股权激励条件的可以成为激励对象。①但是2016年的《上市公司股权激励管理办法》采取了截然相反的规定，对上述人员成为激励对象采取了否定态度，而之后的修正稿对该条也并无修改。②

而《上海证券交易所科创板股票上市规则》规定③，科创板的激励对象是可以包含上述人员的，还包括上市公司外籍员工。因此，不同于主板对这一类人员成为激励对象的限制，科创板的激励对象范围大大扩大。《上海证券交易所科创板股票上市规则》之所以在科创板中做如此变动，也是考虑到科创型企业的大股东、实控人往往就是公司的核心技术人员，对保持公司的竞争力和市场份额起着至关重要的作用，应当得到激励——只要上市公司就该人员成为激励对象做相关说明即可。

（3）外籍员工能否成为激励对象？

外籍员工可以成为激励对象。2016年颁布的《上市公司股权激励管理办法》的规定④的言外之意是，在境外工作的境内上市公司外籍员工不可以成为股权激励对象。但2018年9月《上市公司股权激励管理办

---

① 《股权激励有关事项备忘录1号》第二条：持股5%以上的主要股东或实际控制人原则上不得成为激励对象。除非经股东大会表决通过，且股东大会对该事项进行投票表决时，关联股东须回避表决。持股5%以上的主要股东或实际控制人的配偶及直系近亲属若符合成为激励对象的条件，可以成为激励对象，但其所获授权益应关注是否与其所任职务相匹配。同时股东大会对该事项进行投票表决时，关联股东须回避表决。
② 《上市公司股权激励管理办法》第八条第二款：单独或合计持有上市公司5%以上股份的股东或实际控制人及其配偶、父母、子女，不得成为激励对象。
③ 《上海证券交易所科创板股票上市规则》第10.4条第二款：单独或合计持有上市公司5%以上股份的股东、上市公司实际控制人及其配偶、父母、子女以及上市公司外籍员工，在上市公司担任董事、高级管理人员、核心技术人员或者核心业务人员的，可以成为激励对象。科创公司应当充分说明前述人员成为激励对象的必要性、合理性。
④ 《上市公司股权激励管理办法》第八条第一款：在境内工作的外籍员工任职上市公司董事、高级管理人员、核心技术人员或者核心业务人员的，可以成为激励对象。

法》修正稿特地将第八条第一款中"在境内工作的"六个字删去，这意味着境内上市公司外籍员工，无论是在境内工作还是在境外工作，都可以被纳入股权激励的对象范畴。为了积极支持境内上市公司外籍员工股权激励政策落地实施，央行和外管局于2019年2月联合发布《中国人民银行国家外汇管理局关于印发〈境内上市公司外籍员工参与股权激励资金管理办法〉的通知》，明确了境内上市公司外籍员工参与股权激励所涉及的资金管理原则：一方面，实施登记管理，境内上市公司及其外籍员工可凭业务登记凭证直接在银行办理相关跨境收支、资金划转及汇兑业务，无须事前审批；另一方面，可由外籍员工自主选择参与资金来源，即境内上市公司外籍员工参与股权激励所需资金，可以源于其在境内的合法收入或从境外汇入的资金。

在2016年《上市公司股权激励管理办法》颁布前，正泰电器对外籍员工以股票增值权实施过特殊的股权激励。

案例
正泰电器：为外籍员工单独制订的激励计划[1]

在2016年《上市公司股权激励管理办法》颁布前，外籍员工均不得参与股权激励，但在现实中，这些人对公司的发展也起到了添柴加薪的作用，若不给予同等的利益回报，这些外籍员工很快就会流失。正泰电器（证券代码：601877）就曾遇到这样的问题。2000年，正泰电器针对受政策限制无法纳入"正泰电器股票期权激励计划的、由公司董事会聘任的非中国国籍的高级管理人员"单独制订了"正泰电器股票增值权激励计划"。该计划采用的方式是股票增值权，即公司给予计划参与人一种权利，不实际买卖股票，但可以根据所模拟的股票市场

---

[1] 王浩.正泰电器股权激励方案与实施效果研究[D].北京：中国石油大学，2018.

价格变化，在规定的时间段内从公司获取行权价格与兑付价格之间的差值。因此，股票增值权的实质就是以现金对股票价值进行结算，通过比照实施限制性股票激励计划可获得的收益，由公司以现金形式支付给激励对象。最终，本次计划的激励对象合计1人，为公司的外籍董事兼副总裁。可见，正泰电器为了绕开政策对外籍人员的限制，也是费了一番周章。

在《上市公司股权激励管理办法》颁布后，有关对境内的外籍员工实施股权激励的问题解决了，而对于境外员工的股权激励问题，顺丰提出了自己的计划。

案例
顺丰控股：海外员工的增值权激励计划[①]

无独有偶，顺丰控股也有同样经历。尽管2016年颁布的《上市公司股权激励管理办法》放开了对外籍员工参与股权激励的限制，但是仍有约束。该办法规定在境内工作的外籍员工任职上市公司董事、高级管理人员、核心技术人员或者核心业务人员的可以参与股权激励。言外之意也就是，在境外工作的境内上市公司外籍员工不可以成为股权激励对象。而顺丰控股近几年来一直布局海外市场，力求实现品牌的全球化发展。截至2017年11月，顺丰控股仅海外仓的事业部就覆盖30多个国家，为了实现在地化运行，顺丰控股势必须要大量录用各国当地的外籍员工。为了使境内外员工享有同等的公司股票收益，顺丰控股针对受政策限制无法纳入《顺丰控股股份有限公司2018年限制性股票激励计划

---

① 刘昕，孙冉. 快递行业股权激励方案实施效果研究——以顺丰控股股份有限公司为例[J]. 特区经济，2020（07）：138-141.

(草案)》的海外员工,特意设计了股票增值权激励计划并于2018年4月公布。该计划载明:激励对象范围为公司在海外工作的核心人才。

可见,顺丰控股为了兼顾境内外外籍员工的利益公平,同样煞费苦心。现实中像顺丰控股一样受政策约束的上市公司不在少数,但在2018年《上市公司股权激励管理办法》修改后,对激励对象的范围已经放开到所有的外籍员工,上市公司再也不用采取迂回的方法去绕开政策的限制(见表4-1)。

表4-1 上市公司激励对象规定的差异

	可以成为激励对象	不可以成为激励对象
2005年《上市公司股权激励管理办法(试行)》	上市公司的董事、监事、高级管理人员、核心技术(业务)人员,以及公司认为应当激励的其他员工	■ 独立董事 ■ 最近3年内被证券交易所公开谴责或宣布为不适当人选的 ■ 最近3年内因重大违法违规行为被中国证监会予以行政处罚的 ■ 具有《中华人民共和国公司法》规定的不得担任公司董事、监事、高级管理人员情形的
2008年《股权激励有关事项备忘录1号》	—	■ 持股5%以上的主要股东或实际控制人原则上不得成为激励对象。除非经股东大会表决通过,且股东大会对该事项进行投票表决时,关联股东须回避表决 ■ 持股5%以上的主要股东或实际控制人的配偶及直系近亲属若符合成为激励对象的条件,可以成为激励对象,但其所获授权益应关注是否与其所任职务相匹配。同时股东大会对该事项进行投票表决时,关联股东须回避表决

（续表）

	可以成为激励对象	不可以成为激励对象
2008年《股权激励有关事项备忘录2号》	—	上市公司监事不得成为股权激励对象
2016年《上市公司股权激励管理办法》	■ 上市公司的董事、高级管理人员、核心技术人员或者核心业务人员，以及公司认为应当激励的对公司经营业绩和未来发展有直接影响的其他员工 ■ 在境内工作的外籍员工任职上市公司董事、高级管理人员、核心技术人员或者核心业务人员的	■ 独立董事和监事 ■ 单独或合计持有上市公司5%以上股份的股东或实际控制人及其配偶、父母、子女 ■ 最近12个月内被证券交易所认定为不适当人选的 ■ 最近12个月内被中国证监会及其派出机构认定为不适当人选的 ■ 最近12个月内因重大违法违规行为被中国证监会及其派出机构行政处罚或者采取市场禁入措施的 ■ 具有《中华人民共和国公司法》规定的不得担任公司董事、高级管理人员情形的 ■ 法律法规规定不得参加上市公司股权激励的 ■ 中国证监会认定的其他情形
2018年《上市公司股权激励管理办法》（2018年修正）	■ 上市公司的董事、高级管理人员、核心技术人员或者核心业务人员，以及公司认为应当激励的对公司经营业绩和未来发展有直接影响的其他员工 ■ 外籍员工任职上市公司董事、高级管理人员、核心技术人员或者核心业务人员的	同2016年版

（续表）

	可以成为激励对象	不可以成为激励对象
《上海证券交易所科创板股票上市规则》（2019年4月修订）	■ 上市公司的董事、高级管理人员、核心技术人员或者核心业务人员，以及公司认为应当激励的对公司经营业绩和未来发展有直接影响的其他员工 ■ 单独或合计持有上市公司5%以上股份的股东、上市公司实际控制人及其配偶、父母、子女以及上市公司外籍员工，在上市公司担任董事、高级管理人员、核心技术人员或者核心业务人员的	■ 独立董事和监事 ■ 激励对象不得具有《上市公司股权激励管理办法》第八条第二款第一项至第六项规定的情形

二、非上市公司的激励对象范围

迄今为止，仍然没有相关法律法规可以用来专门规范非上市公司的股权激励，而股权激励对于非上市公司而言也很重要。因此，其基本是参照上市公司实施股权激励的相关规定进行操作的，具体路径仍然处于探索状态。

相比之下，没有法律法规的限制，非上市公司在确定激励对象的范围时具有一定的灵活性，但常见的激励对象范围依旧是公司董事、中高层管理人员、核心技术人员及业务骨干和其他公司董事会认为对公司发展有重要作用的人员。

三、国有企业的激励对象范围

国务院国资委于2006年颁布了《国有控股上市公司（境内）实施股权激励试行办法》，于2016年2月发布《国有科技型企业股权和分红激励暂行办法》，于2016年8月发布《关于国有控股混合所有制企业开展员工持股试点的意见》。2020年5月30日，国务院国资委正式公布了《中央企业控股上市公司实施股权激励工作指引》，鼓励我国国有控股上市公司加大力度实施股权激励。

国有控股上市公司的主要激励工具为股票期权、股票增值权和限制性股票。国有企业实施股权激励的范围为国有控股上市公司，指政府或国有企业（单位）拥有50%以上股本，以及持有股份的比例虽然不足50%但拥有实际控制权或依其持有的股份已足以对股东大会的决议产生重大影响的上市公司。激励对象原则上限于上市公司董事、高级管理人员以及对公司整体业绩和持续发展有直接影响的核心技术人员和业务骨干。上市公司监事、独立董事以及由上市公司控股公司以外的人员担任的外部董事，暂不纳入股权激励计划。此外，证券监管部门规定的不得成为激励对象的人员，不得参与股权激励计划。

上市公司母公司（控股公司）的负责人在上市公司担任职务的，可参加股权激励计划，但只能参与一家上市公司的股权激励计划。在股权授予日，任何持有上市公司5%以上股份的人员，未经股东大会批准，不得参加股权激励计划。

案例

宝武钢铁：国企改革落到实处的勇敢尝试

2014年5月，宝武钢铁完成了限制性股票的授予工作，136名激励对象以每股1.91元的价格认购了公司4 744.61万股限制性股票。值得注意的是，激励对象仅占当时员工总数37 800人的0.36%，且基本全部为上市公司管理层及公司二级单位负责人，并未包含中层及以下公司员工。2014年，国有上市公司要通过国资委及证监会的双重审批方可实施股权激励计划。因此，回顾宝武钢铁2014年的股权激励方案，我们可以发现其中浓重的审批痕迹。该方案通过设置多重参数和条件，加强了方案的约束性，提高了激励对象兑现收益的难度。

第二节　让更多人看见机会

一、纵深：激励对象范围可适当放宽

优秀的股权激励计划一定不是几个人的"狂欢"，而是树立模范，让更多人看见分享果实的机会。为了获得这个机会，这些员工会更加努力，让自己更接近股权激励这棵果树。这才是设定激励对象范围的真正意义。

法律法规虽然对上市公司的激励对象范围有所限制，但仍然给公司一定的自由裁量空间。比如，《上市公司股权激励管理办法》中"公司认为应当激励的对公司经营业绩和未来发展有直接影响的其他员工"就是公司可以自主决定的空间之所在。[①]

如果上市公司在实施股权激励时，每次都将激励对象范围循规蹈矩地设置为董事、高级管理人员、核心技术人员或核心业务人员，那么

[①] 《上市公司股权激励管理办法》第八条第一款：激励对象可以包括上市公司的董事、高级管理人员、核心技术人员或者核心业务人员，以及公司认为应当激励的对公司经营业绩和未来发展有直接影响的其他员工，但不应包括独立董事和监事。

久而久之，其他员工将会丧失参与股权激励的热情和信心，股权激励的影响力就会被禁锢在小群体范围内。我认为，企业主应该有"不拘一格降人才"的魄力，只要是能够给公司的业绩增长或长远发展带来价值的人，不用拘泥于职位或身份，都可以获得股权激励的机会。只有这样，公司才会形成上下共建、共享的浓厚氛围。

非上市公司对激励对象范围的设定更加灵活，只要本着有利于公司长远发展的目标来确立对象范围即可。

二、横向：跳出企业内部，突破到产业链的激励模式

公司的业务开展并不是单纯局限在公司内部，因此，其一定会借助上下游企业的力量协同发展，共建产业链。单打独斗的模式无法让公司在竞争激烈的市场中走得更快更远，公司一定要学会抱团取暖，才可以有所向披靡的发展势头和无所畏惧的抗风险能力。就像马云所说：未来十年拼的就是一个"整"，你能整合多少资源、多少渠道，你将来就会得到多少财富。

因此，深谙此道的企业家在制订股权激励计划时，不单单激励内部员工，还要兼顾上下游企业的利益和需求，以打造一个更高层次的利益共同体。

案例
泸州老窖：内部员工与经销商双管齐下的股权激励[①]

泸州老窖是白酒行业第一家向经销商实施股权激励并取得成功的企业。早前，泸州老窖并不是一个公司的品牌，当时只要是泸州地区酒厂

---

① 王传晓."金手铐"带来的惊喜与问号[J]. 中国民营科技与经济，2010（10）：68-74.

生产出来的酒都叫泸州老窖，均价为每瓶十几元，基本上没有竞争力。而此后，泸州老窖做了两件事，就扭转了逆势，摇身一变成为可以跟茅台、五粮液等老牌高端酒过招的品牌。第一件事是，泸州老窖打造了品牌故事并进行宣传：公元1573年嘉靖皇帝逝世、万历皇帝继位，为了庆贺新帝登基，泸州当地的酒厂进奉的酒就叫国酒。泸州老窖依靠这个故事成功打造出子品牌——国窖1573：一方面，把老窖变成了国窖，与其他同类竞品形成差异化的优势；另一方面，基于品牌故事的沉淀与加持，企业形象得到大大提升。第二件事是，泸州老窖对经销商实施股权激励。2006年11月10日，已经上市的泸州老窖向10家特定投资者定向增发3 000万股，除两家是投资公司外，其余8家均是泸州老窖的经销商——此次经销商共获配1 228.4万股，占增发总量的40.95%。本次股权激励采取的是期权激励的模式，授予价格为12.22元/股，相较于2006年11月30日（授予公告发行前一日）的收盘价格18.71元有34.69%的折扣，8家经销商每股股票的直接获益就达6.49元。经销商会算这笔账：卖其他厂家的酒，只有利润而不会有股份收入；卖泸州老窖的酒，除了利润还会有股份收入，收入多少虽不确定，但肯定有收入，而且无风险（见图4-2）。所以他们最终心里只有一个字：干。

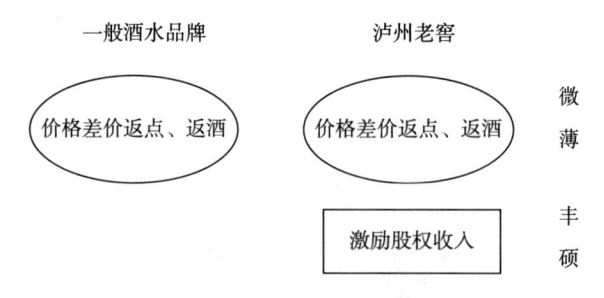

图4-2 经销商的收入差异

在泸州老窖与经销商完成资本绑定后，经销商的忠诚度和卖力程度明显提高。中国每年都有糖烟酒会，而泸州老窖的经销商一直所向披靡。泸州老窖的股价最高飙到78元/股，公司的业绩增长和发展势头可见一斑。

当然，泸州老窖也没落下对内部员工的激励。2010年，泸州老窖向11位高管和132名骨干员工一次性授予1 344万份股票期权，等待期两年，之后每年业绩目标达成后，激励对象可以按照30%、30%、40%的比例分期行权，整个期权激励的有效期为5年。从实施结果来看，员工三次均成功行权，分享了企业发展的红利。

纵观泸州老窖的股权激励，"财散人聚、聚势共赢"这八个字在泸州老窖身上体现得淋漓尽致（见图4-3）。是的，一时的得失并不重要，放眼未来，才是睿智者的选择。

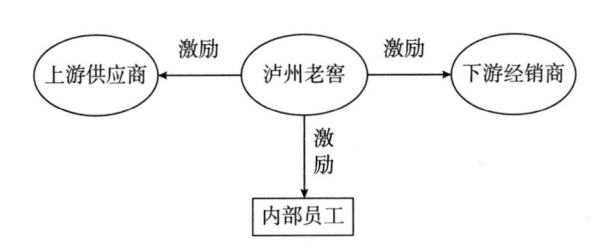

图4-3　泸州老窖的激励模型

除了泸州老窖外，格力、海尔、华为、百丽鞋业等诸多企业也利用股权激励对上下游的资源进行整合，使供应商、自身、经销商之间不仅仅是关联企业关系，更是利益共同体。通过资源互补、多方联动，再借助资本市场的杠杆效应，加上时间的沉淀，企业很容易就能占据细分市场的份额，让自己处于寡头地位。当然，利用股权激励将产业链整合并绑定并不是终身受用的，企业要根据市场的变化不断调整以始终保持行业领先。

三、误区：放宽激励对象范围不是全员激励

我们提倡公司将激励对象的范围适度放宽，目的是让更多优秀员工加入公司的共建、共创、共享、共担的队伍中。但这并不代表所有人都可以成为激励对象，理由有三个：首先，并不是所有的员工都是战略意义上的核心人才，如果不加筛选、甄别就实施全员激励的话，那么这对真正付出心血、做出贡献的优秀人才其实并不公平；其次，对于太容易拿到的股权，员工未必会珍惜；最后，对公司而言，全员激励意味着要拿出更多的股权与员工分享，一招不慎可能就会影响公司的控制权，同时公司要付出大量的人力、物力、财力，这与股权激励的初衷相去甚远。因此，我们建议企业谨慎使用全员激励，把有限的股权分给最适合的人。

案例

乐视：过于乐观的全员激励[①]

2015年11月18日，乐视发布内部邮件启动全员激励计划。邮件显示，乐视控股将拿出原始总股本的50%作为激励股权，且原则上员工不需要出资购买，加入公司转正后即可获得股权。激励股权分4年生效，每一年生效25%，实际生效比例与个人业绩挂钩。获得全员激励有条件：在上一个考核期绩效为B及以上的正式员工，对乐视生态文化、价值观、愿景高度认可，在职期间无重大违规、违纪、贪腐等行为。

贾跃亭在内部邮件中激昂地讲道："乐视将正式启动史无前例的全员激励计划，邀请你成为乐视股权的拥有者，共享乐视生态高速成长带

---

① 寇佳丽.不上市也应做好股权激励[J].经济，2015（23）：56-58.

来的价值和收益。"贾跃亭还特别强调："按市场通行的惯例，更多公司的股权激励并非面向全员。而在我们的股权激励计划中，每一名乐视正式员工在满足基本的门槛条件下，都能够享有股权激励，分享生态成长的价值！"

然而，天不遂人愿，在内部邮件发出后不到两年时间，乐视资金链断裂，员工股权全部被清零，数位高管集体离职，贾跃亭本人也被列为"老赖"滞留美国不归，乐视惨淡收场。

看似完美的股权激励计划，其实尽是噱头。据了解，当时整个乐视集团有近8 000名员工，其业务线包括视频网站、电视、手机、乐视体育、云计算、影业、汽车等多个领域。试问：在如此宽泛的激励对象中，如何识别、评估、筛选出真正对公司发展有用的人才？选出具体对象后如何设置业绩目标？员工不出钱白拿股权，如果业绩不达标如何承担责任？如此高昂的股权成本究竟由谁来买单？……

乐视的全员激励变相沦为员工福利，在不考虑激励对象范围和进入机制的情况下，乐视直接让一流的股权激励制度出现了三流结果，贾跃亭带领几千员工的"造富运动"直接宣告破产。由此可见，有时候，有梦想和愿景是好的，但是梦想如果与现实脱节，最后只能是一地鸡毛。

四、总结：确定激励对象范围的思路

关于激励对象范围的确定，澜亭股权研究院给大家拟定了一个模型（见图4-4），以供大家参考。

这个模型的核心思路是"纵横结合"：纵向，企业内部拓宽股权激励对象的范围，调动内部员工的积极性；横向，企业整合上下游供应链，借助外力快速在细分市场立足并逐步确定不可撼动的地位。但T型也不是激励对象的全部范畴，每个企业可以根据自身的实际情况加以创新,但需始终坚持一个原则:以本企业为纽带,内外联动,形成良性循环的能量场。

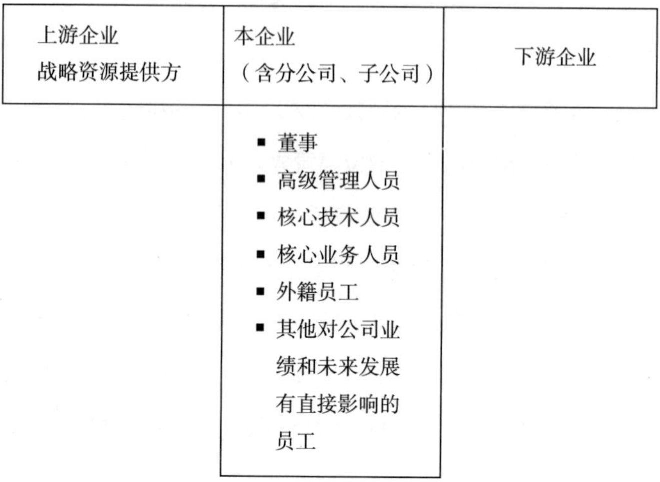

上游企业 战略资源提供方	本企业 (含分公司、子公司)	下游企业
	■ 董事 ■ 高级管理人员 ■ 核心技术人员 ■ 核心业务人员 ■ 外籍员工 ■ 其他对公司业绩和未来发展有直接影响的员工	

图4-4　T型法勾勒激励对象范围

第三节　不同发展阶段确定激励对象的策略

"心急吃不了热豆腐",股权激励不是一蹴而就的事情,企业一定要根据自身的发展状况,结合自身的需求来制订股权激励计划。而激励对象范围的敲定将直接影响最终入选的激励对象人数、激励股权的个量和总量,因此我们建议依据企业的发展阶段来理性确立激励对象范围,再根据企业的发展情况适时调整激励对象范围。

一、初创期的激励对象范围

初创期的企业通常规模较小,对人力、物力、财力的需求量较大。

这一时期，企业的唯一目标就是生存。生存的根基是好的产品或服务，这就要求公司的研发团队能快速开发出相应的产品或服务，并且能向外界传递该产品或服务的价值，所以初创期研发团队还要兼任市场人员的身份。因此，在条件有限的情况下，初创期的企业可以将研发团队确定为激励对象范围：一方面可以让研发人员的付出与回报成正比，留住研发团队的成员；另一方面可以用股权代替资金来向研发团队"购买"最核心的技术，减轻公司的资金压力。

二、成长期的激励对象范围

当生存问题解决后，企业就赢得了喘息的时间，开始思考如何从1.0低配版向2.0高阶版跃升。此时，公司通常从内外两方面着手改进：对内，重新梳理业务板块、赢利模式、成本控制等，这需要管理人员群策群力；对外，将产品推向更广泛的客户群体来占领更大的市场，这离不开专业运营团队和销售团队的努力以及上下游企业和合作伙伴的支持。因此，成长期企业的激励对象范围可以从研发团队扩大到管理团队、运营团队和销售团队，在条件允许的情况下还可以进一步扩大到上游供应商、下游经销商和合作伙伴。企业可借助发展的好势头，调动更多内部优秀员工参与企业的共建、共创、共享和共担，并整合上下游各方的优势来打造自己的产业链，以便在行业细分市场占据更大的份额。

三、成熟期的激励对象范围

能进入成熟期的企业其实并不多，大多数企业在初创期和成长期就会夭折。能够进入成熟期的企业抗风险能力相对较高，在这个阶段开始追求完善的治理结构、稳定的组织结构、健全的制度和精细的管理方式等。由于体量较大，企业的发展速度开始放缓，就像一只小船逐渐进阶成为一艘巨轮。若要保证巨轮不倾覆，那么企业一方面需要各层的负责人管理好自己的区域，另一方面需要寻找到吞吐量更大的港口以便巨轮停靠。对应到成熟期的公司，管理层就需要完善并落实对公司的管理，同时研发团队需要推出新的产品或服务，打造新的蓝海，保持持续稳定的增长。因此，成熟期企业对管理人员和研发团队的激励应当加码。

四、衰退期的激励对象范围

衰退期企业最明显的特征就是公司的产品或服务处于停滞状态，公司复杂的管理规范遏制了员工个人的创造性。针对产品或服务停滞不前的问题，企业需要推出新的产品或服务迭代替换掉过时的产品或服务，条件允许的话也可以更换跑道，重新上路；针对管理遏制员工创造性的问题，企业需要推进组织扁平化发展，并对有利于公司再造的关键人才破格录用。俗话讲"船大好冲浪，船小好拐弯"，言外之意是，船大了，想要掉头有点难。对衰退期的公司来讲也一样，即使给管理人员或研发团队更多的股权，这些人也会被整个公司低迷的氛围影响，股权的价值也会打折扣，这个阶段股权激励倒不如现金激励的效果好。从实践来看，走入衰退期的企业最好的自救方法是在行业低潮来临前转型并把握新产品的进入规则及经营方式，最好是从母体中脱离出来成立新的项目公司，此时股权激励又会重新发挥作用。

第五章

股权激励第三步
——定进入

➡ 在初步确定的激励对象中,通过设定一定的进入机制,筛选出当下最适合被激励的员工。

在初步确定好激励对象范围的基础上，我们需要通过设立更详细的进入机制来筛选出具体的激励对象。

股权激励是员工与公司之间双向选择的结果。打个通俗一点的比方，就像公司为了选几名统帅三军的将领而搭了一个擂台，只要是青壮勇士都有机会参加比试，但并不是所有参与比试的人都可以留下，只有文韬武略、样样精通的人才能留下（见图5-1）

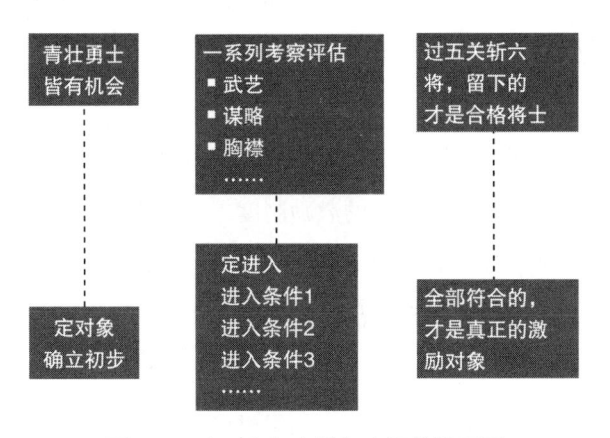

```
┌─────────┐      ┌──────────────┐      ┌──────────────┐
│ 青壮勇士 │      │ 一系列考察评估│      │ 过五关斩六   │
│ 皆有机会 │      │ ■ 武艺        │      │ 将，留下的   │
│         │      │ ■ 谋略        │      │ 才是合格将士 │
└────┬────┘      │ ■ 胸襟        │      └──────┬───────┘
     │           │ ……            │             │
     │           └──────┬───────┘             │
     │                  │                      │
     │           ┌──────┴───────┐      ┌──────┴───────┐
┌────┴────┐      │ 定进入        │      │ 全部符合的，  │
│ 定对象   │      │ 进入条件1     │      │ 才是真正的激 │
│ 确立初步 │      │ 进入条件2     │      │ 励对象        │
│         │      │ 进入条件3     │      │              │
└─────────┘      │ ……            │      └──────────────┘
                 └──────────────┘
```

图5-1　定对象与定进入之间的关系图

第一节　进入机制的前提

公司在拟定进入机制之前，首先要明确的一个前提是，与公司三观不合的员工一定要靠边站，公司需要的一定是与公司发展同频的人。

相信每家公司都有这样的员工，他们能力不凡甚至掌握着公司重要的技术、资源、人脉等，但他们最大的问题是与公司三观不合。我们在第二章第一节讲述"四位一体"理论时，着重讲了企业文化对股权激励的影响，而价值观又是企业文化中相当重要的一环。公司实施股权激励是为了最大程度地消弭股东、员工和公司之间的隔阂，以期形成合力，发挥各方优势向同一个目标前进。但是，与公司三观不合的员工做事之前都要先衡量一下利益关系：如果衡量之后的结果是有利可图，那么他才会有所投入；如果衡量之后的结果对自己没有什么益处，他做起事来就会打折扣，不愿意全身心投入。这会使得公司的管理成本大幅度增加。更严重的是，他们还有极强的破坏力，可以将公司辛苦凝聚在一起的合力迅速瓦解，让之前的努力都付诸东流。

尽管也有人讲，职场上不讲三观，只讲利益，但这句话实际上指的是在短期的合作里可以睁一只眼闭一只眼。然而，股权激励却不是一件短期的事情，它是一种中长期的激励制度，是一群人基于同样的目标或愿景选择在一起合作，共同努力去推动目标的实现。有时候，观念带来的凝聚力会超过股权绑定带来的影响，因此三观是公司绝对要重视的一个因素：三观合则聚，三观不合则散，绝不将就。

三观相合的重要性不言而喻，阿里巴巴首席人力官（CPO）便是在与公司的契合下与公司共同进步的。

案例

阿里巴巴：员工与公司三观相同，共同发展

童文红是阿里巴巴集团首席人力官、菜鸟网络董事长，2000年进入阿里巴巴工作，从前台做起，工号116。刚进入阿里巴巴时，童文红已经30岁，不懂专业，没有背景，甚至还和同事起过摩擦，但马云依旧愿意给童文红高比例的股权，最重要的原因就是他认为童文红的三观与阿里文化十分趋同。马云在分配股权给童文红时，对她说："将来阿里巴巴上市，市值会达到1 000亿元，你就在阿里巴巴干，不用到其他公司干了，等公司上市你就有一个亿了。"每次她问马云公司什么时候上市，马云都会说快了，但事实上童文红却等了一年又一年，不过她从来没有想过离开。她始终坚信阿里巴巴在未来能够实现更大的价值，所以她始终埋头干。无论是做前台、客服还是行政专员，她首先考虑的都不是自己能得多少利益，而是如何在平凡的岗位上做出不平凡的成绩。凭着"又傻又天真"的信念和"又猛又持久"的韧性，童文红从小前台一路做到了菜鸟网络的董事长，其间，她带领团队帮阿里巴巴解决了众多难题。2014年9月，阿里巴巴在纽交所成功上市，市值达2 457亿元。董文红也如马云所言，个人身家达3.2亿元。这就是三观相投下的彼此成就。

第二节　定人的原则

在确定员工与公司价值观一致的基础上，我们基于以下五个原则来评估激励对象的人选。

一、公平公正原则

企业在确定股权激励的具体人选时一定要牢牢遵循公平公正的原则。如果企业在实施股权激励的初期就被员工指出有失公平、假公济私，后面的股权分配、业绩考核等系列环节都会被诟病，那么股权激励的效果便会大打折扣。

同时，公司和员工不能只从股权激励中看到收益，还应看到风险。当某个员工成为激励对象时，公司将拿出部分股权使员工成为公司股东，这意味着这名员工将担当更多的责任并承担更高的风险。所以，我们要找的是和公司一起筑建城楼的合伙人，而不是躺在股权上睡觉的账房先生。股权激励不是交换人情的工具，公司一定要本着公平公正的原则，将所有游戏规则和机制同员工说清楚，最终让对的人坐在合适的位置。

二、过往贡献度原则

选人的前提是对员工有一定了解，公司不仅需要了解单个员工的能力、品性，更需要了解整体员工的情况。在有所比较的情况下，公司才能选出综合能力最优的员工作为股权激励的具体对象，而员工的过往贡献度就是评定员工能力的最好途径之一。过往工作表现越好、贡献度越大的员工越应该最先被激励，公司可以将他们打造成标杆形象，以此助燃整个公司的工作热情。

三、可持续贡献原则

可持续贡献原则除了包含对员工过往表现和当前表现的肯定，更多的是看中员工未来的潜力。企业主可以通过两个途径来判断员工的长期价值：第一，根据员工过往贡献度和当前工作表现，预测员工未来3~5年的工作表现；第二，结合公司未来的发展目标和发展趋势，判断员工的工作属性与公司业务的匹配程度以及员工个人在该工作岗位的发展空间。股权激励就是要让"有恒产者有恒心"，因此可持续贡献能力越高的员工越应该被激励。

四、不可替代性原则

现在各行各业"同质化"的现象越来越严重，而同质化程度越高越没有竞争力，企业要想破局就要有"差异化竞争"的思维与能力。类比到员工身上也一样，如果员工的可替代性太强，这就说明这位员工并没有核心竞争力，这样激励股权给A员工也好，给B员工也行，倒不如谁都不给。股权激励本身就不是人人参与的事情，企业在制订股权激励计划时需要审慎确定激励对象的人数和质量，有限的股权一定要给最有价值的核心员工。只有这样，公司才能借助股权激发出他们有别于普通员工的能力，再将这些能力加以整合、放大，从而形成公司整体的核心竞争力。如果一时间没有合适的人选，那么企业可以将相应的股权暂时预留出来，方便之后追加激励对象和激励股权。

五、动态管理原则

股权激励不是一次性工程，企业在做股权激励时要做好适时调整的心理准备。再睿智的老板偶尔也会看走眼，也许一开始寄予厚望的员工，后来却表现平平甚至态度消极，而新员工却表现出色、干劲十足。此时老板若不加调整，显然对后来者相当不公平。为了防止股权固化，导致"新的进不来、老的没干劲"的情况出现，我建议公司成立股权激励管理委员会，对激励对象的工作表现进行定期考核。"适者生存、不适者淘汰"，建立动态管理机制，可以更好地优化员工激励程度与企业经营效益之间的配置。

第三节　选人的工具

在选人时，我们可以巧妙利用一些工具使选人的方向更明晰、选人的结果更合理，避免管理者凭借主观印象选人而造成误判的情况，也让进入机制更加公开透明、更具说服力。

一、人才九宫格

人才九宫格是以人才潜力和绩效为横纵坐标将人才分布到九个区域，代表九类人才，以便企业进行人才盘点，从而发现真正的优质人才。其中，绩效反映员工过去的工作表现或当前实力；潜力反映员工面向未来的发展能力，只有高绩效的员工才是核心人才。在实践中，不同的机构会将绩效和潜力在横纵两轴的位置进行交换，但并不影响九宫格表达的真实意思。此处，我选用横轴代表潜力、纵轴代表绩效的九宫格为大家进行展示（见图5-2）。

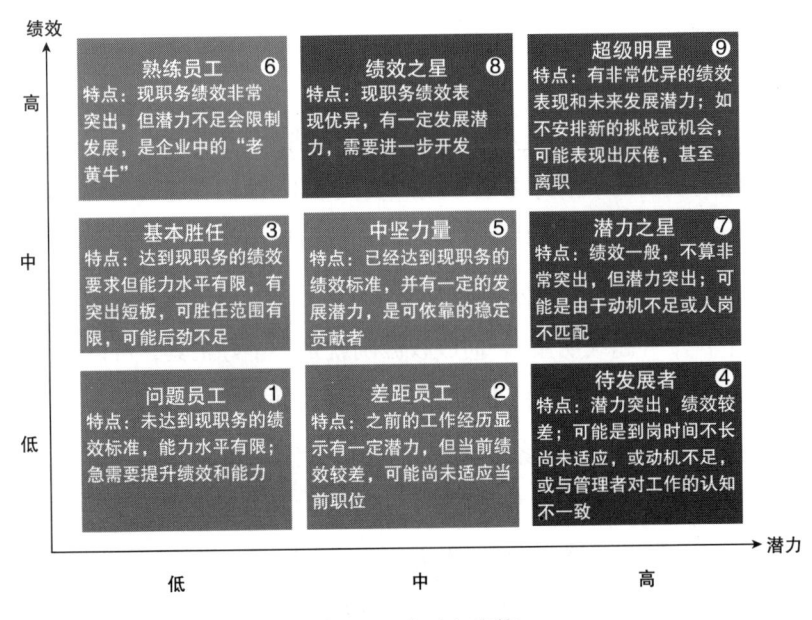

```
绩效
 高  | 熟练员工 ⑥           | 绩效之星 ⑧          | 超级明星 ⑨
     | 特点：现职务绩效非常  | 特点：现职务绩效表   | 特点：有非常优异的绩效
     | 突出，但潜力不足会限制| 现优异，有一定发展潜 | 表现和未来发展潜力；如
     | 发展，是企业中的"老  | 力，需要进一步开发   | 不安排新的挑战或机会，
     | 黄牛"                |                     | 可能表现出厌倦，甚至
     |                      |                     | 离职
 中  | 基本胜任 ③           | 中坚力量 ⑤          | 潜力之星 ⑦
     | 特点：达到现职务的绩效| 特点：已经达到现职务的| 特点：绩效一般，不算非
     | 要求但能力水平有限，有| 绩效标准，并有一定的发| 常突出，但潜力突出；可
     | 突出短板，可胜任范围有| 展潜力，是可依靠的稳定| 能是由于动机不足或人岗
     | 限，可能后劲不足      | 贡献者              | 不匹配
 低  | 问题员工 ①           | 差距员工 ②          | 待发展者 ④
     | 特点：未达到现职务的绩| 特点：之前的工作经历显| 特点：潜力突出，绩效较
     | 效标准，能力水平有限；| 示有一定潜力，但当前绩| 差；可能是到岗时间不长
     | 急需要提升绩效和能力  | 效较差，可能尚未适应当| 尚未适应，或动机不足，
     |                      | 前职位              | 或与管理者对工作的认知
     |                      |                     | 不一致
                                                                                  → 潜力
       低                    中                    高
```

图5-2 人才九宫格

在选择股权激励的具体对象时，我们总是期待业绩好、潜力佳的员工出现，成为当之无愧的激励对象，但事实上这样的员工总是凤毛麟角。更多时候，员工的业绩表现和自身潜力存在不同程度的差异。绩效是员工过去一段时间工作结果的呈现，绩效好的员工并不代表日后发展潜力一定大；反之，绩效差的员工并不是完全没有发展潜力。为了更细致地对人才进行分类，我们借助坐标系，将横纵坐标各分成高、中、低三段，组合成九类人才。

（1）第一梯队：第9类人才。

这一类型的员工不仅有优异的绩效结果，而且表现出势不可当的发展潜力，我们将其称为"超级明星"。通常，我们对这类人的认定一定要相当谨慎。一旦第9类人才被认定，公司就要尽快赋予他们更多的职责，不然，他们很快就会在公司内部缓慢的作业过程中丧失耐心，并且想要转换平台以寻找新的突破。当公司正在筹划实施股权激励时，他们绝对是激励对象的第一人选。

（2）第二梯队：第7、8类人才。

他们是绩效优异、潜力一般的"绩效之星"（第8类人才）和绩效一般、潜力突出的"潜力之星"（第7类人才）。他们在综合表现上不如"超级明星"那般亮眼，但只要对他们加以引导、调整，他们的绩效表现就会得到进一步提升，发展潜力也会日渐显现。假以时日，他们就可以成为下一个"超级明星"。而股权激励就是一个好工具，可以让"绩效之星"在现有成就的基础上探索更多可能，让"潜力之星"在未来工作中更加积极主动地创造条件、把握时机，完成业绩的转化。所以，我们建议把第7、8类人才列为股权激励对象第二梯队的人选。

（3）第三梯队：第4、5、6类人才。

第4类人才又称"待发展者"，他们潜力突出但绩效表现较差，有可能是因为到岗时间不长尚未适应岗位要求，或与管理者对工作的价值取向有所差异。只要对他们所在岗位的职责、绩效目标等进行重新梳理，他们的优势很快就可以显现。第5类人才又称"中坚力量"，尽管他们的绩效表现和发展潜力都处于一般水平，但他们完全能胜任现在的工作。他们工作兢兢业业，伴随着公司一同成长，是最可靠的稳定贡献者。第6类人才又称"熟练员工"，他们可以将眼前的工作做到尽善尽美，但是缺乏前瞻、敏锐的眼光，未来发展可能会受到限制。对于第4、5、6类人才，公司不能直接放弃，而是要将他们作为激励对象给予少许的激励股权，表明公司愿意伴随他们一同成长的决心。如果股权激励计划设计得好，那么这群人将会是公司最忠诚、最稳定的员工。

（4）第四梯队：第1、2、3类人才。

第1、2、3类人才在绩效和潜力上都表现平平，可能需要长时间的学习、磨砺才能成为公司的中流砥柱，当然也不排除长期跟不上公司的发展节奏而被淘汰的可能。因此，我建议公司暂时不急着将这几类员工列为激励对象，而是给他们时间和空间去成长。但为了激励后进者，公司可以预留出一部分激励股权，当这几类员工顺利跻身其他6类人才时，考虑在下一次股权激励计划中将其列为激励对象。

二、四象限

除了人才九宫格外，公司管理者还喜欢用四象限的方式对员工进行简要分类，这里我们可以用数学上的象限来表示，横轴代表能力，纵轴代表态度，以此将员工分置在四个不同的象限中（见图5-3）。相比之下，人才九宫格更适合考评体系完善、管理精细化的公司，四象限适合初创型公司或粗放式管理的公司，两者有异曲同工之妙。

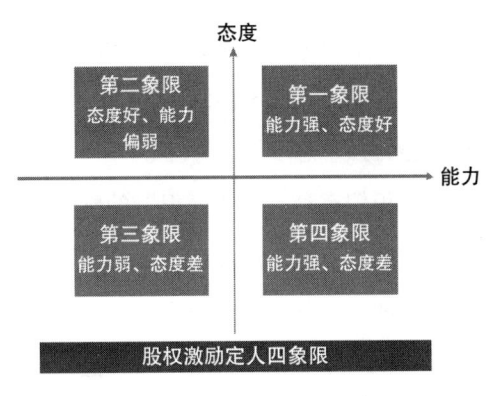

图5-3　股权激励定人四象限

（1）第一象限：能力强、态度好。

这群人绝对是企业的财富，企业不需要再花大量的时间、精力去培养他们。他们基于对企业文化、公司业务、管理制度、个人发展等因素的认可，表现出积极向上的工作态度，不仅自我驱动力强，而且可以带动整个公司往更高、更远的方向发展。因此，企业将他们列为股权激励的对象是必然的选择。

（2）第二象限：态度好、能力偏弱。

首先需要肯定的是，态度好是成为好员工的关键因素。即使当前员工在具体的工作中能力有所欠缺，公司也应该适度包容他们，给这类员工提供更多的培训机会，让他们不断成长来适应公司的发展。态度好的员工就像是一块"璞玉"，只要公司花点时间去精心雕琢，他们一定可以蜕变成人人赞颂的"美玉"。因此，公司可以面向这群人释放一定数量的激励对象名额，以促进他们的自我发展。

（3）第三象限：能力弱、态度差。

对于这类员工，激励股权万万是给不得的。如果员工只是能力不足，那么他还可以通过努力去改进，但是如果态度还差，那么他难免会让公司投入的管理成本增加，而且有可能成为"害群之马"，从而影响其他员工的工作效率和工作态度。因此，这类员工无缘成为激励对象，甚至公司还要考虑一下这些员工能不能继续留在组织里发展。

（4）第四象限：能力强、态度差。

这类员工常常让老板们有种"又爱又恨"的感受，他们可以凭借自身实力将工作任务顺利完成，但是他们恃才傲物，并不愿意主动配合公司的管理或决策。在这种情况下，公司一定要先搞明白员工为什么工作态度不好：如果是可调和的原因，那公司可以为他们定制个性化的绩效目标，甚至可以为他们调整岗位，从而判断并挖掘出他们真正的优势，在经过一段时间的考核后，也可以将他们列为激励对象；如果是涉及价值观等原则性问题，无论这个人才能力有多强，公司也要慢慢解绑并将其清理出去，毕竟态度永远比能力更重要。

案例

某在线教育公司：审慎确定激励对象

澜亭股权研究院曾为一家在线教育公司提供股权激励专项咨询服务，该公司刚成立两年，员工尚未超过50人。在初创阶段，该公司始终勒紧裤腰带过日子，一元钱恨不得掰成两半花，把大部分精力都倾注在产品研发上，而人力资源这块一直都没太多投入。随着近年在线教育行业竞争越发激烈，同行挖角的情况时有出现，为了留住公司的人才，公司打算实施股权激励。但由于公司人力资源体系太过薄弱，我们在沟通时发现该公司两年来竟没有一套完整的绩效考核制度，这让公司在确定具体的激励对象时无据可循。

为了避免出现老板随意"拍脑袋"决定激励对象的情况，也为了简化选人的工作程序，我们建议公司在遵循定人五大原则和核心要素的前提下，运用"四象限"的方法来解决定人问题。公司初步列入激励对象范围的人有8名，我们和公司进行分析后将其放在四个象限里：最终确定能力好、态度好的有5人，他们是毋庸置疑的合格人选；态度好、能力弱的有两人，在商讨之后，我们依旧建议公司将这2名员工列为激励对象，但是激励股权的份额略低于前5名员工；还有1名员工个人能力较强，但身上的戾气太重，对公司的决策始终不愿多配合。在个别访谈时，我们发现这个员工只把这份工作当作自己短期过渡的踏板，并没有与公司共同发展的意愿，所以我们建议公司暂时不将这位员工列为股权激励对象。但由于该员工工作能力突出，公司可以适当提高该员工的基本薪资和现金奖励额度（该员工知道后，也十分乐意这样的解决方法）。在进行初步的筛选后，没有员工被归类到能力弱、态度差的象限，因此最终该公司的激励对象确定为7人。

第四节 定人的核心要素

在明确定人的前提和原则后，公司需要确定激励对象的具体条件。因为各家公司所处的行业、发展阶段不同，各家公司选人时的关注点也有所差异，但在核心要素上，它们有相同之处，比如关注司龄、职级、业绩等。

- 司龄：一般要求员工进入公司1年以上。通过一段时间的相处和考察，公司对员工的工作能力和品性有一定了解；同时，同事对他的了解也会深入，不会因为他进入公司时间过短而产生"临时空降""有后台"之类的误解。
- 职级：公司的职级体系通常是在岗位分析、设计、价值评估的基础上建立起来的。我们可以从横向（岗位类别）和纵向（职能等级）两个维度来进行划分，区别出岗位的类别和价值，这样具有一定的合理性，也是股权激励实践中常常用来定人的方法。公司职层通常划分为核心层、中间层、骨干层、基础层，职级体系分为管理类、技术类、销售类、职能类等不同职种的若干个职级。通常，公司会把股权激励的职级门槛设定在每一个职种的中高级以上，并且职级越高的员工越有机会先成为激励对象。
- 业绩：在员工进入公司一段时间后，公司都会对员工进行一定程度的绩效考核。公司一般会要求绩效考核结果为良好以上，有时为了扩大激励对象的范围会将绩效考核结果要求降低为合格以上。
- 特别贡献度：为了保证股权激励计划的灵活性，公司会给特别优异的员工提供一个特权，即对于能满足公司发展需求的特殊贡献者或高级人才，公司会打破前述机制的限制，只要经过董事会或执行董事的同意，他们就可以直接成为激励对象。

不同的公司在股权激励实操中关注的要素会有所差异，这里我跟大家分享几个案例，让大家对股权激励的进入机制有个初步感受。

案例
某信息科技公司：充分了解公司需求，结合公司要求确定激励对象

澜亭股权研究院曾为一家信息科技公司设计股权激励计划，根据该公司董事会的要求，并遵守法律法规的相关规定，我们将该公司的进入机制设定为如下几项内容。

- 在本公司连续工作满一年以上。
- M4级及以上或P7级及以上。
- 年度绩效考核在3.75分以上（满分5分）。
- 满足公司发展需求的特殊贡献者或高级人才，可不受上述条件的约束。

在这种进入机制的筛选下，公司从50多名初步对象中最终确认15名员工（不包含预留股权的激励对象）顺利成为该次股权激励计划的激励对象。

案例
某园区运营商：母子公司双层面确定

澜亭股权研究院为一家园区运营商制订股权激励计划，由于该公司业务范围分布较广、人员较多，我们在和公司股东、高管经过一番交流后，将该公司的股权激励进入机制分成两个层面。

（1）母公司层面的激励对象进入条件：

- 在公司连续工作满3年。
- 在职期间各年度绩效考核结果均为良好及以上。
- 满足母公司发展需求的特殊贡献者或高级人才可不受上述条件的限制。

（2）子公司（或分公司）层面的激励对象进入条件：

- 在公司连续工作满1年。
- 在职期间各年度绩效考核结果均为良好及以上。
- 上一年度回款率在85%以上。
- 满足公司发展需求的特殊贡献者或高级人才可不受上述条件的限制。

案例

四菱电子：明确制定激励对象条件

四菱电子（证券代码：873447）是一家专业从事军工电连接器研制、生产和销售的国家级高新技术企业，其于2020年11月12日公布《股权激励计划（草案）》（修订版），其中对于激励对象的进入做出以下规定。

本次股权激励对象的基本条件为在公司任职满3年，对公司初创期或以后经营发展有突出贡献的核心员工，且需符合以下条件之一：

（1）公司副主任级以上管理人员经绩效考评，董事会讨论确定。

（2）技术人员通过公司技术考评，董事会讨论确定；优秀技术人员经董事会确定可不受入职年限限制。

(3)在公司创业初期做出突出贡献的人员,不受以上条件限制,但必须经董事会讨论确定。

(4)积极配合公司发展战略布局的工作安排。

第六章

股权激励第四步
——定模式

↪ 实施股权激励的模式有数十种,
使用度最高的未必就是最好的,
找到适合本公司的模式才是最重要的。

第一节 股权激励模式的概况

股权激励的模式多种多样，随着市场对股权激励接纳度的提高，股权激励的模式还在不断地演进。常见的股权激励模式有股票期权、限制性股票（权）、股票增值权、账面价值增值权、业绩股票、员工持股计划等。为了便于大家理解，根据分取利润与取得股权所有权的前后关系，我把这些常见的股权激励模式分为三大类，即分利不分权、先分利后分权和分利又分权（见图6-1）。

随着股权激励的不断传播与演进，有些企业在常见的股权激励模式的基础上又进行整合、升级，形成了独具特色的创新模式（见图6-2），比如碧桂园和万科的项目跟投机制、广汇能源的资产管理计划、焦点科技的收益权转让和阿里巴巴的合伙人计划等。

企业的发展具有周期性，包括初创期、成长期、成熟期、衰退期（或持续发展）四个阶段，在不同的周期，企业的需求是不同的，因此没有一种股权激励模式对企业是终身适用的，而且企业对股权激励模式的选用因不同的行业特征而有所差异。

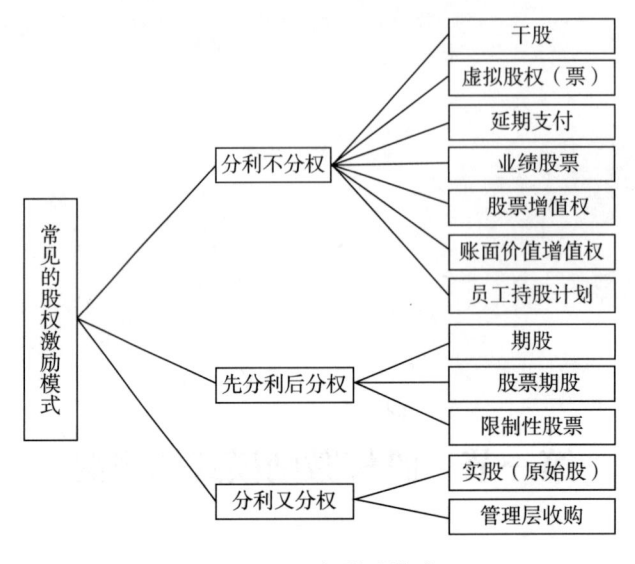

```
常见的股权激励模式
├── 分利不分权
│   ├── 干股
│   ├── 虚拟股权（票）
│   ├── 延期支付
│   ├── 业绩股票
│   ├── 股票增值权
│   ├── 账面价值增值权
│   └── 员工持股计划
├── 先分利后分权
│   ├── 期股
│   ├── 股票期股
│   └── 限制性股票
└── 分利又分权
    ├── 实股（原始股）
    └── 管理层收购
```

图6-1　股权激励模式

```
创新模式
├── 项目跟投机制
├── 资产管理计划
├── 收益权转让
└── 合伙人计划
```

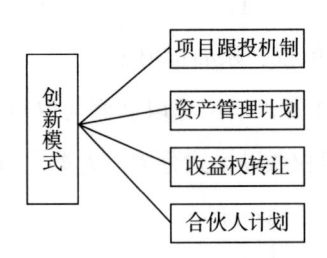

图6-2　股权激励创新模式

要设计整个股权激励方案，首先是确定股权激励模式，它是实施股权激励的风向标。如果方向错了，那么整个股权激励方案将与原定目标背道而驰。因此，各企业在做股权激励时，对股权激励模式的选择一定要慎之又慎，不可轻易做决定。如果确实急迫地需要实施股权激励计划，那么企业可以在了解各模式的优缺点后，按照"先虚后实、小额尝试、高频迭代"的原则进行激励。

第二节　常见的股权激励模式

一、分利不分权

分利不分权是指公司采取某种模式对员工进行股权激励，但这里的"股权"并不是真正意义上拥有完整权利的股权，通常公司只与员工分享该"股权"对应的经济利益，不涉及表决权、所有权等实体权益。分利不分权的常见激励模式主要有赠送干股、赠送虚拟股票（权）、延期支付、赠送业绩股票、赠送股票增值权和赠送账面价值增值权等。

（一）干股

1.干股的概念

在股权激励中，干股是指公司和股东无偿赠送给员工的股权（票），员工不需要支付相应的股金，若账期内公司产生利润，员工即可参与分红，若账期内公司产生亏损，员工也无须承担责任。简而言之，干股是员工不需要出钱就可以在公司享有分红的激励方式，干股虽然名义上叫股权，但实际上是一种变相奖励。

一般情况下，赠送干股会减少股东的权益，但如果能以赠送干股的方式为公司未来发展赢得人才、资源、技术、知识产权等核心要素，那么股东一般也会同意让渡自己的权益。干股的取得和存在都需要以一个有效的赠股协议为前提。干股股东是有机会成为正式股东的，只要通过公司的股东变更并办理工商登记备案，就可以成为正式股东，并完全享有股东的权利和承担应尽的义务。

干股通常在两种情况下会出现，第一种是用作公司发起人的酬劳，在现实中比较常见。但是如果发起人对出资内容认识不清的话,就会很容易产生误解。

> **案例**
> 智慧出行科技公司:以技术获得干股

王总和张总两个人打算合开一家智慧出行科技公司,王总拥有雄厚的资金,张总经济拮据但手握行业前沿技术、已注册的商标。两个人都看好智慧出行这一行业的前景,一番沟通后达成协议,王总出资999万元,工商登记持股比例为99.9%;张总出资1万元,工商登记持股比例为0.1%。但双方又订立了《增股(干股)协议》,协议约定王总向张总赠送39.9%的干股(仅享有分红权),即王总出资999万元,仅享受60%的经济利益,张总出资1万元但享受40%的经济利益(见表6-1)。

表6-1 张总、王总两人在公司的权益分配情况

股东	出资	持股比例	表决权	经济利益	责任承担
王总	999万元	99.9%	99.9%	60%	99.9%
张总	1万元	0.1%	0.1%	40%	0.1%

在王总和张总的合作中,张总出资1万元但享有40%的经济利益,且万一公司出现亏损仅需要承担0.1%的责任,这看上去对张总而言是一件只赚不赔的美事。但实际上,张总忽略了两个问题——我究竟拿什么出资?出资值多少钱?

在工商登记中,张总出资额仅显示为1万元,但实际上张总还用自己的非专利技术、商标等无形资产出资了,这部分在工商登记中没有任

何体现。根据《中华人民共和国公司法》的相关规定[①]，在公司设立时，张总的非专利技术和商标如果能够用货币估价并依法办理转移手续，那么应当认为是实际出资，而不是所谓的"干股"。如果张总简单地将无形资产的出资视为"干股"，那么他实际上没有正确认识无形资产的长期资产价值。

第二种是用于赠送给职工或具有某些影响力的人员。赠送给优秀职工可以视为干股激励，但是赠送给职工以外某些有影响力的人员就有可能存在一些模糊的情形。如果只是赠送给亲友还可以理解，但是如果用干股行贿就触碰了法律红线。比如，根据《中华人民共和国公务员法》的规定[②]，行贿人通常不会直接用股权行贿，以免使得受贿人受到处分和刑罚。而干股由于不会直接体现在公司的工商登记中，因此无形之中成为行贿和受贿罪的"灰色地带"。同样，这一类行贿和受贿罪还会异化为"利用影响力受贿罪""对有影响力的人行贿罪"等罪名，即收受干股的对象并非国家工作人员本身，而是其家人、情人等关系密切之人。

2. 干股的优缺点及其适用企业
（1）优点：

- 员工不需要出资，也不需要额外支付对价，没有资金压力。
- 如果公司出现亏损，那么员工也不需要承担额外风险。

---

① 《中华人民共和国公司法》第二十七条第一款：股东可以用货币出资，也可以用实物、知识产权、土地使用权等可以用货币估价并可以依法转让的非货币财产作价出资；但是，法律、行政法规规定不得作为出资的财产除外。

② 《中华人民共和国公务员法》规定：公务员必须遵守纪律，不得有从事或参与营利性活动的行为，不得在企业或其他营利性组织中兼任职务。

- 实施程序简单，无须进行工商登记，员工不具有完整的股东身份，不会影响公司股东的控制权。
- 干股不设置等待期，一般员工在获得干股后的第一个财务年度就可以享有分红权，甚至有些企业半年就分红，这使得干股能在短时间内展现成效。
- 员工离职后干股分红权益即被取消，员工与公司之间不会产生股权纠纷。

（2）缺点：

- 员工享有权利受限，激励力度有限。
- 员工过度关注分红，容易追逐短期利益。
- 员工分红意愿强烈，导致公司的现金支付压力较大。
- 分红与公司的赢利能力紧密相关，公司如果难以实现快速赢利，就没有迅速分红的能力。在激励方案的起步阶段，公司会面临较大的财务压力。更重要的是，如果公司长时间没有实现盈利或盈利较少，干股激励就形同虚设。

（3）适用企业：

干股的好处是员工没有出资压力，适用于员工资金紧张、规章制度尚未健全、未来的市场赢利规模或发展预期尚不明朗、公司与员工信任感尚且不足的初创企业。但也正因为干股不需要员工出钱，员工与公司之间的绑定不深，干股的功效会大打折扣，乃至丧失功效。因此，当公司有一定基础时，干股不是一个好的激励方式。

3. 干股案例

干股最早可以追溯到晋商的身股[①]制度。身股在晋商的商业实践中收到了良好的效果，不仅对掌柜等经营者具有极强的激励与约束作用，而且能使财东获得极高的收益。

案例
乔家大院：敢为天下先，推行干股开创业绩[②]

在乔家大院中，一般学徒4年出师后都要离开，能在原商号待上三五年的很少，能干上七八年的几乎没有。即使不让辞号，其他商号的大掌柜也会将这些人高薪挖走，商号的人才流失现象特别严重。

乔致庸几番深思，敢为天下先，打破常规，修改号规。新号规第十一条规定：各号伙计出师后顶一份身股，身股由一厘起，每年按劳绩由东家和掌柜来决定是否添加。身股制等级分明、体系完整，从1厘到10厘、从1厘半到9厘半一共有19个等级。

乔致庸在包头总号开会时，大部分掌柜纷纷表示不妥，但乔致庸坚定地对掌柜们说："不管是一国一家还是一店，要想兴旺，就得有人手，人手是咱们做生意的根本。"最后，乔致庸力排众议，在复字号推行伙计身股制度。身股制度推出后，马荀当晚就找到了乔致庸，撕毁了辞号信，说了一句让乔致庸终生难忘的话："东家，哪怕是您赶我走，我以后也不走了，实话实说吧，现在我不仅仅是为您干，也是为我自己干。"

乔致庸在晋商里开了伙计顶身股的先例，打破了晋商中不同层级之间的身份界限。当商号里的全体人员一条心时，复字号的生意更是蒸蒸日上，"称霸"包头。

[①] 身股俗称"顶身股"，是晋商票号中一种特有的组织管理和利润分红制度，是商号的职员以个人劳力折成股份，并享有与银股等量分红的权利，且不必承担亏损责任。
[②] 严荣华. 从乔家大院看股权激励[J]. 产权导刊，2006（05）：21-24.

随着商号每股分红的不断增长，分红及年薪比例也越来越高，与此同时，东家的收益也显著增加。以乔家大德通票号为例，在1889年到1908年的20年间，虽然银股的分配比例降低了，但是由于整个蛋糕变大了，东家最后分得的利润还是大大增加了。数据显示：1889年，大德通票号盈利约2.5万两白银，每股分红约850两白银，银股和身股分别分得1.7万两白银和0.8万两白银；1908年，大德通票号盈利已达74万两白银，每股分红约1.7万两白银，此时银股和身股分别分得34万两白银和40万两白银。虽然过半红利分给了员工，但是东家所得的红利已经是20年前的20倍，这是一笔相当可观的收益（见表6-2）。

表6-2 乔家大德通票号20年间（1889—1908年）身股分红变化表

	银股	身股	总股	银股比例	年利润	每股分红	银股总分红
1889年	20股	9.7股	29.7股	67%	2.5万两白银	850两白银	1.7万两白银
1908年	20股	23.95股	43.95股	47%	74万两白银	1.7万两白银	34万两白银
20年间变化	未变	2.47倍	1.48倍	减少将近30%	29.6倍	20倍	20倍

其后，为了防止大掌柜出现短期行为，也为了稳定各大掌柜的人心，马荀在接任大掌柜后还在新店规中增加了第二十一条："今后凡在乔家复字号效力30年以上的掌柜，一律保留身股养老。"这无疑是给各大掌柜吃了一味定心丸——只要好好干，就能留下来，复字号还为他们养老。这么好的激励与保障机制，他们还有什么理由不为商号殚精竭虑呢？

> **小贴士**
> 乔家大院身股激励制度总结
>
> 价值观：恪守义、信、利的诚信理念。
>
> 激励目的：应对优秀伙计纷纷辞号的危机，调整伙计的薪酬结构，绑定东家、掌柜和伙计的利益关系，实现商号的长期发展。
>
> 激励模式：伙计身股制度。
>
> 激励对象：顺利出师的伙计。
>
> 进入机制：必须满足工作年限与工作业绩（各号伙计出师后顶一份身股）。
>
> 身股数量：身股由一厘起。
>
> 身股考核：与劳绩挂钩，由东家和掌柜来定夺。

案例
胡庆余堂：阳俸和阴俸[①]

无独有偶，这一时期我国南方的钱庄同样发展兴盛，但钱庄的规模总是逊于北方的票号。然而，在同治到光绪初年，徽商胡雪岩经营的字号为"阜康"的钱庄成为全国最大的一家钱庄，并且规模凌驾于寻常票号之上。胡雪岩在钱庄生意鼎盛之时又投身药业，在同治十三年创立了胡庆余堂。

胡庆余堂的快速崛起与其对员工的大力激励密不可分。激励从三个方面展开：一是在创立之初就向药堂经理授予股权，由经理全面负责经营管理；二是设立了"功劳股"，与乔家大院的"身股"相似，员工

---

① 徐怀玉. 股权的力量：企业股权激励设计精讲[M]. 北京：机械工业出版社，2018.

没有实际控制权但能参与药堂的分红；三是设立了"阳俸"和"阴俸"制度，以激励那些为药堂做出贡献的老员工以及帮助他们的家属（见表6-3）。"阳俸"面向对药堂有贡献但因年老体迈或生病无法工作的员工，会给他们继续发放薪酬直到去世。而在员工去世后，胡庆余堂则会发放"阴俸"，按其入店时间的长短发钱给其家属，补贴家用。这也是胡庆余堂很快就与北方的同仁堂齐名的原因之一。

表6-3 胡庆余堂与乔家大院的身股激励对比

胡庆余堂	乔家大院
授予经理股权	给掌柜顶身股
优秀员工的"功劳股"	优秀伙计的"身股"
"阳俸"制度，面向所有员工	效力30年以上的掌柜保留身股养老
"阴俸"制度（身故分红机制）	—

干股不仅在晋商的商业实践中起到了创新激励作用，而且在现代企业中也曾发挥举足轻重的作用。在设计干股激励方案时，企业一般根据员工的工作年限、学历、技能、资质、所在岗位以及级别、工作指标、绩效等来确定干股比例。由于干股的比例与员工的身份、技能及其对公司经营的贡献度直接相关，所以干股至今还会被称为"身股"。

案例

方太集团：现代的身股

方太创建于1996年，作为老牌厨具家电企业，无论是在业内还是在消费市场都广受好评。

一直以来，方太始终坚持不上市的原则但依旧能够做大做强，主要得益于它有一套完整的全员激励体系。2008年，方太开始摸索非上市公司的股权激励机制，在一番比较之后，最终采用干股分红制度作为方太的股权激励模式，并且覆盖全部员工，包括一线操作工和清洁工，只要是为方太服务的人员，都按照职等定"身股"。2010年5月，也就是方太实施干股分红激励的第一年，方太向所有两年以上工龄的员工赠送干股，具体的操作细节如下。

激励对象：符合激励方案适用范围且在公司工作两年以上的方太员工（从员工入职方太满2年的次月开始），将自动成为方太身股激励的对象，都可以依据条件拥有一定数量的身股，并依据所持的身股参与方太集团及其所在事业部的分红。

分红期：分红期为1年，即从2010年开始，每年实施分红一次，首次分红期指2010年的财务周期，以此类推。

分红日：指分红期内对应的分红发放的日子。方太确定分红期内的分红分两次发放，每次发放50%。第一个分红期的分红将在次年分两次发放，次年分红的时间分别为端午节和孔子诞辰日（9月28日）。

额定身股数：方太选择了以员工职等为基础，结合员工岗位价值和贡献的个性化、保密的身股分配模式，具体方案由公司人力部门及其他相关部门负责人对各个员工的岗位职责、贡献价值进行评估后开展。（最少1股，最多的保密）。

分红身股数：分红身股数是基于某一特定的分红期而言的，它与员工在分红期内的个人综合评定结果及享有身股的月份数有关。具体而言：员工分红身股数＝员工额定身股数×员工个人综合评定系数×出勤系数。

员工身股利润构成：用于身股分配的总利润占公司利润总额的5%左右（含销售分支机构在内），单个员工的身股分红由集团利润分红和事业部利润分红两部分构成。

同时方太还与员工约定，人在股在，员工离职，干股作废，无须赔偿。

综上，干股作为无偿赠送的股权分红权，使得受激励的员工能够在账期内与公司真正的股东一同参与分红，同时又无须和股东一样承担公司亏损，相对来说，具有不少优势。但我们也需要考虑到其激励力度有限且产生激励效果需要以公司盈利为前提的局限性，因此企业在选择股权激励模式时应当考虑自身实际情况。

（二）虚拟股票（权）

1. 虚拟股票（权）的概念

虚拟股票（权）是指公司授予激励对象一种"虚拟"的股票，激励对象可以据此享受一定数量的分红和（或）股价升值收益或其他权利。如果激励对象实现公司的业绩目标，那么他可以据此享受一定数量的分红和（或）股价升值收益或其他权利，但没有所有权和表决权，这种股票也不能转让或出售，在激励对象离开公司时自动失效。[1]对于上市公司而言，当虚拟股票的持有人实现公司设定的既定目标时，公司给持有人支付之前所授予的相关权利收益有三种方式：现金、等值的股票和现金+股票。对于非上市公司而言，由于不存在"股票"这一说法，所以公司一般选择以现金的方式向员工支付虚拟股权产生的收益。

虚拟股票激励具体可以分为三类，分别是上市公司采用的溢价收入型、股利收入型和非上市公司采用的内部价格型（见图6-3）。

除了从上市公司与非上市公司的角度对虚拟股票（权）激励进行划分外，我们还可以将虚拟股票（权）按照收益直接分为分红权、增值权和分红权+增值权三种模式（见图6-4）。

---

[1] 陈吉.关于非上市公司股权激励策略的研究[J].中国总会计师，2012（05）：88-89.

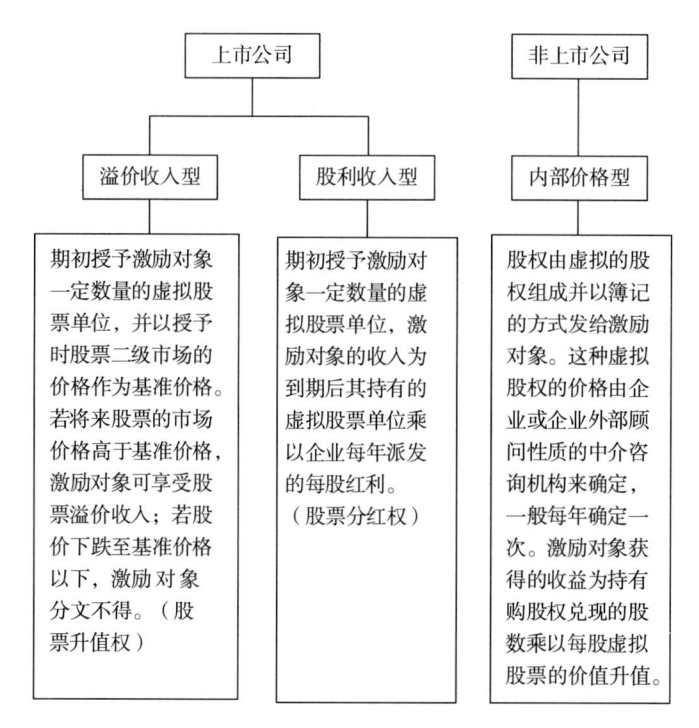

图6-3 虚拟股票（权）激励的分类

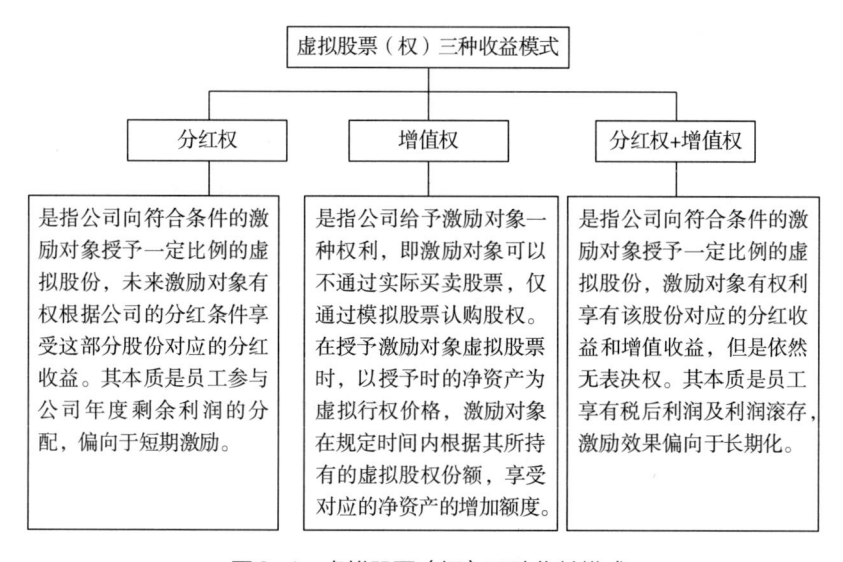

- **上市公司**
  - **溢价收入型**：期初授予激励对象一定数量的虚拟股票单位，并以授予时股票二级市场的价格作为基准价格。若将来股票的市场价格高于基准价格，激励对象可享受股票溢价收入；若股价下跌至基准价格以下，激励对象分文不得。（股票升值权）
  - **股利收入型**：期初授予激励对象一定数量的虚拟股票单位，激励对象的收入为到期后其持有的虚拟股票单位乘以企业每年派发的每股红利。（股票分红权）
- **非上市公司**
  - **内部价格型**：股权由虚拟的股权组成并以簿记的方式发给激励对象。这种虚拟股权的价格由企业或企业外部顾问性质的中介咨询机构来确定，一般每年确定一次。激励对象获得的收益为持有购股权兑现的股数乘以每股虚拟股票的价值升值。

图6-4 虚拟股票（权）三种收益模式

虚拟股票（权）三种收益模式

- **分红权**：是指公司向符合条件的激励对象授予一定比例的虚拟股份，未来激励对象有权根据公司的分红条件享受这部分股份对应的分红收益。其本质是员工参与公司年度剩余利润的分配，偏向于短期激励。
- **增值权**：是指公司给予激励对象一种权利，即激励对象可以不通过实际买卖股票，仅通过模拟股票认购股权。在授予激励对象虚拟股票时，以授予时的净资产为虚拟行权价格，激励对象在规定时间内根据其所持有的虚拟股权份额，享受对应的净资产的增加额度。
- **分红权+增值权**：是指公司向符合条件的激励对象授予一定比例的虚拟股份，激励对象有权利享有该股份对应的分红收益和增值收益，但是依然无表决权。其本质是员工享有税后利润及利润滚存，激励效果偏向于长期化。

2.虚拟股票（权）的优缺点及其适用企业

（1）优点：

- 不影响公司总资本、股权结构及控制权等实体性问题。
- 避免股票市场价格波动风险，降低股票价格的异常波动对持有人的影响。
- 人在股在，离职后员工的虚拟股票（权）自动取消。
- 设置灵活，仅需要在公司内部实施、兑现，涉及外部环境较少，便于公司管理。

（2）缺点：

- 员工为达成分红目的，可能减少甚至不实行公司资本公积金的积累，不利于公司中长期发展。
- 虚拟股票（权）采用现金支付，导致企业现金流压力增加。
- 员工不需要出资，不承担企业经营发展的风险，共创共担效果不明显。

（3）适用企业：适用于现金流较为富盈的上市公司或者非上市公司。

3.虚拟股票（权）的案例

由于并不涉及公司股票的授予与变更，在很多人眼里，虚拟股票激励并不能真正称为股权激励，它只是一种长期激励工具，只是由于表达的习惯，也被称为股权激励。无论叫法如何，不可否认的是，虚拟股票从收益大小和风险可控的角度来看，它依旧能起到很好的激励效果，甚至比实股激励更稳健。虚拟股票最大程度地利用了分红权、增值权等现金形式进行激励，满足了大多数员工股权激励需求的同时还能避免影响企业经营控制权。对于刚刚试水股权激励的企业而言，虚拟股票是入门的最好工具。

案例
松宝智能：虚拟股票计划[①]

截至2019年7月30日，在巨潮资讯网上最新公布虚拟股票激励计划的企业是铜陵松宝智能装备股份有限公司（证券代码830870，以下简称"松宝智能"）。该公司始建于1999年，现已发展成集研发、生产、销售为一体的科技创新型高新技术企业。2019年6月5日，松宝智能发布的《虚拟股票激励计划》称："随着智能制造的蓬勃发展，公司面临着激烈的行业竞争和人才市场竞争形势。同时，本公司作为一家高新技术企业，产品技术创新、新产品开发及公司的进一步发展等内在要求，使得公司对优秀的管理人才、技术研发人才、营销人才等具备越来越强烈的需求……"在这种背景下，松宝智能实施股权激励计划，计划强调："虚拟股票激励对象获得的收益源于公司股东对相应股票收益的让渡，相关收益需要公司支付。虚拟股票的授予不影响公司的总股本和股本结构。"

计划的有效期为四年（2019—2022年），有效期满后，激励计划自动失效，虚拟股票的持有者不再享受任何激励收益。具体模式：公司根据每年度净利润的完成情况，按照激励收益的计算规则及虚拟股票数量，在当年实现的净利润中提取一定份额作为激励基金；在每一个考核年度，公司结合激励对象的岗位价值、业绩贡献度等综合因素，确定该年度的激励对象、虚拟股票数量和激励份额，并以年度为周期，将激励

---

① 案例来源：《虚拟股票激励计划》，松宝智能。

基金发放给年度激励对象，让他们分享公司价值成长的收益。激励对象个人收益方式如下：

个人实际可分配虚拟股票收益＝虚拟股票每股收益×个人最终获授虚拟股票总数

其中，虚拟股票数量的计算公式如下：

虚拟股票的初始授予数量＝基准股数×分配系数

虚拟股票的最终授予数量＝虚拟股票的初始授予数量×公司层面考核系数×个人层面绩效考核系数

该计划还特别约定：如果该年度净利润目标未达成，则无论该年度营业收入达成情况如何，该年度公司层面考核系数一律为0。

该公司采取的股权激励模式即为虚拟股票，激励对象获得的收益为获授的虚拟股票所对应的收益。在激励有效期内，激励员工无须出资，只要在每个周期达到公司层面和个人层面的考核指标，即可获授对应收益。

案例

华为：从实体股逐渐转变为虚拟股[①]

华为是最早采用员工持股计划的公司之一，虽然名为"员工持股计划"，但其性质已变更为"虚拟股"。从初创期到现在，华为多次利用员工持股实现了内部融资，完成了员工、股东和公司利益的深度绑定。外界对华为的员工持股计划一直众说纷纭，谁真谁假都没有定论，直到2019年，华为股权文档室首度向国内媒体公开，并且华为董事会首席秘书江西生介绍了华为的股权架构，华为的员工持股计划才初步展露人前。

---

① 王君卫.华为：一个封闭的区块链经济体？[J].董事会，2018（04）：39-41.

第六章 股权激励第四步——定模式 137

据江西生介绍，华为的治理结构是9万名在职持股员工选举持股员工代表，由员工代表来选举公司董事长及董事和监事会成员。持股员工每5年投票选举员工代表一次，员工代表每年要召开1~2次会议，对公司一些重要事项进行讨论表决。同时，根据华为治理结构的规定，任正非拥有否决权，但据江西生介绍，迄今为止，任正非从未使用过否决权。

但事实上，在该框架之下，员工所持权利发生了性质的变更——2001年7月，华为公司股东大会通过了股票期权计划，制定了《华为技术有限公司虚拟股票期权计划暂行管理办法》。华为员工所持有的原股票被逐步吸收转化为虚拟股，原本就不具实质意义的实体股明确变为虚拟股。持股员工拥有的只是分红及股权收益的权利。华为的两个实体股东会购买公司每年发行的股票份额，同时公司内设的控股工会会按同等比例出售虚拟股权交由公司的"奋斗者"们（见图6-5）。

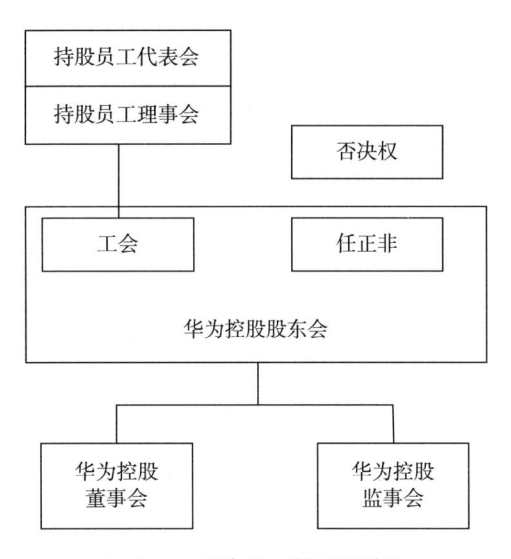

图6-5 华为公司的治理结构

2019年3月29日，华为公布了2018年年报，年报显示：截至2018年12月31日，华为员工持股计划参与人数达96 768人，任正非作为华为的创始人持股仅1.01%,加上他在员工持股工会中的持股比例0.13%,总共持股1.14%。相对于同类企业,任正非的持股比例是相当少的,但在华为内部,任正非却是华为持股人中持股最多的。

华为2018年年报显示:华为2018年全年实现销售收入7 212.02亿元,同比增长19.5%,净利润为593.45亿元,同比增长25.1%。对比华为近三年年报,我们可以看出华为员工持股计划参与人数有所增加、任正非的持股比例相对下降,但是华为每年的净利润却呈现上涨趋势(见表6-4)。

表6-4 2016—2018年度华为年报披露的相关信息

年份	员工持股人数	任正非持股比例	净利润	净利润增长率
2016年	81 144人	约1.4%	371亿元	0.4%
2017年	80 818人	约1.4%	475亿元	28%
2018年	96 768人	约1.14%	593亿元	25.1%

从华为的发展情况来看,员工持股计划为华为的发展立下了汗马功劳。越早参与华为员工持股计划的员工,其股权增值空间越大,获得的利益回报也越多。同时,华为借助员工持股计划,将企业上下凝聚成一股力量,所有人为了同一个目标,付出最大的努力,试图创造最大的价值。同时,企业和员工可以共同面对各种困难与考验,共担风险、共享收益,真正做到了"力出一孔,利出一孔"。

(三)延期支付

1.延期支付的概念

延期支付是指公司将管理层的部分薪酬,特别是年度奖金、股权激励收入等按当日公司股票市场价格折算成股票数量,存入公司为管理层人员单独设立的延期支付账户，在一定的期限或者在该管理层人员退休后，再向其支付公司股票或者依据期满时的股票价格以现金支付[①]。延期支付激励对象的收入主要来自既定期限内公司股票的市场价格扬升，即股票在延期支付计划授予时与支付时的价差。如果折算后存入延期支付账户的股票市价在支付时上升，激励对象就可以获得收益。但是，如果该股票市价下跌，那么激励对象的利益也会因此遭受损失。

延期支付是有偿授予和逐步变现的结合，并且平衡了风险与权益，对公司管理层的激励作用较为明显。延期支付有两个特点：一是延期支付收益与公司的业绩直接挂钩，只有公司股价上扬，激励对象才能保证自己的利益不受损害；二是延期支付方式避免了虚拟股权的短视，使管理层更多地考虑公司的长远利益。

2.延期支付的优缺点及其适用企业

（1）优点：

- 锁定时间长、管理层退出成本高，避免管理层的短视行为。
- 可操作性强，无须证监会审批。
- 通过股票形式支付，达到降低税负的目的。

（2）缺点：

- 授予的股票有限，导致激励力度有限。
- 资本市场具有不确定性，管理层需要承担不能及时把薪酬变现的风险。

[①] 张培荣.现代企业制度下的最优股权激励契约设计[D].上海：华东师范大学，2003.

（3）适用企业：延期支付模式比较适用于那些业绩稳定的上市公司及其集团公司、子公司，或者那些业绩稳定、处于成长期或成熟期的非上市公司。

3. 延期支付的案例

延期支付在银行业使用较广，因为银行的风险暴露有一定的期限，经常会出现业绩掌握在本届高管手中但风险却留给下一任承担的尴尬情况。为了防止高管在任职期限内枉顾风险追求短期业绩，在2010年年初，银监会出台了《商业银行稳健薪酬监管指引》[①]，引导银行建立起高管薪酬特别是可变薪酬与风险相挂钩的有效机制。在政策出台后，各大股份制银行纷纷实行了高管薪酬延期支付方案。

以中信银行为例，中信银行从2014年开始对高管薪酬中的绩效奖金实行"5113"延期支付方案，即当年仅支付高管绩效奖金的50%，第二年和第三年分别再支付10%，剩余的30%在第四年支付。中信银行2014年年报披露：本行中高级管理人员的绩效奖金实行延期支付。其中，高级管理人员涉及的2014年度延期支付薪酬为126.99万元，职工监事涉及的2014年度延期支付薪酬为69.81万元。延期支付的制度安排可以有效地避免相关高管为了追逐短期利益而导致金融机构的过度冒险行为。在延期支付的制度下，银行可以在管理人员及员工职责内的风险不正常暴露导致银行损失的情况下，将已发放的绩效追回并及时停止支付未支付的部分。

一家公司的高级管理人员在业绩考核达到既定要求后，可获得10

---

① 《商业银行稳健薪酬监管指引》：商业银行高级管理人员以及对风险有重要影响岗位上的员工，其绩效薪酬的40%以上应采取延期支付的方式，且延期支付期限一般不少于3年，其中主要高级管理人员绩效薪酬的延期支付比例应高于30%，有条件的应争取达到60%。在延期支付的时段中必须遵循等分原则，不得前重后轻。

万股的股票激励,股价为10元/股,此时股票的账面价值总额为100万元,但由于该公司设有5年延期支付计划,该高管的激励股票在5年后才能全部到手。5年后,该高管的收益由两部分组成:(1)延期5年支付10万股股票价值100万元;(2)5年内公司股票市场价格上升带来的增值部分,假设5年后,股票价格为18元/股,该增值部分就是(18-10)×10万股=80万元。

也就是说该高管5年后合计可得180万元。

但如果5年后,公司的股票价值仅剩8元/股,那么该高管不仅无法享受股票增值收益,还要承担20万元的亏损,最终到手的仅有80万元。可见,延期支付收益与公司的业绩、股价紧密相连,管理层只有考虑公司的长远利益、避免经营者行为短期化才能保证自己的利益不受损,这充分体现了风险与权益基本对等的特征。公司通过延期支付计划成功将管理层与公司的利益绑定在一起。

案例
武汉中商、武汉中百和鄂武商的武汉模式[①]

武汉模式是中国最早实施延期支付计划的激励模式。早在1999年7月下旬,武汉国资公司就开始对下属21家控股、全资企业兑现1998年度企业法定代表人年薪。武汉中商(证券代码:000785)、武汉中百(证券代码:000759)和鄂武商(证券代码:000501)三家上市公司董事长分别获得本公司股票奖励的消息一出,立刻成为新闻界和企业界的"兴奋点"。武汉模式的操作方法如下。

第一步,核定基薪收入。基薪收入由武汉国资公司依据企业上年度的经济效益确定,盈利企业按净利润额多少确定为年薪1.8万~4.2万

---

① 《全方位详解延期支付计划|股权激励实务文章大放送》,微信公众号"航罗法律"。

元共8档，亏损企业按现有工资水平单独确定。基薪收入是企业家年度经营公司的基本报酬。

第二步，对于奖金性质的风险收入，30%以现金形式当年兑付，其余70%留存并转化为本公司股票期权。风险收入由武汉国资公司根据企业经营责任书及企业实际经营业绩核定，是年度经营效益的具体体现。按规定，对于完成或超额完成、完成任务在50%~100%之间的企业，武汉国资公司分别有一套详细的计算公式。对于完成指标在50%以下的企业，武汉国资公司将不给予本年度风险收入并扣减以前年度风险金。

第三步，武汉国资公司利用自己开设的专用法人股票账户，在股票二级市场按该企业年报公布后一个月的股票平均价，用当年企业法定代表人70%的风险收入购入该企业股票（不足购入100股的余额以现金形式兑付），同时由企业法定代表人与国资公司签订股票托管协议。期股到期前，这部分股权的表决权由国资公司行使，且股票不能上市交易流通，但企业法定代表人享有期权分红、增配股的权利。

第四步，此次购入的股票在第二年武汉国资公司下达企业业绩评定书后的一个月内，返还相当于上年度30%风险收入的期股给企业法定代表人，第三年以同样的方式返还30%，剩余的10%累积留存；以后年份期股的累积与返还依此类推。经返还的股票，企业法定代表人拥有完全所有权，即企业法定代表人可将到期期股变现或以股票形式继续持有。文件同时规定，企业法定代表人如果下一年完成经营责任书净利润指标（扭亏指标）在50%以下，将被扣罚以前年度累计期股的40%。

通过上述方式，企业能够有效避免高管因短期利益而置公司未来发展效益于不顾，并且能用之前的风险收入继续激励高管完成未来年度的业绩指标，从而更加有效地实现公司的长足发展。[1]

---

[1] 边海峰.经理股票期权理论及相关会计问题[D].北京：首都经济贸易大学，2002.

（四）业绩股票

1. 业绩股票的概念

股权激励的另一种典型模式是业绩股票，公司通常会在年初为员工确定一个较为合理的业绩目标，如果激励对象到年末时达到该业绩目标，公司就会授予激励对象一定数量的股票或提取一定的奖励基金购买公司股票。业绩股票的流通变现一般情况下会有时间和数量的限制，激励对象在以后的若干年内按照授予计划并经业绩考核通过后可以兑现规定比例的业绩股票；如果未能通过业绩考核或出现有损公司的行为、非正常离职等计划中规定的情况，则其未兑现的业绩股票将会被取消。

业绩股票既符合国内现有法律法规的规定，也符合相关国际惯例，并且经股东大会决议通过后即可实行，落地更为简便。因此，自2000年以来，国内已有数十家上市公司先后采取了这种激励模式。

2. 业绩股票的优缺点及其适用企业

（1）优点：

- 避免受到股票市场价格波动的影响，对激励对象而言风险可控。
- 通过制定业绩目标对激励对象产生约束，使其权责统一，将股东与员工利益深度绑定。
- 落地便捷，可操作性强。

（2）缺点：

- 激励对象可能会业绩造假，以期获得激励。
- 激励成本较高，有可能会对公司造成现金支付压力。

（3）适用企业：适用于业绩稳定型且现金流量充足的上市公司或非上市公司。

3. 业绩股票的案例

案例

万科：最早的业绩股票激励企业[1]

万科是最早使用业绩股票进行股权激励的企业之一。2006年，股改启动了中国有史以来涨幅最高的牛市，上市公司业绩全面增长，股权激励作为股改配套措施，被赋予了完善公司治理并进一步刺激业绩增长的功能。万科在2006年5月30日的股东大会上通过了《2006—2008年股权激励计划》，该计划分三期实施。激励对象包括授薪董事、监事和中级、高级管理人员，以及总经理提名的骨干业务人员。每一年度激励基金的提取，需要达到一定的业绩指标条件：

- 年净利润（NP）增长率超过15%。
- 全面摊薄的年净资产收益率（ROE）超过12%。
- 如果公司采用向社会公众增发股份方式或向原有股东配售股份，那么当年每股收益（EPS）增长率超过10%。

万科的激励规模是每年根据净利润增长率从净利润增额中提取激励基金，当净利润增长率超过15%时，按增长率提取基金，但提取比例最高不超过30%（见表6-5）。

---

[1] 张良玉.深圳万科股权激励模式研究[J].中南财经政法大学研究生学报，2006（06）：67-70.

表6-5　万科年度股权激励基金提取比例表

净利润增长率	15%	16%	17%	……	28%	29%	30%	大于30%
从净利润增额中提取百分比	15%	16%	17%	……	28%	29%	30%	30%

万科的行权条件是在满足激励条件时，公司委托资深国投从二级市场购入股票，经过一年等待期后，若股票价格满足归属条件则交付股票，否则在下一年度再次测试其是否满足归属条件，若符合则交付，不符合则取消交付。

2006—2008年正值国内房地产行业光景大好的时候，万科的相关年报显示：2006年、2007年万科的净利润分别增长59.56%和110.81%，全面摊薄净资产收益率分别为15.39%和16.55%，每股收益增长率分别为35.81%和87.18%。而为了保证2008年的业绩，万科2007年预留171.8亿元未结转，显然，2008年万科的业绩指标也可以轻松完成。万科前后三次动用激励基金购入股票，至此，整个股权激励计划中只剩下股价这一道坎儿。

按照万科的设计，在等待期结束之日（T+1年年报公告日），股价必须满足以下条件才能以当期归属方式全部一次性归属激励对象：Price B > Price A（万科后一年的股价一定要比前一年高）。也就是说，股权激励的激励条件都已达到，应计提的基金也已经计提，但股票能不能归属到激励对象个人名下，还需要满足"当期归属"这一条件，否则要延后一年，如果下一年还不能达到，股票就有作废的风险。实际上，2008年8月23日相关资料显示，万科2007年股票均价33.81元/股，大于2006年均价7.10元/股，董事会同意向激励对象授予股票。

结合万科的案例来看，业绩股票本质上就是"奖金"的延迟发放，只不过支付的方式从现金变成股票，对业绩的要求更高。而且，通过设定业绩股票游戏规则，公司可以将激励的考核周期拉长，这就有效地弥补了一般意义上年终奖的缺点，具有长期激励的效果。

（五）股票增值权

1. 股票增值权的概念

股票增值权是指公司授予激励对象的一种权利，即如果公司股价上升，那么激励对象可以通过行权获得相应数量的股价升值收益。激励对象不用为行权付出现金，可在行权后获得现金或等值的公司股票。

股票增值权是一种虚拟的股权激励工具，享有股票增值权的激励对象不实际拥有股票，也不拥有股东表决权、配股权、分红权等权利。股票增值权一般亦不能转让和用于担保、偿还债务等。每一份股票增值权与一股股票挂钩，每一份股票增值权的收益等于股票市价减去授予价格。

2. 股票增值权的优缺点及其适用企业

（1）优点：

- 股票增值权受政策约束较少。
- 审批模式简单，无须解决股票来源等问题。
- 激励对象行权时，只需直接兑现股票升值部分，落地性强，操作便捷。

（2）缺点：

- 是一种虚拟的激励工具，激励的效果相对较弱。
- 公司的现金支付压力较大。

（3）适用企业：通常适用于现金流量充足且相对稳定的公司。

3.股票增值权的案例

在实践中，采用股票增值权这种激励模式的公司并不多。从2020年中国A股市场上市公司实施股权激励的情况来看，2020年全年仅有1家上市公司采用股票增值权这种激励模式。该公司为中微半导体设备（上海）股份有限公司，采用股票增值权是为了激励外籍核心人才。与2018年之前相比，2020年实施股票增值权的数量大大减少。随着2018年《上市公司股权激励管理办法》的修改，外籍员工无论是在境内工作还是在境外工作，只要是境内上市公司的员工都可以与中国员工一样参与股权激励计划。我们可以预测，未来采用股票增值权这种方式实施股权激励的上市公司数量还会减少。

案例

正泰电器：股票增值权计划[①]

在第四章讲述股权激励"定对象"时，我们提到了正泰电器（证券代码：601877）为了绕开政策对外籍员工的限制，特地为一名外籍董事兼副总裁单独制定了"正泰电器股票增值权激励计划"。这里我具体介绍一下正泰电器的股票增值权计划。

激励模式：股票增值权，即以正泰电器为虚拟股票标的，在满足业绩考核标准的前提下，由正泰电器以现金方式支付行权价格与兑付价格之间的差额，该差额即为激励额度。为了避免分歧，正泰电器特地在公告的激励计划中举例说明：假设公司于2011年4月1日授予某激励对象10万份股票增值权，行权价格为25元，则在经过计划规定的两年等

---

① 王浩.正泰电器股权激励方案与实施效果研究[D].北京：中国石油大学，2018.

待期后，在考核达标的情况下，在2013年4月1日后第一批股票增值权规定的行权期内，激励对象可向公司提出第一批2.5万份可行权的股票增值权的行权申请。若届时公司二级市场股价为30元，则公司向激励对象兑付每份5元的价差，合计12.5万元。股票增值权的现金成本由正泰电器承担。

激励对象范围：公司董事会聘任的非中国国籍的高级管理人员。

具体的激励对象：本次激励对象合计1人，为外籍董事兼副总裁。

激励额度的测算：激励对象的激励额度比照其若纳入正泰电器股票期权激励计划所对应的激励额度确定，以该额度除以股票增值权的公允价值，即得到计划应授予的股票增值权数量。本次计划总计授予20万份股票增值权（见表6-6）。

表6-6　正泰电器激励对象及额度

序号	姓名	职级	股票增值权的数量（万份）
1	刘时祯	董事、副总裁	20

有效期、等待期及行权期：本次计划授予的股票增值权的有效期共6年，其中行权等待期为两年，期满后的4年为行权期，4个批次可行权的股票增值权占该期所授予股票增值权总量的比例分别为25%、25%、25%、25%。

资金来源：由正泰电器直接兑付行权时正泰电器股票市价和行权价的价差。

股份来源：股票增值权不涉及实际股份，以正泰电器股票作为虚拟股票标的。

行权价格：本次授予的股票增值权的行权价格为22.43元。

考核机制：必须同时满足公司和个人两个层面的业绩考核要求。

（1）公司层面：在行权期的4个会计年度中，分年度进行绩效考核并行权，每年度考核一次，以达到绩效目标作为激励对象的行权条件。各年度绩效考核目标如表6-7所示。

表6-7 正泰电器年度绩效考核目标

行权期	业绩考核目标
第一个行权期	行权上一年度，净资产收益率不低于10%，净利润增长率不低于10%，营业收入增长率不低于10%
第二个行权期	行权上一年度，净资产收益率不低于10%，净利润增长率不低于10%，营业收入增长率不低于10%
第三个行权期	行权上一年度，净资产收益率不低于10%，净利润增长率不低于10%，营业收入增长率不低于10%
第四个行权期	行权上一年度，净资产收益率不低于10%，净利润增长率不低于10%，营业收入增长率不低于10%

如果公司业绩考核达不到上述条件，则激励对象相对应的行权期所获授的可行权股票增值权数量由公司注销。

（2）个人层面：激励对象个人考核按照《浙江正泰电器股份有限公司股票期权和增值权激励计划实施考核办法》执行。具体而言，只有在上一年度考核中被评为"D级及以上"的激励对象，才能全额获授或者行权当期股票增值权数量（见表6-8）。

表6-8 正泰电器考核评级

项目	D级及以上	D级以下
分数段	60～100	<60
等级	合格	不合格

退出机制：计划还对该外籍高管如何退出激励计划做了详细说明，由于篇幅限制，此处暂不赘述。

（六）账面价值增值权

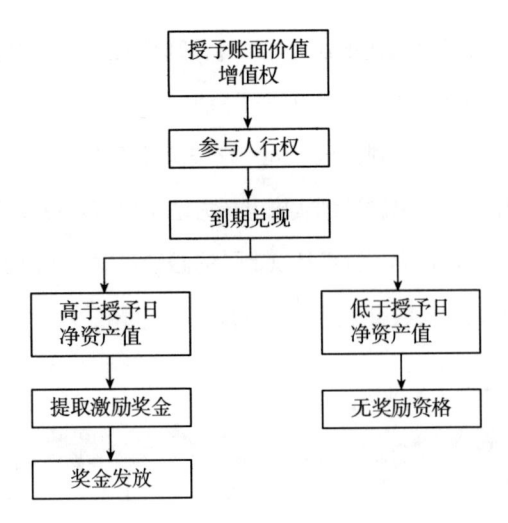

1.账面价值增值权的概念

账面价值增值权是股票增值权的衍生工具。在我国，直接应用股票增值权的企业并不多，但账面价值增值权的应用相当广泛。

账面价值增值权是与证券市场无关的股权激励模式，激励对象所获得的收益仅与公司的一项财务指标——每股净资产值有关，而与股价无关。它是指公司直接用每股净资产的增加值来激励高管人员、技术骨干和董事，激励对象没有所有权、表决权、配股权。当公司授予的股票增值权的价格低于授予日净资产值的时候，激励对象就会失去激励资格（见图6-6）。

图6-6　账面价值增值权图示

账面价值增值权具体分为购买型和虚拟型两种模式。购买型是指激励对象在期初按每股净资产值实际购买一定数量的公司股份，在期末再按每股净资产期末值回售给公司；虚拟型是指公司在期初授予激励对象一定数量的名义股份,在期末根据公司每股净资产的增量和名义股份的数量来计算激励对象的收益,并据此向激励对象支付现金。

2. 账面价值增值权的优缺点及其适用企业

(1)优点:

- 激励对象无须支付现金。
- 可以有效地避免股票市场因素对股价的干扰。
- 不能流转、转让或继承,员工一旦离开公司就丧失权益,有利于稳定员工队伍并保障大股东的实际控制权。
- 操作简便快捷,只需要股东会通过即可,无须证监会审批,也不用办理工商变更登记或修改公司章程。

(2)缺点:

- 每股净资产的增加幅度有限,激励力度也因此受限。
- 没有充分利用资本市场的放大作用。

(3)适用企业:通常适用于现金流量充足且发展稳定的非上市国有企业和民营企业,如果配合股改,那么效果可能会更好。

3. 账面价值增值权的案例

实践证明,账面价值增值权与股改结合会展现出更好的效果。

案例

TCL集团:"阿波罗"计划[①]

TCL集团创办于1981年,其前身为中国首批13家合资企业之一——TTK家庭电器(惠州)有限公司,最初仅从事录音磁带的生产制造,后来成为从事家电、信息、通信产品等研发、生产及销售的特大型国有控股企业。到1996年,TCL集团为惠州市独资企业,下属企业则有上市公司、中外合资、股份合作制等多种所有制的企业。

国有企业的产权问题一直是困扰国家、地方和企业管理团队的一个敏感话题:对于非垄断行业的国有企业来讲,要实现发展必须采取股权激励的手段,但是又不能导致国有资产的流失。TCL集团作为一家国有企业,同样受到这个问题的困扰。但是,李东生将TCL集团上市前的股权激励措施和企业"国退民进"的改制结合在一起,巧妙地化解了难题。

TCL集团的改制计划比较长远,李东生称之为"阿波罗"计划。总体思路:首先在母公司实施股权激励,然后引进战略投资者和财务投资者,将母公司由国有独资企业变为一家股份制企业,最后合并上市的子公司,以实现集团的整体上市(见图6-7)。

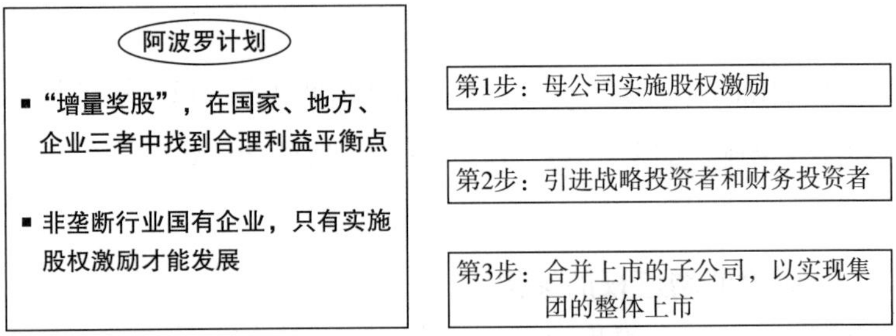

阿波罗计划
- "增量奖股",在国家、地方、企业三者中找到合理利益平衡点
- 非垄断行业国有企业,只有实施股权激励才能发展

第1步:母公司实施股权激励

第2步:引进战略投资者和财务投资者

第3步:合并上市的子公司,以实现集团的整体上市

图6-7 TCL集团改制的"阿波罗"计划

[①] 贾晓峰.战略投资者和管理层联合收购模式及其在中国的应用前景[D].成都:西南财经大学,2005.

在TCL集团的整个改制方案中，最关键的是如何对母公司的管理层和核心骨干员工实施股权激励。李东生给出的答案是：利用账面价值增值权——不动存量动增量，即存量资产归属于原股东，用增量资产的一部分对经理人进行股权激励（见图6-8）。

存量资产 ⟹ 仍归属于原股东
增量资产 ⟹ 拿出部分对经理人进行股权激励

图6-8　TCL集团增量资产分配图

李东生的"增量奖股"方式巧妙地在国家、地方和企业管理团队三者之间找到了一个合理的利益平衡点，使股权激励能够实施并得到惠州市政府的大力支持。

改制方案的要点：1997年，李东生与惠州市政府签订了为期5年的授权经营协议（见表6-9），核定当时TCL集团的净资产为3亿多元，每年企业净资产增长率不得低于10%。如果增长率为10%～25%，那么管理层可获得其中的15%；如果增长率为25%～40%，那么管理层可获得其中的30%；如果增长率为40%以上，那么管理层可获得其中的45%。第一年，TCL集团的管理团队获得现金奖励，此后公司开始以增资扩股的方式将股份支付给管理团队。若净资产增长率低于10%，公司就会对经营团队进行扣发基本工资、免除职务等处罚。若经营性国有资产减少，每减少1%，则扣除经营班子预缴保证金的10%，直到全部扣完；减值达到10%的，对经营班子进行行政处罚直至免除其职务。当年，李东生为此向政府缴纳了50万元的风险押金。

结果是，TCL集团1997—2001年度的净资产增长率分别为63.75%、80.43%、63.25%、56.24%和24.35%。按照相应比例，李东生等人获得的奖励分别为4 238.4万元、8 732.31万元、6 662.14万元、

6 533.99万元和1 431.37万元。

表6-9 李东生与惠州市政府签订5年期授权经营协议

每年企业净资产增长率	管理层可从增量中获得的比例
低于10%	经营团队无权享受增量部分的股份，并且视情况处以扣发基本工资、行政处罚、免除职务等处罚
10%～25%	获得增量部分的15%
25%～40%	获得增量部分的30%
40%以上	获得增量部分的45%

- 管理团队第一年获得现金奖励，此后公司以增资扩股的方式将股份支付给管理团队。
- 若经营性国有资产减少，每减少1%，公司扣罚经营班子预缴保证金的10%，直至扣完（预缴保证金总计50万元）；对于减值达到10%的国有资产，公司对经营班子进行行政处罚直至免除其职务。

1999年，TCL集团开始实施员工持股计划，员工总共出资1.3亿元认购股权。自1997年起的5年时间里，TCL集团的管理层累计获得"增量奖励"2.76亿元股东权益，加上管理层在员工持股计划中认购的股份，合计占总股份的23.51%；企业员工在员工持股计划中认购的股份占23.14%。由此，TCL集团的国有股份从100%减为53.35%，国有资本则从3.2亿元升至11.6亿元，增长了261.73%；缴纳的税款从1997年的1亿多元增长到2001年的近11亿元。

可见，TCL集团的"增量奖股"方式充分考虑了个人、地方、国家利益的捆绑，在管理层和员工获得股权激励的同时，实现了国有资产的保值增值。因此，TCL集团的激励模式一度成为国有企业实现"国退民进"的主要股改办法。至今，TCL集团的账面价值增值权模式依然适用于解决竞争领域的国有企业股权激励问题。而且TCL集团的做法在很多非上市的民营企业中有着广阔的应用前景，尤其对家族企业实施股权激励有着现实的参考意义。[①]

（七）员工持股计划

1. 员工持股计划的概念

员工持股计划是长期激励模式的一种，由企业内部员工出资认购本公司部分或全部股权，委托员工持股管理委员会（或委托第三者，一般为金融机构）作为社团法人托管运作、集中管理，而员工持股管理委员会（或理事会）作为社团法人进入董事会参与表决和分红。员工持股计划是员工所有权的一种实现形式，企业所有者可以通过这种制度与员工分享企业所有权和未来收益权，员工可以通过购买企业部分股票（或股权）而拥有企业的部分产权，并获得相应的管理权。实施员工持股计划的目的就是使员工成为公司的股东。

员工持股计划又常被称为公司职工持股计划，即公司答应正式员工在为公司服务一定年限后，能够按照当年计划约定的条件和价格购买公司股份，并委托持股公司进行集中管理。实施员工持股计划使员工在获得劳动报酬的同时，还能享受资本增值带来的收益，强化了员工的主人翁意识。员工持股计划有利于完善公司治理结构，增强员工劳动积极性和企业凝聚力，因此被越来越多的企业运用。

2. 员工持股计划的优缺点及其适用企业

（1）优点：

- 使员工承担了一定的投资风险，从而激发员工的风险意识与责任意识。

[①] 马永斌. 公司治理之道：控制权争夺与股权激励[M]. 北京：清华大学出版社，2018.

- 使员工在企业运营中享有一定的发言权和监督权，能增强企业凝聚力、竞争力，调动员工的积极性。
- 可以抵御外部人员的恶意收购。
- 是公司资本积累、筹资的一种手段，可以代替上市。

（2）缺点：

- 员工有一定的资金压力，可能需要支出现金或承担贷款。
- 员工所持股权不得转让、交易、继承，一般离职后即取消。
- 过度平均化会分散企业的决策权，降低员工的积极性。
- 过度福利化会降低员工的积极性。

（3）适用企业：适用于国有企业或者行业成熟度高、增长性强的公司。

3. 员工持股计划的案例

员工持股计划最早是由美国的两位福利经济学家创造的，主要目的是提高员工福利，消除经理人和员工之间的矛盾。公司可以将员工持股计划视作公司股票积累在相对友好的人手中。员工持股计划在欧美等大型跨国公司中并不少见，微软、沃尔玛、谷歌、思科等都是大规模员工持股的典范。

案例

宝洁公司：全球员工利润分享计划[1]

1880—1920年，美国经济开始急剧膨胀，生产和资本的集中导

---

[1]《宝洁启动中国员工持股计划》，《北京周报》。

致垄断组织和金融财团产生。由于经济的快速发展以及股份制的全面推广，许多公司所有者迅速发家致富，但对于普通雇员来说，他们的工资和福利并没有增长，他们没有从经济的发展中获得好处，社会贫富差距增大，工人罢工频繁，阶级鸿沟不断加深。

此前的一组研究数据显示，在20世纪50年代到60年代左右，实施员工持股计划的企业与未实施员工持股计划的同类企业相比，劳动生产率高出30%左右，利润高出50%左右，员工收入高出25%~60%。为了缓解公司内部矛盾，缩短员工之间的贫富差距，自1887年起，宝洁公司开始实施全球员工利润分享计划，通过给予雇员股份，允许雇员分享公司利润，以改善劳资关系。截至2006年年底，已经有63个国家超过四成的宝洁员工购买和持有总公司的海外股票。

为了使中国的宝洁员工也可以与公司共同成长，分享公司发展的收益，宝洁中国自2002年起就开始向中国国家外汇管理局提出申请，历经5年，直到2007年年底，宝洁中国的员工持股计划才获得批准。此时，宝洁成为第一家获得国家外汇管理局批准的在华员工境外持股的跨国公司。

宝洁中国员工持股计划是，以"中国员工长期储蓄"计划的方式向员工发放福利，员工可以自主决定是否参与该计划。该计划不分级别，员工可以按自己的意愿以工资额的一定比例购买股票。具体而言：从2008年4月开始，宝洁在华正式员工可以选择将基本工资的1%~5%用于投资购买公司股票，在发放工资截止日前决定认购的比例，填写申请表并在公司内部网确定认购比例；接下来由公司对其工资进行扣款，然后人力资源部将每个员工认购的金额汇总，再由广州中国宝洁总部汇给美国宝洁总部，美国宝洁总部会通过指定的托管人进行购买。由于该员工持股计划是员工福利，员工如果离职，就不能继续购买和持有宝洁股票，但可以在离职时兑现股票。

例如，如果某宝洁员工的月基本工资为10 000元，他选择将5%用于投资，加上公司配送的2.5%和赠送的0.5%，那么这名员工每月有800元可用于购买股票。按照国家外汇管理局的批复，5年储蓄期满后，参加宝洁员工持股计划的员工出售宝洁股票所得本金及收益，在扣除境外税费后应全额调回境内。

虽然员工持股计划是舶来品，但是随着我国中小型企业的快速发展，它在国内迅速传播并广泛应用。我国的员工持股计划最早产生于20世纪80年代，发源于浙江台州、温州等地，始于改革开放之初的企业内部融资，当时得到了政府的大力支持。[①]但是，由于缺乏经验，加上没有法律法规、政策的指导与约束，员工持股计划在中国的实践一波三折。2014年，证监会发布了《关于上市公司实施员工持股计划试点的指导意见》，对员工持股计划的原则、资金来源与信息披露等方面做出了详细规定，为之后的上市公司实施员工持股计划提供了法律依据，同时对非上市公司也具有重要的参考价值。

2018年，在巨潮资讯网上公告员工持股计划的上市公司共有133家，其中包括春秋航空（证券代码：601021）、德邦股份（证券代码：603056）、红太阳（证券代码：000525）、森马服饰（证券代码：002563）、周大生（证券代码：002867）等知名企业。

> **案例**
> 海宁皮城：引入信托的持股计划
>
> 海宁中国皮革城股份有限公司（以下简称"海宁皮城"）是由海宁浙江皮革服装城投资开发有限公司于2007年12月5日整体变更设立的

---

① 张馨尹，罗华伟.我国员工持股计划现状分析[J].现代商贸工业，2016，37（16）：90-91.

股份有限公司,于2010年1月26日在深交所挂牌上市,主要从事皮革市场的开发、租赁和服务,注册资本为112 000万元,拥有房地产开发二级资质。2018年1月、2019年1月,海宁皮城先后两次公布了《员工持股计划(草案)》,2019年公布的草案是在2018年基础上的升级版。从两份草案的变化中,我们可以窥探出海宁皮城这几年对员工持股计划的探索过程。

1. 海宁皮城《员工持股计划(草案)》2018年版

激励目的:与多数公司一样,海宁皮城实施员工持股计划是为了建立和完善劳动者与所有者的利益共享机制,改善公司治理水平,提高员工的凝聚力和公司的竞争力,吸引和保留优秀人才,促进公司、股东和员工三方的利益最大化。[①]

激励对象:13位高管加55名其他员工,共计68人。

激励股权总量:合计认购份额不超过888万份(含),占公司总股本比例不超过1%,认购金额不超过6 562.32万元。

激励股权个量:该次员工持股计划中有这样的规定,单一持有人通过员工持股计划获得的标的股票数量不得超过公司股本总额的0.1%;单个员工最低认购股数为100股,超过100股的,以100股的整倍数累积计算。因此,最终草案确定的单个激励对象最高的认购金额为100万元(持有人为党委书记、董事长),占本次份额的11.261 3%;单个激励对象最低的认购金额不明。

锁定期:董事、监事、高级管理人员的锁定期为36个月,其他人员为12个月,自最后一笔标的股票完成登记过户之日起计算。因为锁定期不同,海宁皮城还特地设立了两期员工持股计划。

员工资金来源:员工合法薪酬、自筹资金以及法律、法规允许的其

[①]《新民科技更名为"南极电商" 拟推员工持股计划》,新浪财经。

他方式。公司不得向持有人提供垫资、担保、借贷等财务资助。

激励股票来源：由公司股东大会通过回购事项后6个月内回购公司股票。

授予价格：7.39元/股。

权力机构：持有人会议。

日常监督管理机构：员工持股计划管理委员会。

退出安排：本次计划中仅考虑了6种退出情形。具体如下：

- 锁定期满自愿退出——在约定的退出窗口期申请退出。
- 职务变更但仍在公司任职——权益不变更。
- 解雇或辞职——若发生在锁定期内，权益暂不做变更；锁定期满后，在第一个退出窗口期退出计划，否则由管理委员会在下一个退出窗口期的第一个开放日开盘时以市价委托方式强制卖出其股份，并将资金划转至该持有人的银行账户。
- 丧失劳动能力——权益不变更。
- 退休——权益不变更。
- 死亡（包括因公死亡）——权益不变更，由其合法继承人继续享有。

2. 海宁皮城《员工持股计划（草案）》2019年版

激励目的：完善公司法人治理结构，建立和完善劳动者与所有者的利益共享机制，提高员工凝聚力和公司竞争力，确保公司未来发展战略和经营目标的实现。

激励对象：12名高管加61名其他员工，共计73人。

激励股权总量：本次计划筹集资金总额上限为4 800万元，以"份"作为认购单位，每份份额为1元，即份数上限为4 800万份。

激励股权个量：本次计划中单个激励对象最高的认购份额为540万

份（持有人为党委书记、董事长），占全部认购份额的11.25%；单个激励对象最低的认购份额不明。

员工资金来源：员工合法薪酬、自筹资金和法律、法规允许的其他方式。

激励股票来源：公司以集中竞价交易的方式从二级市场回购。但与2018版不一样的是，本次计划通过后将由董事会选择合适的资产管理机构并由其制订对应的信托计划，公司员工将全额认购该信托计划劣后级份额。

锁定期：12个月，自公司公告最后一笔标的股票过户至信托计划名下之日起计算。

权力机构：持有人会议。

日常管理机构：员工持股计划管理委员会。

退出机制：分为两类。

（1）第一类，公司有权取消持有人参与员工持股计划的资格，并将其权益按"不再符合员工持股计划参与资格当日收盘后其所持份额的公允价值"和"个人实际出资成本"确定的价格转让给管理委员会指定的具备参与员工持股计划资格的受让人。

- 持有人辞职或离职的。
- 持有人在劳动合同到期后拒绝与公司或子公司续签劳动合同。[1]
- 持有人因违反法律、行政法规或公司规章制度而被公司或子公司解除劳动合同。
- 持有人承诺的个人绩效考核未达标或年度考核不合格等认定不符合

---

[1] 官欣荣，刘嘉颖. 国有企业实施员工持股计划的法治思考[J]. 南方金融，2017（01）：79-86.

岗位要求的。

（2）第二类，持有人所持权益不做变更。

- 存续期间，持有人职务变动但仍符合参与条件的。
- 存续期间，持有人丧失劳动能力的。
- 存续期间，持有人达到国家规定的退休年龄而退休的。
- 存续期间，持有人死亡的，权益不变，由其合法继承人继承并继续享有。
- 管理委员会认定的其他情形。

3.两次《员工持股计划（草案）》的对比

海宁皮城连续两年在新年伊始公布《员工持股计划（草案）》，反映了其对员工持股计划的积极探索与实践。从两份草案来看，海宁皮城的员工持股计划愈加丰富完善，并且与2018年版本不同的是，2019年1月公布的计划中采用了信托手段。

根据2019年1月公布的计划草案，待草案获得股东大会批准后，将由董事会选择合适的资产管理机构并由其制订对应的信托计划，公司员工将全额认购该信托计划劣后级份额（信托计划按照不超过1∶1的比例设立优先级份额和劣后级份额。由参与持股计划的公司员工认购全部的劣后级份额，其余为优先级份额，组成规模不超过4 800万元的信托计划，用于购买海宁皮城股票）。按照海宁皮城《关于以集中竞价交易方式回购股份预案的决议》所决定的回购价格不超过6元/股测算，信托计划所能购买和持有的海宁皮城股票数量约为800万股，占公司现有股本总额的0.62%。

2019年1月公布的计划草案对信托计划合同的主要条款做了初步

约定：委托人分为优先级委托人和劣后级委托人，其中优先级委托人是认购信托计划优先级份额的委托人，劣后级委托人是海宁皮城（代员工持股计划）。管理人为长安信托；托管人为董事会选择的具有托管资格的托管机构；信托计划投资范围为本公司的股票，闲置资金可投资货币基金、固定收益类及现金类产品；信托计划的存续期限预计不超过48个月，自《员工持股计划（草案）》通过股东大会审议之日起计算；管理费、托管费及其他相关费用，以最终签署的相关协议为准，由信托计划资产支付（见图6-9）。

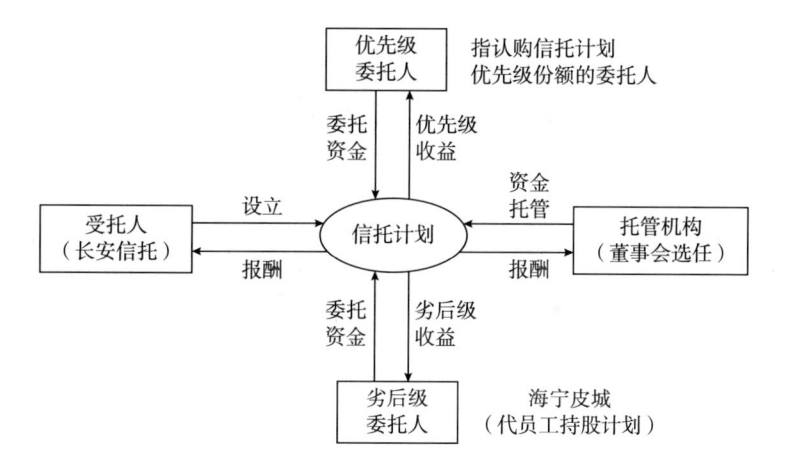

图6-9　2019年1月海宁皮城拟采用的信托计划示意图

但在2019年3月21日，海宁皮城同时公告了《2019年员工持股计划（草案）（修订稿）》《2019年员工持股计划管理办法（修订稿）》。简单来说，就是公司以2019年员工持股计划管理模式变更为由，将原草案中的信托计划全部删除，回购资金也从原先的4 800万元变成了3 600万~6 000万元（回购股份从800万股变为600万~1 000万股）。看上去只有几段文字的变化，但我们可以推测，这两个月海宁皮城的管理层必定在这件事上倾注了不少时间和精力，尽管最后信托计划被舍弃，但海宁皮城一定会继续探索员工持股计划。

从海宁皮城的实践经验来看，成功的员工持股计划并不是轻而易举就可以学过来的，但海宁皮城并没有因为一两次的挫折就放弃员工持股计划，而是不断探索新的思路，不断完善、寻找并设计能够落地的方案，在一次次的修正中摸清方向。海宁皮城的案例更是从侧面反映了员工持股计划对公司、股东和员工的吸引力。

对上述7种方式的总结如表6-10所示。

表6-10 分利不分权的7种常见股权激励模式特征对比

	干股	虚拟股票（权）	延期支付	业绩股票	股票增值权	账面价值增值权	员工持股计划
激励对象	优秀员工或公司发起人	高管、核心员工或技术骨干	管理层	经营者、业绩指标量化明显的业务负责人等	高管、核心员工或技术骨干，外籍员工	高管、核心员工或技术骨干	满足一定条件的员工
股票来源	公司或大股东	不涉及真实的股票	公司或二级市场	公司	不涉及真实的股票	不涉及真实的股票	公司
购股资金	无须出资	无须出资	管理层的部分薪酬、奖金等	奖励基金	无须出资	无须出资	员工自筹或公司协助贷款
获得条件	工作能力突出、对公司发展有特殊贡献	满足业绩目标、工作年限等要求	满足职级、收入、业绩目标等要求	业绩目标	业绩目标	业绩目标	工作年限、职位、工作表现等
禁售条件	通常不设置等待期	行权期	锁定期	时间和数量限制	行权期	行权期	锁定期

（续表）

	干股	虚拟股票（权）	延期支付	业绩股票	股票增值权	账面价值增值权	员工持股计划
离职处理	自动取消	自动取消	按协议约定	未兑现部分的业绩股票将被取消	按协议约定	按协议约定	自动取消
适用企业	员工资金紧张、规章尚未健全、未来市场赢利规模或发展预期不明朗、公司与员工之间信任度不高的企业	现金流比较充沛的上市公司或非上市公司	业绩稳定的上市公司及其集团公司、子公司，或者业绩稳定、处于成长期或成熟期的非上市公司	业绩稳定、现金流充足的上市公司或非上市公司	现金流充足并且相对稳定的公司	现金流充足且发展稳定的非上市国有企业和民营企业，配合股改效果更好	国有企业或者行业成熟度高、增长性强的公司

二、先分利后分权

分利不分权的模式在一定程度上可以起到激励员工的作用，但是由于员工并不享有表决权、所有权等实体权益，这就意味着员工只是获得股权对应的经济利益而不是完整意义上的股权，所以激励效果也会受到限制。为了更深层次地将公司、股东和员工的利益绑定在一起，不少公司采取了"先分利后分权"的模式，即前期先与激励对象分享股权的分红权，在经过一定时间的考核后，激励对象可以获得相应的表决权和决策权。常见的先分利后分权的模式有期股、股票期权和限制性股票等。

（一）期股

1. 期股的概念

期股是企业所有者向经营者提供激励的一种报酬制度，其实行的前提条件是公司制企业中的经营者必须购买本企业的相应股份。[①]具体而言，就是企业贷款给经营者作为其股份投入，经营者享有股份对应的所有权、表决权和分红权。其中，所有权是虚的，经营者只有将购买期股的贷款还清后才能实际拥有；表决权和分红权是实的，但是经营者暂时不能拿走分得的红利，需要先用来偿还期股。要想把期股变实，经营者首先要把企业经营好，使之有可供分配的红利。如果企业经营不善，那么不仅期股不能变实，经营者本身的投入还可能亏掉。

2. 期股的优缺点及其适用企业

（1）优点：

- 员工不需要一次性拿出大量资金，而是通过逐次支付较少的资金来获得较多的股权。
- 兑换周期较长，股票的增值与企业资产的增值和效益紧密相连，避免了经营者或员工的短期行为，有利于公司的中长期发展。
- 有效调和一次性巨额奖励带来的收入差距矛盾。
- 有效解决经营者购买股票的融资难问题，经营者可以出资购买，也可以贷款购买或者用奖金购买。

---

① 詹勇飞.上市公司内部股权激励问题研究[D].天津：天津大学，2006.

（2）缺点：

- 期股最后可以转换为实股，如果公司事先没有设定合理的退出机制，那么实施过程中容易出现股权纠纷。
- 如果公司经营不善，那么激励对象将面临亏损的风险，这会降低激励对象对期股的兴趣。
- 兑换周期长，激励对象要在时间成本与经济利益之间进行权衡。

（3）适用企业：适用于国有独资企业或者经改制的国有控股企业。

3.期股的案例

期股作为非上市公司实施股权激励的一种重要方式，最早由万科于1993年引进，其后被各地企业纷纷效仿，主要的激励对象是董事长、总经理等为首的管理层。

某公司隶属于制造业，2010年净资产约为3 000万元，职工280余人，年销售收入约为8 000万元，赢利能力尚可。为了进一步激励管理层提升公司的业绩，2011年公司决定实施期股激励方案。该方案最终确定的激励对象为5名高级管理人员，按约定，这5名高管需拿出130万元用于购买实股，其中总经理需出资30万元，其他4名高管各出资25万元。出资后，总经理可配得3倍即90万元的期股，其他人可配得相当于出资额2倍即50万元的期股。这五名激励对象享有实股的所有权和分红权，但在期股转换为实股前只享有分红权。方案约定转化期为4年，每年需转化25%的期股。

以总经理为例，总经理个人需要出资30万元购买实股，同时获配90万元期股，这相当于公司借了总经理90万元，而总经理以这90万元期股每年的分红进行偿还，在期股全部转换成实股以前，总经理不得以现金形式领取期股对应的红利。总经理若想在4年内顺利转换全部期股，就要使公司每年的净资产收益率达到25%以上。该90万元期股对应的税后分红为22.5万元（90万元×25% = 22.5万元）。若当年净资产收益率只有15%，90万元期股对应的税后分红仅为13.5万元（90万元×15% = 13.5万元），距22.5万元的红线还有9万元，总经理就需要用30万元实股的收益来补充；对于补充后仍不足的，总经理则需要自掏腰包补足。若当年净资产收益率超过25%，多出来的红利可以转入第二年计算，顺利的话，总经理可以提前将期股全部转化为实股（见表6-11）。

表6-11 以总经理第一年期股转化实股为例

年净资产收益率	30万元实股	90万元期股	处理结果
15%	收益4.5万元	收益13.5万元	离22.5万元的年度指标差9万元，先将实股收益4.5万元补进，个人再补充4.5万元
25%	收益7.5万元	收益22.5万元	刚好完成年度指标
35%	收益10.5万元	收益31.5万元	超额完成年度指标，多出来9万元可转入第二年计算

为了防止高管在任期内利用职务便利弄虚作假，该公司对股权归属还附加了条件，即总经理任期结束后，再等1年，公司经过严格审计，确认其在任期内没有重大决策失误和弄虚作假等违法违规行为，该120万元的股权可归其个人所有。该总经理不仅完整地享有所有权、分红权和表决权，而且可以自由处置名下股权，或转让给他人，或由企业赎买，或将股权放在名下享有对应的股东权益。

（二）股票期权

1.股票期权的概念

股票期权是指上市公司授予激励对象在未来一定时期内以预先确定的条件购买本公司一定数量股份的权利。在约定日期到来时，若公司股票价值上升，那么员工可以以事先约定的低于股价的执行价格买入，再以高价卖出获取收益；若公司的股票价格未明显上升或呈下跌趋势，那么激励对象可以自行决定是否买入股票或是否按授予数量全部买入。也就是说，股票期权是一种看涨期权，对激励对象来说是一种权利而非义务，激励对象可以在股票价格低于行权价格时选择放弃行权。因此，对激励对象而言，股票期权并没有风险；对公司而言，激励对象得到的是企业新增价值，不会侵蚀公司原有的资本存量，且激励对象行权时，还可以增加公司的现金流量。

股票期权与前文介绍的股票增值权有相似之处，它们都赋予激励对象获取未来风险收益的权利——当市场价格高于激励对象的行权价格时，激励对象可以行权获得收益，否则激励对象可以选择放弃行权，避免损失。但这两种方式在激励标的物的选择和激励对象收益来源方面存在区别。第一，就激励标的物而言，股票期权的激励标的物是企业的股票，激励对象在行权后可以获得完整的股东收益；而股票增值权是一种虚拟股权激励工具，激励标的物仅仅是二级市场股价和激励对象行权价格之间差价的升值收益，激励对象并不能获取企业的股票。第二，从激励对象收益来源来看，股票期权采用"企业请客、市场买单"的方式，激励对象获得的收益均由市场进行支付；而股票增值权采用"企业请客、企业买单"的方式，激励对象的收益由企业用现金进行支付，其实质是企业奖金的延期支付（见表6-12）。

表6-12 股票期权与股票增值权的比较

		股票期权	股票增值权
	相似	都赋予激励对象获取未来风险收益的权利，当市场价格高于激励对象的行权价格时，激励对象可以行权获得收益，否则激励对象可以选择放弃行权，避免损失	
区别	激励标的物	企业的股票，激励对象在行权后可以获得完整的股东收益	虚拟股权激励的工具，激励标的物仅仅是二级市场股价和激励对象行权价格之间差价的升值收益，激励对象并不能获取企业的股票[①]
	激励对象收益来源	"企业请客、市场买单"，激励对象获得的收益均由市场进行支付	"企业请客、企业买单"，激励对象的收益由企业用现金进行支付

2.股票期权的优缺点及其适用企业

（1）优点：

- 激励对象拥有选择权，若行权日届至时股票价格低于行权价格，激励对象可以选择放弃行权或者部分行权。
- 只有当股票期权达到一定的时间或条件时，激励对象才可以拥有行权的机会。因此，激励对象为了达到行权条件或为了使股票升值以获得价差收入，在行权前会尽全力提高公司业绩。
- 激励对象获得的是企业新增价值，不侵蚀公司原有资本存量，并且激励对象行权时需要付出一定的资金成本，可以增加公司的现金流量。
- 股票期权根据二级市场的股价波动实现收益，激励力度大，并且与股票期权有关的法律法规较完善，同时股票期权受证券市场监督与管理，相对公平。

[①] 张艳林.我国上市公司股权激励影响因素研究[D].秦皇岛：燕山大学，2012.

（2）缺点：

- 行权有时间、数量、比例等限制。
- 激励对象行权时需要支付现金，可能会有一些资金压力。
- 不排除激励对象为了自身利益而采用不法手段抬高股价的可能。
- 当前我国股票市场的有效性差，易受市场投机因素、政府宏观政策等突发事件的影响。

（3）适用企业：适用于成长期或扩张期的上市公司或非上市公司。

3.股票期权的案例

股票期权激励制度在鼎盛时期被誉为"财富魔杖"，创造了一个又一个财富神话。以是否提取部分奖励基金为员工行权提供资金为标准，股票期权可以分为不计提奖励基金的股票期权和计提奖励基金的股票期权（见图6-10）。

```
                标准：是否计提部分奖励基金为员工行权提供资金
                         │
                ┌────────┴────────┐
                是                否
                │                 │
    ┌───────────┴──────┐   ┌──────┴──────────┐
    │ 不计提奖励基金的股票期权 │   │ 计提奖励基金的股票期权 │
    └───────────┬──────┘   └──────┬──────────┘
                │                 │
    ┌───────────┴──────┐   ┌──────┴──────────┐
    │ 激励对象自筹资金认购股份 │   │ 公司提取奖励基金，作为激励 │
    │    （见案例1）        │   │ 对象行权时的资金来源之    │
    │                      │   │   一（见案例2）          │
    └──────────────────┘   └─────────────────┘
```

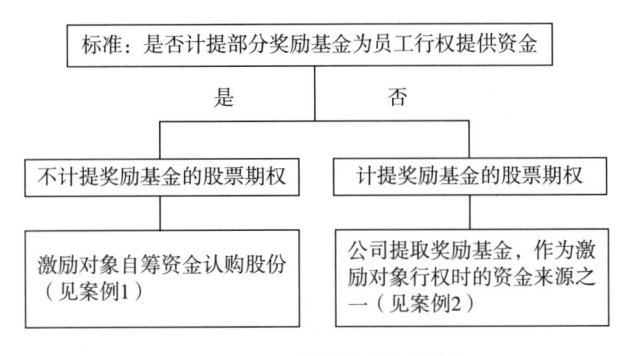

图6-10 股票期权激励制度

微软是世界上最大的股票期权使用者之一，也是第一家用股票期权来奖励普通员工的企业。在微软之前，股票期权仅用来奖励高管人员和技术骨干，但微软为董事、管理人员和其他全部雇员订立了股票期权计划，从而使员工能够更好地分享公司成长带来的收益。

> **案例**
>
> 微软：第一个吃螃蟹的公司[①]
>
> 微软使用股票期权激励的逻辑：公司、股东和员工应该是一个利益共同体，如果给优秀的员工授予股票期权，员工的表现就会越佳，公司及其个人对应的特定财务指标也就增长得越快，期权的行权价格也会越低，股票市场价格与行权价格的价差也就越大，员工获利愈多，激励效果也就越好，并且形成良性循环（见图6-11）。

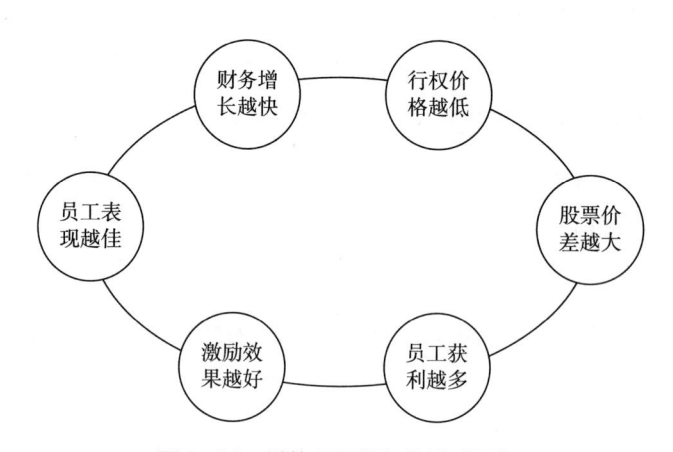

图6-11 微软股票期权的激励逻辑

自1982年起，微软就开始运用股票期权这一激励模式，基本每隔两年为员工发放一次股票期权，员工可以获得的激励股票数量与其技术级别、所任职位、工作年限、业绩表现等要素相关。通常，一个员工工

[①] 常玲，赵泽洪. 高科技企业劳动关系的冲突与协调[J]. 科技管理研究，2010，30（23）：140-142+146.

作18个月后，可以将该次认购权中的25%用来认购股票，此后每6个月可以获得其中12.5%的股票，并且可以在10年内的任何时间全部兑现该次认购权。员工购买公司股票时可以享受15%的优惠，并且公司还会授予任职一年的正式雇员一定的股票买卖特权。也正因此，微软创立了一个"低工资、高股份"的典范。尽管微软的基本工资比同行业竞争者低得多，但公司雇员拥有股票的比率比其他任何上市公司都要高，所以微软依旧可以吸引大批有识之士。在面向全体员工实施股票期权激励之后，微软的业绩有明显提高，员工也从中分享了不菲的收益。

但在2003年，微软果断放弃了沿用17年的股票期权，转而使用更稳健、更直接的限制性股票，原因有四点：第一，当时股市持续下滑，微软的股票市值远低于既定的行权价，股票期权对员工已经失去了激励作用；第二，美国制定的新会计准则没有将股票期权列为经营成本，而将股票期权作为费用入账，这使微软的利润大幅下降，微软不能接受新会计准则；第三，经过十多年的发展，微软已经从初创期进入成熟发展阶段，股票期权的激励模式不再适应公司发展的节奏；第四，"安然事件"等一系列会计丑闻曝光后，暴露了股票期权的诸多弊端，其中最严重的问题是——股票期权制度可以在短时间内"成就"一名百万富翁，而公司经理为了达到个人目的会恶意抬高股价、操纵账面利润，使公司和其他股东、员工的利益产生损失。基于这四个原因，微软主动终结股票期权并改用限制性股票作为激励模式。

股票期权作为一种金融衍生工具，自诞生以来就在欧美以及日本等国家被推广使用。2003年曾有数据显示：在全球800家大企业中，至少有90%的企业运用股票期权对高级管理层实施激励。微软率先停用股票期权后，业内许多公司也纷纷改选限制性股票，但对于一些实力不济的新兴企业而言，由于无法支付高额薪水，它们只能沿用股票期权的方式招揽人才。因此，即便是今天，股票期权仍有很多适用群体。

与欧美国家及日本不同的是，股票期权进入中国以来，在国内上市公司中运用的频率始终不及限制性股票，最重要的原因是我国股市的有效性较弱。我国资本市场上存在着诸如股权结构不合理、违规操控股价、法人治理结构不健全等多种问题，这导致公司的业绩表现等与股价并没有强关系，也正因此，股票期权在中国上市公司中的适用度仅位居第二，时常被限制性股票压制。

从实践情况来看，限制性股票的使用频率远超股票期权。数据显示，在2017年公布股权激励的上市公司中，使用股票期权作为激励模式的公司仅占13.56%，使用限制性股票作为激励模式的公司占76.51%，而使用限制性股票加股票增值权、股票期权加股票增值权和股票期权加限制性股票三种复合手段作为激励模式的公司占比分别为0.24%、0.24%和9.44%（见图6-12）。

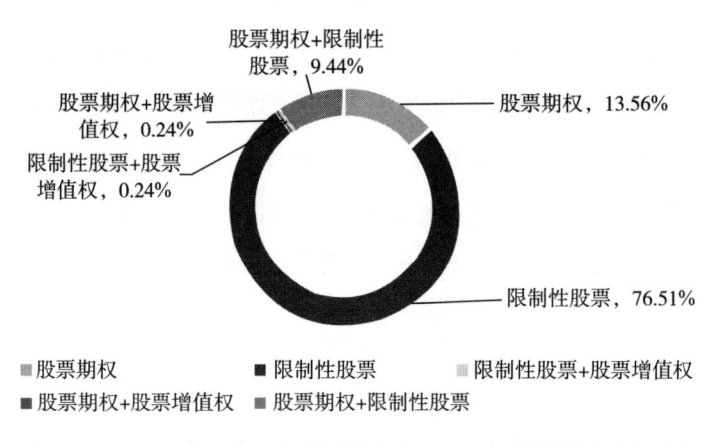

图6-12 2017年公布股权激励的上市公司股权激励模式选用比例

同样，澜亭股权研究院发布的《2018年中国A股市场股权激励大数据报告》显示，在有效统计的393家上市公司中，采用限制性股票的有

253家，采用股票期权的有89家，采用股票增值权的有2家，采用复合手段的有49家（见图6-13）。

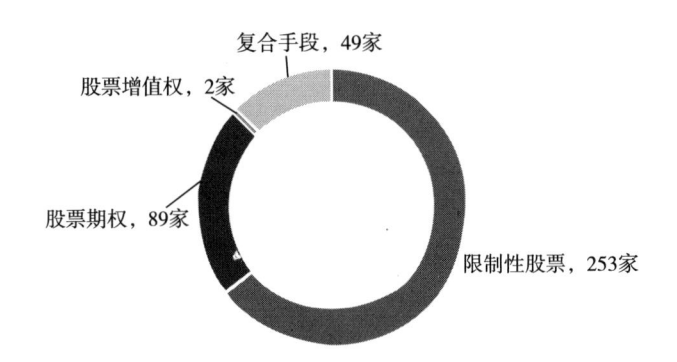

图6-13　2018年A股实施股权激励的上市公司激励模式选用比例

澜亭股权研究院发布的《2019—2020年中国科创板股权激励大数据报告》显示，在2019年发布的337个股权激励计划公告中，有198家公司计划选择限制性股票作为激励工具，占比达到58.75%；有88家公司计划选择股票期权作为激励工具，占比26.11%；有51家公司计划选择股票期权与限制性股票的复合工具，占比15.13%（见图6-14）。

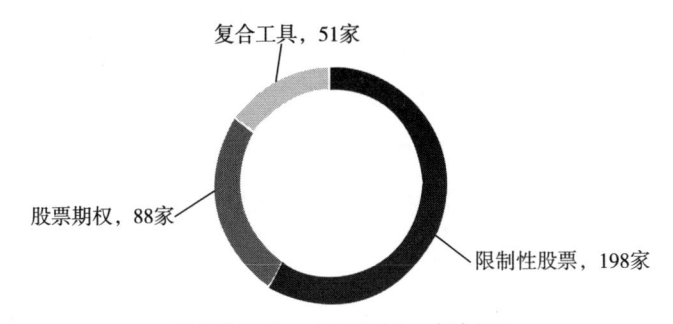

图6-14　2019年实施股权激励的公司激励模式选用比例

小贴士
资本市场的有效性

资本市场的有效性包括资本市场的运行效率和配置效率两个层面，前者是指资本市场本身的运作效率，包含证券市场中股票交易的畅通程度及信息的完整性、股价能否反映股票存在的价值；后者是指资本市场运行对社会经济资源重新优化组合的能力以及对国民经济总体发展所产生的推动作用的大小。[①]

尽管我国资本市场仅用三十多年时间就走过了西方发达资本市场用几百年走过的路程，但实际上这些年来中国资本市场的有效性一直较差，究其原因，主要有以下几点。

（1）产权结构不合理：中国资本市场的形成、发展和运行掺入了大量政府意志，一定程度上阻碍了资本市场的市场化进程。

（2）市场结构层次单一：目前中国主要的资本市场是沪深两个全国性的资本市场，创业板市场、场外交易市场等较低层次的市场发展还非常滞后，科创板也处于新生阶段，单一的市场结构使中国资本市场发展受抑。

（3）信息披露制度不完善：尽管当前对信息披露的要求越来越严格，但是资本市场依旧存在着大量信息披露失真、信息披露不及时以及信息披露不充分的问题，这些问题阻碍了市场有效性的提高与完善。

（4）股本结构不合理：中国上市公司股票有法人股、国有股、外资股、公众流通股等，股权分散格局遏制了中国股市的规范化和市场化进程。

---

① 胡顺义. 中国资本市场有效性探析[J]. 经济研究导刊, 2009（23）：106-108.

（5）市场准入与退出机制不完善：我国资本市场存在绩优企业进不来、绩差企业不肯走的情况，资本市场优胜劣汰的规律尚未形成，资金配置效率低。

（6）资本市场规范化水平低：政府在证券市场的影响力大，一些行政管制措施会模糊市场主体之间的竞争、市场供求关系、股价与真实业绩的关联度等。

案例
七匹狼：以奖励基金作为行权来源

在标准的股票期权模式下，员工行权时一般都以自筹资金认购公司股份，但是七匹狼却提取了奖励基金作为员工行权时的资金来源之一。七匹狼在2006年10月25日曾向激励对象授予700万份股票期权，按照该次股票期权激励计划，公司在前三年（2006—2008年）扣除非经常损益的加权平均净资产收益率高于10%的情况下，根据净利润增长率按下列方式提取奖励基金：

奖励基金提取额＝当年净利润×（当年净利润增长率－10%）×1/9

同时，七匹狼还特别规定，奖励基金提取额的上限为当年公司税后净利润的10%，奖励基金在年报决议公布后60日内发放至激励对象。奖励基金仅用于行权，不得作为其他用途使用。

（三）限制性股票

1.限制性股票的概念

限制性股票是指上市公司按照预先确定的条件授予激励对象一定数

量本公司的股票，激励对象只有满足一定工作年限或业绩目标符合股权激励计划规定条件，才可以出售限制性股票并从中获利，否则公司有权将员工手中的限制性股票按事先约定的价格或方式收回。

从限制性股票的实践情况来看，"限制"主要体现在两个方面：一是获得条件，二是出售条件。首先，在获得条件方面，国外大多数公司是将一定的股份数量无偿或者收取象征性费用后授予激励对象，但我国《上市公司股权激励管理办法》明确规定了限制性股票要规定激励对象获授股票的业绩条件，这意味着我国对获得条件的设计局限于该上市公司的相关财务数据和指标。其次，在出售条件方面，国外的方案是根据公司的不同要求和背景，设定可售出股票的市场条件、年限条件、业绩条件等，很少有独特的条款，但是我国明确规定了限制性股票应当设置禁售期，并且可以根据上市公司的要求设定其他复合出售条件。

随着科创板企业的不断发展与进步，上海证券交易所针对科创板企业发布了《上海证券交易所科创板股票上市规则》，并将限制性股票分为两类：一是激励对象按照股权激励计划规定的条件，获得转让等部分权利受到限制的本公司股票；二是符合股权激励计划授予条件的激励对象，在满足相应获益条件后分次获得并登记的本公司股票。

随着限制性股票的使用，限制性股票单元（RSU）出现了。所谓限制性股票单元其实是限制性股票的升级版，它集合了限制性股票和股票期权的优点。相较于第一类限制性股票，获授限制性股票单元时激励对象不需要纳税（见表6-13）；相对于股票期权，限制性股票单元的行权价格非常低，且激励力度远大于股票期权，可以有效避免公司股权被稀释的风险（见表6-14）。从限制性股票单元的使用情况来看，限制性股票单元可以让公司账面更好看、个税更优惠，并且股票定价更为简便精准。

表6-13　限制性股票单元与第一类限制性股票的区别

	限制性股票单元	第一类限制性股票
股票过户时间	激励对象在授予日并没有获得实质股票，只有满足特定条件时才能接收股票过户	在授予时就将股票过户给激励对象，但是股票的出售或转让受到限制
禁售期内权利	由于激励对象未实质获得股票，所以禁售期内不享有投票表决权、分红权等	在禁售期内可以行使除在二级市场出售或以其他方式转让外的其他全部权利，包括投票表决权、分红权等
股票结算方式	可以权益结算，也可以现金结算	只能以权益结算

表6-14　限制性股票单元与股票期权的区别

	限制性股票单元	股票期权
激励实质	激励对象获得的是真正的实物股票或股票收益	激励对象获得的是以确定价格购买一定数量股票的权利
行权成本	激励对象无须支付或只需支付较少资金，即使股票市场价格变动，激励对象仍有获利空间	激励对象需要支付一定的成本，若股价低于行权价格，激励对象就会放弃行权，无法获得收益
股票数量	在企业付出相同成本时，股票期权所需要的股票数量要明显大于限制性股票单元	

2.第一类限制性股票的优缺点及其适用企业

（1）优点：

- 有明确的服务年限、业绩目标等限制性条件，风险与收益并存，激励对象与企业的绑定更紧密。
- 我国《上市公司股权激励管理办法》规定，第一类限制性股票的授予价格可以低至原股票价格的50%，因此即使股票市场价格波动较大，限制性股票仍然具有价格优势，激励对象可以在二级市场出售股票赚取利益。

- 激励对象在解除限售后拥有真实的股东权利，激励力度更大，可使激励对象的精力集中于公司长期战略目标上，努力完成业绩考核目标，提升股票的内在价值，从而促进公司股票在二级市场的表现。

（2）缺点：

- 员工会面临一定的资金压力。
- 业绩目标的确定与股票定价的科学性和合理性难以保障。
- 满足解除限售条件后，激励对象实际拥有股票，享有所有权，公司对激励对象的约束相对困难，若限制性股票数量、持股平台等事先没有设计好，那么公司可能会面临控制权丧失的风险。

（3）适用企业：适用于相对稳定的成熟企业以及对资金投入要求不是非常高的企业。

3. 第二类限制性股票

2020年6月，证监会发布了创业板注册制改革的一系列相关制度规则，标志着科创板注册制改革正式落地。其中，《创业板持续监管办法》对科创板的股权激励范围进行了调整——扩展了可以成为激励对象的人员范围，放宽限制性股票的价格限制，并进一步简化限制性股票的授予程序。

第二类限制性股票是指符合股权激励计划授予条件的激励对象，在满足相应获益条件后分次获得并登记的公司股票。与第一类限制性股票不同的是，第二类限制性股票授予时不出资，归属时才出资，价格可自主决定。

第二类限制性股票在科创板中运用的比较多，截至2020年11月20

日，共有284家公司实施了股权激励，其中科创板的34家企业均选择了第二类限制性股票。

第一类、第二类限制性股票以及股票期权的对比如表6-15所示。

表6-15 第一类、第二类限制性股票以及股票期权的对比

名称	第一类限制性股票	第二类限制性股票	股票期权
定义	激励对象按照股权激励计划规定的条件，获得转让等部分权利受到限制的本公司股票（在解除限售前不得转让、用于担保或偿还债务）	符合股权激励计划授予条件的激励对象，在满足相应获益条件后分次获得并登记的本公司股票	上市公司授予激励对象在未来一定期限内以预先确定的条件购买本公司一定数量股份的权利（获授的股票期权不得转让、用于担保或偿还债务）
出资时间	授予时出资	授予时不出资，归属时出资	授予时不出资，行权时出资
授予价格	交易均价的50%	可自主定价	交易均价
等待期	锁定期不少于12个月	归属等待期不少于12个月	等待期不少于12个月
比例	各期解除限售的比例不得超过激励对象获授限制性股票总额的50%	各期归属的比例不得超过激励对象获授限制性股票总额的50%	每期可行权的股票期权比例不得超过激励对象获授股票期权总额的50%
股份登记方式	授予时登记至个人名下	归属时登记至个人名下	行权时登记至个人名下

案例

稳健医疗：创业板的第二类限制性股票[①]

受疫情的影响，在2020年的外贸发展过程中，防疫物资起到了重要的拉动作用。作为国内医用敷料生产与出口"三巨头"之一的稳

---

① 案例来源：《2020年限制性股票激励计划》，稳健医疗。

健医疗，其发布的2020年业绩预告显示，营业收入比上年同期增长151%～195%，为115亿～135亿元；归属于上市公司股东的净利润为36.5亿～39.5亿元，同比增长达568%～623%。

2020年11月，稳健医疗发布《2020年限制性股票激励计划》，授予对象包括公司董事、高级管理人员和公司董事会认为需要激励的其他人员，授予价格为72.5元/股，系发布计划当时收盘价的50%。此激励计划首次授予的限制性股票各批次归属安排如下所述：第一个归属期自首次授予之日起17个月后的首个交易日起至首次授予之日起29个月内的最后一个交易日当日止，归属比例为50%；第二个归属期自首次授予之日起29个月后的首个交易日起至首次授予之日起41个月内的最后一个交易日当日止，归属比例为50%；出资时间与归属期一致。

创业板是最先使用第二类限制性股票的板块，现在主板也开始有越来越多上市公司选择其作为股权激励的模式。除了上述列举的稳健医疗外，使用第二类限制性股票的企业还有交大思诺、宁德时代等。第二类限制性股票因为可以自主定价并在归属时出资，大大减轻了员工的经济压力，激励作用更明显。

4. 限制性股票单元的案例

限制性股票单元的优势突出，一度被称为"成本近乎为0"的激励手段，苹果、谷歌、亚马逊、腾讯、阿里巴巴等多家互联网科技企业纷纷采用限制性股票单元的模式来激励企业员工。

案例

苹果：人人享有的限制性股票单元

苹果公司内部一直存在两项涉及股权激励的项目，一个是"员工购买股票方案"（Employee Stock Purchase Plan，简称ESPP），另一个是"限制性股票计划"。其中，员工购买股票方案向全部苹果公司员工开放，允许员工以低价购买苹果股票；"限制性股票计划"仅面向高级管理员和技术工程人员开放，苹果公司董事会每年会向业绩优秀的员工发放限制性股票作为奖励。

2015年10月，苹果公司CEO库克向全体员工发送内部邮件，宣布每一位在苹果公司工作的人员都可以享有限制性股票福利。此时，限制性股票单元惠及的范围从原来的只惠及少数部门变为向全部员工开放，销售团队和售后团队等因此成为限制性股票单元新惠及的部门。

根据不同的考核标准，苹果公司授予员工的限制性股票单元主要分为基于绩效的限制性股票单元和基于任期的限制性股票单元两类。第一类基于绩效的限制性股票单元是指考核周期内，公司将员工的激励奖金与苹果公司的长期绩效挂钩，其解锁条件是"相对TSR（股东总回报）"，即苹果公司在表现期间相对于标准普尔500指数中其他公司的股东总回报。通常，薪酬委员会设置3年的业绩周期，依据业绩周期内苹果公司股价增长率和对标组中其他公司股票增长率的相对高低，决定基于业绩的限制性股票是否可以解锁以及解锁比例。第二类基于任期的限制性股票单元是指苹果公司将在员工完成约定的任职期限后向其授予一定的限制性股票单元，这种考核标准的目的是让员工个人的利益与公司及股东的长期利益保持一致，同时促进高绩效团队的长期稳定性。

苹果公司的限制性股票单元激励计划整体呈现"小步快跑"的特征——一期计划管多年、确定总额、分次授予、分批兑现。以库克为例，库克在2011年接任苹果公司的CEO，同时获授苹果公司"限制性股票单元激励"（见表6-16）。按照约定，如果苹果公司在每个业绩期的整个过程中都超过标准普尔500指数中三分之二的公司，库克便可以获得业绩期内100%基于绩效的RSU。从2015—2018年三年业绩期来看，库克有28万股基于业绩的限制性股票单元，而在整个业绩期内，苹果公司的相对TSR位于标普500公司的前88%，因此库克在2018年8月24日获授所有基于绩效的限制性股票单元。相关数据显示：在库克领导苹果公司的这3年间，公司股东的总回报率达89.94%。

表6-16　2015—2018年库克基于业绩的限制性股票单元授予条件

序号	相对TSR在标普500公司中的比例	限制性股票单元实际归属额度
1	前1/3（含）	100%
2	前1/3~前2/3（含）	50%
3	后1/3	0

在库克的带领下，苹果公司的整体业绩呈现稳定良好的发展态势。为了进一步激励员工，苹果公司又为高管团队制定了新一期（2018—2020年）基于业绩的限制性股票单元解锁条件（见表6-17）。

表6-17　2018—2020年苹果公司高管基于业绩的限制性股票单元授予条件

序号	相对TSR在标普500公司中的百分数	限制性股票单元实际归属额度
1	85%以上	200%
2	55%~85%（不含）	100%
3	25%~55%（不含）	25%
4	25%以下	0%

与上一业绩期间的授予条件相比，新一期的基于业绩的限制性股票单元授予条件明显提高，若业绩达成，高管们的限制性股票单元实际归属额度也明显高于上一业绩期间，但取消了50%这一档实际归属额度，这充分体现了风险与收益并存的原则。苹果公司的高管如果想要获得高额度激励，就必须完成既定的业绩要求，将公司带上一个新的台阶才可

以共享公司的发展红利。这种基于业绩的限制性股票单元激励模式很好地将公司、股东和员工的利益绑定在一起，也因此使限制性股票单元受到更多企业的青睐。

阿里巴巴也采用了限制性股票单元的股权激励模式：员工获授限制性股票单元支付的费用可以说是微乎其微，入职满一年方可行权。而每一份限制性股票单元的发放则分4年逐步到位，每年可行权的比例为25%。[①] 同时，阿里的员工每年都可以得到至少一份限制性股票单元奖励，每一份奖励的具体数量会因职位、贡献的不同而存在差异，这就是期权的滚动增加。期权的滚动增加使得阿里员工的手上总会有一部分尚未行权的RSU，进而帮助公司留住员工。如果一个员工在阿里干满1年以上，那么理论上，他后一年获得的限制性股票单元会越来越多。由于阿里巴巴的股权增值，要想收益最大化，员工的最优选择就是留下来并取得较好的工作表现，这样才能不断得到更多的收益。也就是说，干得越久，员工越舍不得离开。

综上，先分利后分权的几种常见模式概括如表6-18所示。

表6-18 先分利后分权4种常见的股权激励模式特征对比

	期股	股票期权	第一类限制性股票	第二类限制性股票
激励对象	公司的董事长、总经理等为首的管理层	高管、核心员工和技术骨干	高管、核心员工和技术骨干	高管、核心员工和技术骨干
股票来源	公司	流通股	公司或二级市场	公司或二级市场
购股资金	自己出资或公司贷款	自行支付	员工折价购买或者公司奖金出资	员工自筹

---

① 《阿里巴巴牌"金手铐" 马云秘制"受限制股份单位计划"滚动式激励》，《21世纪经济报道》。

（续表）

	期股	股票期权	第一类限制性股票	第二类限制性股票
获得条件	业绩目标	满足业绩、工作年限等要求	满足业绩、工作年限等要求	满足业绩、工作年限等要求
禁售条件	行权期	行权期	禁售期	禁售期
离职处理	按协议约定	按协议约定	未解锁的部分由公司按授予价和市场价中的低价回购注销	已获售但尚未归属的不得归属，作废失效
适用企业	国有独资公司或者经改制的国有控股公司	处于成长期或扩张期的上市公司或非上市公司	相对稳定的成熟公司或对资金投入要求不高的公司	多运用于科创板或资金投入要求不高的公司

三、分利又分权

分利又分权的模式，是指在实施股权激励时，公司在授予激励对象相关股权红利的同时，也将股权的表决权与所有权授予激励对象，使激励对象因为激励而成为真正意义上的公司股东。

（一）实股

1. 实股的概念

实股是指公司的实际股权，该等股权代表着激励对象对公司的所有权。这种所有权是一种综合权利，比如参与股东大会、投票表决、参与公司重大决策、收取股息或分享红利等真实权利，但是对该等股权的处置权存在转让时间与转让对象的限制。

实股激励主要用于非上市公司。非上市公司通常有三种方式进行实股股权激励。

- 实股奖励：股东或公司无偿授予激励对象一定份额的股权或一定数量的股权，如果激励对象由于达到了公司设定的经营目标而被公司授予实股，那么这种股权也可以被称为业绩股权，激励对象获得经营业绩股权并享有分红权。为了避免激励对象的短期行为，公司可以规定实股所有权保留期，在保留期满后，符合授予条件的，由公司向其发放股权登记证书或者前往工商局办理股权变更登记手续。
- 实股出售：股东或公司按照股权评估价值的价格或者优惠折价的价格，以协议方式将公司股权出售给激励对象。
- 定向增资：公司以激励对象为增资扩股的对象，激励对象可以参与公司的增资扩股行为，从而获得公司的股权。

2.实股的优缺点及其适用企业

（1）优点：

- 员工拥有真正意义上的股权，包括知情权、质询权、提案权、表决权、分红权等完整权利；使员工真正成为公司的主人之一，可以充分满足员工的认同感、归属感、价值感，最大限度地调动员工的积极性与主观能动性。
- 具有长期性，且共享收益、共担风险，让公司、股东和员工形成利益共同体。

（2）缺点：

- 员工需要为实股支付一定的成本，会有一定的资金压力。
- 如果事先没有约定好退出机制，那么实股授予后可能面临难以收回的难题，严重时可能会危及大股东的控制权。
- 程序复杂，需要通过前期协议或公司章程等方式事先约定，并办理工商变更登记。
- 股东会人数过多可能会降低决策效率。

（3）适用企业：适用于发展期或成熟期的上市公司或非上市公司，其中以非上市公司为主。

3. 实股的案例

澜亭股权研究院曾为一家食品公司制订过实股（分红权转实股）激励计划，其大致思路：第一步，持有者可按持股比例享受每年可分配利润的虚拟股权，分红权收益分为两部分发放，一部分当期以现金兑换，另一部分留存于专用账户，用于日后购买公司的实股；第二步，员工在获得实股后，可以享有综合性权利，但是对该等股权的处置权存在转让时间与转让对象的限制。

整份实股股权激励计划的核心要点如下。

激励目的：为了招揽、激励公司新聘任的总经理。

激励对象：公司新聘任的总经理。

激励模式：公司无偿赠予激励对象占公司总股本10%的虚拟股权，该等虚拟股权具有分红权，不具有表决权和增值权。公司将依据该等股权每年向激励对象分红，年度分红计入公司的管理费用，在年初计提或计入下一年度。年度分红权益分两部分发放，其中20%在当期以现金兑换，剩余80%留存于员工的专用账户，仅供以后购买公司实股使用。

有效期：5年，自首次分红起计算。

购股安排：在满足业绩条件的情况下，分红数额的80%需进行锁定，计划开始实施满5年后一次性强制用于购买公司实股；在购买实股时，无论是当期或是延期购股，均在约定的窗口期中进行。

购股价格：购股价格为锁定期满后公司最近一次经审计的财务报告出具的每股净资产价格；若激励对象申请延期购股，则实际转股价格为授予时点的转股价格加上银行同期贷款利息与出资前公司最近一次经审计的财务报告出具的每股净资产价格的高值。

数量上限：激励对象持有实股的上限为公司总股本的10%，实股的权益来源为增资扩股，且双方约定完成股权激励后，公司实际控制人不发生变化。

资金来源：实股的购买资金源于分红权专用账户，不足部分源于激励对象的自有资金。若锁定期满，激励对象购买全部预设额度实股后分红账户仍有余额的，经激励对象申请，公司将用现金形式兑现余额。若需要激励对象以自由资金出资的，合计出资额度控制在年薪的双倍范围内。考虑到激励对象的出资能力，激励对象可以申请延期购股，但延期购股的时间最长不得超过两年。

业绩考核：公司将根据《某公司五年发展规划》中界定的指标进行业绩考核，考核结果以考核系数 [f(x)] 体现，只有当考核系数超过0.8时，激励对象才可以在锁定期满后购股。否则公司有权终止激励对象的购股计划，并以现金形式兑换分红账户余额，兑现方式为：实际分红额度=分红账户余额 × 考核系数。也就是说，激励对象如果达不到业绩要求，那么不仅不能购买实股，原先的分红额度还会产生缩水。

实股对激励对象的激励作用往往会大于其他激励手段，但因为实股激励需要工商变更，牵扯到的股东权利会更加复杂。

案例
空分公司：高管辞职引发股权回购

空分公司主要从事大、中、小型空气分离设备、环保设备等上千个品种、规格的产品设计、制造、销售和安装以及工业气体的生产和销售，系全国大型一档企业、国家机械行业骨干企业，是我国深冷设备主要设计制造基地之一。

2001年7月，空分公司改制前，彭某持股17.8万元，其中实股12.8万元，有限实股（有附加条件的股权激励）5万元，工商登记为316 081.61元。2001年9月26日，空分公司制订改制计划并对股权激励计划进行变更。2012年2月，彭某持有实股股权300万元、有限实股60万元，持股合计360万元，工商登记为360万元。2012年3月，因岗位调整公司回购60万元实股，彭某持股数量变更为实股240万元、有限实股60万元，但工商登记仍为360万元。2012年3月7日，空分公司形成一份《现金清退通知单》，载明以下主要内容：彭某，清退金额60万元，清退事由为岗位变动、股权调整。彭某在该《现金清退通知单》上签字，但工商登记未产生变动。

2012年8月7日，彭某向空分公司提出辞职，并于该年12月就股权回购与空分公司进行结算，但空分公司尚余60万元未支付给彭某。2014年空分公司召开股东会议，签订《股权转让协议》，后于工商备案登记。但实际情况是，《股权转让协议》上的"彭某"签字并非彭某本人所签。

法院认为，该股权转让行为有效。空分公司回购彭某案涉股权系双方当事人真实意思表示，回购股权的行为符合规定且空分公司回购彭某股权仅在公司股东之间流转，并不存在损害外部债权人利益的情形。

（二）管理层收购

1. 管理层收购的概念

管理层收购是指公司的经理层利用借贷所融资本或股权交易收购本公司的一种行为，从而引起公司所有权、控制权、剩余索取权、资产等发生变化，以改变公司所有制结构。[①]通过收购，企业的经营者变成了企业的所有者。

管理层收购主要面向公司经理层，收购的对象可以是整体公司，也可以是分公司或子公司，甚至可以是公司中某一特定部门。与一般企业重组或企业收购不同的是，除了强调收益和企业增值外，管理层收购还将引起企业产权的变动，尤其体现在企业的实际控制权方面。

在企业内部管理层对公司的收购中，经理层不仅掌握着公司许多重要资源，对公司的实际运营情况也了如指掌。当经理层从纯粹的企业管理者变为产权拥有者时，他们的积极性势必有所增加。但是，在采用管理层收购这种方式激励员工时，企业所有者务必先考虑这样两个问题。

- 公司的经理层在聘用期间，公司发展如何、个人付出如何、业绩发展空间如何？如果在聘用期间工作表现一般，那么当他或她变为企业所有者之后，公司业绩一定会有所提升吗？
- 公司经理层如果有意进行收购，那么在收购过程中是否会利用工作便利刻意造假公司业绩，以便达到低价收购的目的？

在中国，管理层收购更多地担负着解决企业产权改革的使命，较为敏感。尤其是对国有企业而言，不仅股东的变更需要经过财政部的审

---

① 马德贵.管理层收购在我国面临的问题及其对策分析[J].今日财富，2009（8）：49-50.

批，而且要面对国有资产是否流失这个难题，因此无形之中给企业进行管理层收购的操作带来了不小的难度。目前，常见的管理层收购是由管理层注册成立一家新公司作为收购目标公司的主体，然后将新公司的资产作为抵押向银行贷款，以获得足够的资金来购买目标公司的股份。[①]新公司也需要遵循《中华人民共和国公司法》等法律法规的相关规定，而《中华人民共和国公司法》要求对外累计投资额不得超过公司净资产的50%，但现实中有许多公司违背了这一规定，存在法律风险。另外，不少公司采用职工持股会的方式代替成立新公司，但职工持股会的性质是社会团体法人，不能从事投资活动，因此管理层收购主体的合法性在现有法律框架下或多或少存在一定的法律风险。

在管理层收购中，可能会产生三种法律关系。

（1）资金借贷关系。由于收购目标公司的股权需要大量资金，目标公司的经理层通常无法凭借自有资金独立完成收购任务，这就需要经理层借助各种杠杆工具进行融资以获取足够的收购金额，这样经理层与金融机构之间就会形成资金借贷的法律关系。

（2）委托代理关系。并不是所有的管理层收购都涉及委托代理关系，只有当公司管理层通过与战略投资者合作来进行融资时才会产生委托代理关系，这种关系下，战略投资者会为管理层专门募集资金用于股权收购。此时，管理层是委托人，战略投资者是受托人，两者之间按照委托协议的约定，由管理层委托战略投资者出资收购目标公司的股权；收购完成后，管理层基于经营目标公司所实现的利润，按照委托协议的约定逐步从战略投资者手中回购目标公司的股权，直到完成整个管理层收购。

---

① 王兴权.国有企业产权改革法律问题研究——以职工持股和管理层收购为中心[D].武汉：武汉大学，2005.

（3）股权买卖关系。目标公司的管理层（作为收购方）与目标公司的原股东（作为被收购方）经过协商后达成股权转让协议，通过直接转让股权、上市公司集体制、母公司改制转让股权或置换股权等方式，将公司股权顺利从原股东名下转移至管理层，使管理层同时享有公司的所有权或经营权（见图6-15）。

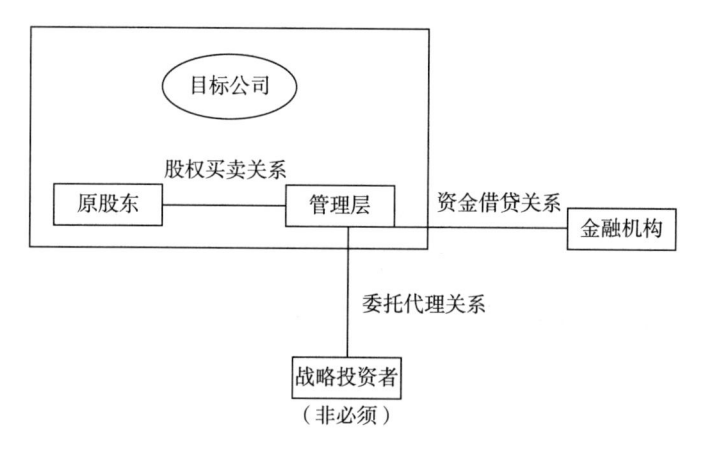

图6-15　管理层收购中涉及的三种法律关系

2.管理层收购的优缺点及其适用企业

（1）优点：

- 管理层收购往往有明确的目的性，比如公司兼并、重组等。
- 管理层收购的资金可以是现金、银行贷款，也可以是公司以增加投资等手段得到的融资资金，资金来源呈现多样化的特征。
- 管理层收购可以激励公司内部人员的积极性，降低公司经营成本，改善公司的经营状况。
- 转让的是法人股，相对成本较低。
- 避开相关法律对诸多问题特别是股票来源的限制，使持股方案能够顺利实施。

（2）缺点：

- 存在高管将公司财产私有化的嫌疑，尤其是国企实施管理层收购时，监管不当可能会使国有资产流失。
- 管理层收购过程中隐含大量的行政因素，比如人员安排、管理层收购主体和客体的确定等，行政因素的介入使部分环节变得相当复杂。
- 管理层收购涉及管理层、大股东、小股东等多方人员，涉及股权结构变动，内部人可能利用内幕信息侵犯中小股东的利益，信息不对称可能会导致定价不合理；管理层为获取大量超额利益可能会发起恶意收购。

（3）适用企业：适用于国有资本退出的企业、集团性质企业以及反收购时期的企业。

3.管理层收购的案例

案例
宇通客车：跌宕起伏的管理层收购

1993年，郑州客车厂与中国公路车辆机械公司、郑州旅行车厂共同发起，以定向募集的方式设立了郑州宇通客车股份有限公司（以下简称"宇通客车"）。1999年，郑州市财政局作为股东成立了郑州宇通集团有限责任公司（以下简称"宇通集团"），由宇通集团作为宇通客车的母公司，控制宇通客车的股份。①

郑州第一钢厂当时是宇通客车的第二大股东，但因经营不善深陷财务困境，为了安置大批下岗职工，它在2000年年底拟将股权卖给北京的一家投资公司，此举遭到了郑州市财政局的明确反对，但不实行股权转让就没有足够的资金安置下岗职工，郑州市财政局只好让步同意股权转让，但条件是必须由财政局来卖。在多方接触后，郑州市财政局并没有找到合适的买家，为了宇通客车的长期发展，它最终决定将宇通集团的国有股权转让给宇通客车的原管理层和员工。

2001年3月，包括宇通客车董事长汤玉祥在内的21名高管、上海爱建股份有限公司（以下简称"上海爱建"）和河南高科技创业投资股份有限公司（以下简称"河南高科"）共同设立上海宇通创业投资有限公司（以下简称"上海宇通"）来实现管理层收购。上海宇通表面上只有23名股东，但实际发起人其实是21名高管和838名宇通客车的员工，除汤玉祥之外，其余20名高管每人代表一个车间或科室，这样的安排主要是为了绕开《中华人民共和国公司法》对有限责任公司发起人人数不能超过50人的法律限制。

2001年6月，上海宇通与郑州市国资局（后被纳入郑州市财政局）签署了《关于郑州宇通集团有限责任公司股权转让协议》和《股权委托管理协议》。根据协议，郑州市财政局将其持有的宇通集团89.8%的股权转让给上海宇通并报财政部审批，同时，报批期间，宇通集团的该部分股权和宇通客车2 350万国家股都由上海宇通代为管理。同年8月，上海宇通按照约定向郑州市财政局支付了9 687万元股权转让款，但由于财政部一直未对此事做出批复，郑州市财政局无法如约将股权转让给上海宇通，也没有及时返还股权转让款。因此，2003年12

---

① 刘健. 国有资本流失问题研究[D]. 大连：东北财经大学，2005.

月3日，上海宇通向法院申请支付令要求郑州市财政局返还股权转让款并赔偿利息。2003年12月20日，法院冻结郑州市财政局持有的宇通集团100%的股权并公开拍卖该股权。最终，通过竞价，上海宇通以14 850万元拍得宇通集团90%的股权，郑州宇通发展有限公司（以下简称"宇通发展"）以1 650万元的价格拍得宇通集团10%的股权。宇通客车披露的收购报告书显示，上海宇通又是宇通发展的大股东。

几经辗转，宇通客车的管理层收购才算尘埃落定（见图6-16）。

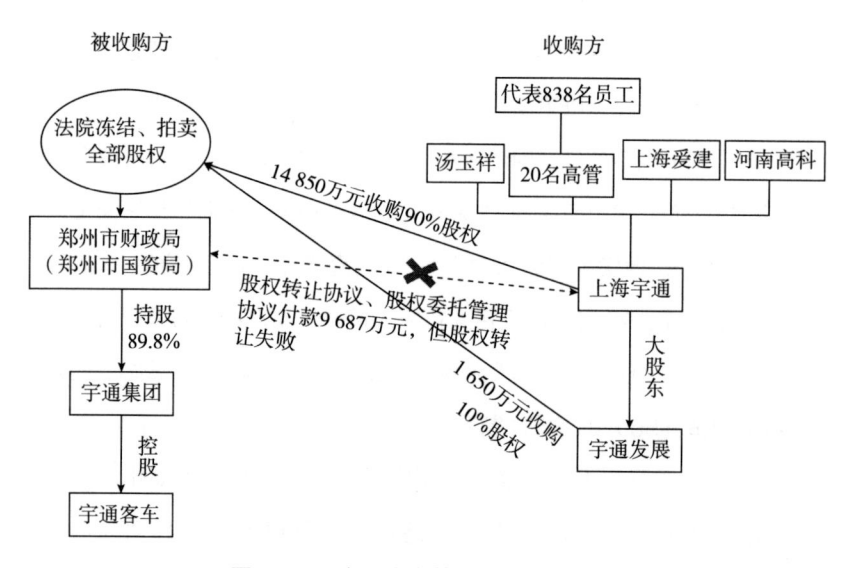

图6-16 宇通客车管理层收购示意图

综上，分股又分权两种模式的特点归纳如表6-19所示：

表6-19 分股又分权的两种常见股权激励模式特征对比

	实股（原始股）	管理层收购
激励对象	高管、核心员工和技术骨干	公司的董事长、总经理等为首的管理层
股票来源	股东或公司	公司

（续表）

	实股（原始股）	管理层收购
购股资金	员工折价购买	员工自行出资或借助融资杠杆
获得条件	业绩目标	企业产权改革、业绩目标
禁售条件	保留期	按收购协议约定
离职处理	按协议约定	按协议约定
适用企业	发展期或成熟期的上市公司或非上市公司，其中以非上市公司为主	国有资本退出的企业、集团性质企业以及反收购时期的企业

第三节　创新的股权激励模式

随着股权激励的推广与普及，越来越多的企业开始运用股权激励为员工薪酬做加法。在应用过程中，企业管理层又根据企业以及行业的特征，在传统股权激励模式的基础上进行了升级改造，衍生出多种股权激励的创新模式，比如项目跟投机制、资产管理计划、收益权转让和合伙人计划等。

一、项目跟投机制

项目跟投机制的本质是激励，其核心逻辑是跟投人出资并获得利益，强化经营周期内的现金流管理和利润管理。项目跟投机制在房地产行业的使用范围较广。根据中国指数研究院《2017年中国房地产百强企业研究报告》，前100强的房企中有40%的企业实施项目跟投机制，前50强的房企中有54%的企业实施项目跟投机制，可见项目跟投机制不仅在房地产行业盛行，在头部房地产企业中更受追捧。最重要的原因是项目跟投机制可以把优秀的人力资源、土地资源和资金资源结合在一起，在组织体系内部实现结盟，绑定同盟成员的利益，从而最大程度激发员工的积极性。

项目跟投机制能在房地产行业一夜风行与万科有关。2008年之前是房地产行业高速发展的黄金时代，随便一个项目都可以赚得盆满钵满。但是，2008年金融危机爆发，再加上房屋限购政策相继出台，房地产行业整体利润率越来越低，逐渐从黄金时代过渡到白银时代。此时，整个行业都亟须一种既能激励职业经理人迎难而上又能让企业利润稳健上涨的制度。

就在2014年，万科在经济利润奖金制度的基础上推出事业合伙人计划，同时推出项目跟投机制，要求项目所在的一线公司管理层和项目管理人员必须跟随公司一起投资，其他员工自愿参与跟投。这种跟投机制恰好具备项目周转快、收益高、成本节余等优势，解决了房地产行业的燃眉之急。随后，碧桂园、金地、旭辉、越秀、雅居乐等多家知名地产企业都纷纷效仿。

案例

碧桂园："成就共享"和"同心共享"[①]

碧桂园是一家专门从事房地产开发经营的集团公司，其创始人杨国强本是泥瓦匠出身，却用30多年时间打造了一个年销售金额超过5 500亿元的"地产帝国"。显然，碧桂园的成绩不是一日练就的，碧桂园成立的前30年，杨国强时刻担心公司会倒闭，一路磕磕绊绊把公司做到了年销售金额432亿元。而碧桂园的爆发是在2011—2017年这

---

① 案例来源：《房地产的"战国时代"：碧桂园集团的3 000亿体量野心》，《21世纪经济报》。

7年，杨国强将公司的销售额翻了近13倍，使其位列中国房地产销售榜首。7年间如此大的业绩跃升，除了与杨国强本人有关，更是离不开公司各团队、成员共同的努力。而提到员工，就不得不提碧桂园独创的"成就共享制度"和"同心共享制度"。

1. 2012年，碧桂园推出"成就共享制度"——合伙人计划

2012年，碧桂园在公司内部推行"成就共享制度"，计划通过高额奖励与权力下放让公司与员工实现利益共享、风险共担。而该制度的本质是"合伙人计划"，相当于实现高级人才在公司内部创新创业。该计划的激励对象是区域总以及项目总经理，奖励方面的策略是每个项目实现净利润后，扣除占用股东资金利息，拿出其中的20%分享给团队。

（1）获得激励必须同时满足两大前提：

- 前提1：一年内实现集团自有资金投入[1]全部回笼。
- 前提2：项目累计回笼资金＞自有资金投入＋年化自有资金标准收益[2]。

（2）该计划下的奖金计算方法分为两类：

- 区域主导拓展的项目：成就共享股权金额 =（净利润 - 自有资金按年折算后的金额 ×30%）×20%。
- 集团主导拓展的项目：成就共享股权金额 =（净利润 - 自有资金按年折算后的金额 ×30%）×（10%～15%）。

---

[1] 自有资金投入，指集团以任何形式向项目投入的资金，以资金到位之日起计。
[2] 年化自有资金标准收益 = 自有资金按年折算后的金额 ×30%。

（3）区域总以及项目总经理要想达到成就共享条件，必须从三方面入手：

- 做好市场研究并获取优质土地：必须在拿地期间认真分析当地市场，确保财务测算的真实性、准确性，提前做好现金流规划，获取预期可获得成就共享计划超额收益的土地。
- 与政府建立良好的关系：争取土地款延期、分期支付或其他减免政策；建立行政审批的绿色通道，提高报批报建速度或减免报建规费；降低预售门槛，加速销售回款；取消或放宽预售款监管政策。
- 快速开工、快速销售、快速回笼资金：做好项目前期策划和前置工作，做好项目的定位和规划设计，尽可能缩短开盘周期；项目部要与营销部门紧密配合，合理安排营销推广节奏；项目部按时按质按量提供展示区和充足货量，把握好销售窗口期；争取尽快开盘，给销售和回款预留充裕时间。

（4）处罚规定：杨国强在设计"成就共享制度"之初，不只想到了如何激励区域总和项目总经理，更考虑到了"权责利的统一"，秉持着"利益共享、风险共担"的原则制定了一系列处罚措施。

- 无论何种原因项目在考核期内出现亏损，亏损额的20%由区域总及项目总经理承担；其中区域总占70%，项目总经理占30%；当期从其管辖的其他项目的成就共享股权金额中扣除，未能扣除的，从其工资、奖金中扣除。
- 若一年内现金流不能回正，则该考核单元将失去继续参加成就共享计划的资格。[①]
- 若参加成就共享计划的项目最终未能获得奖励，将视情况对区域总及项目管理层进行处罚。
- 考核范围内发生重大质量、安全、成本责任事故，重大负面新闻事件或未按合同交楼的，将根据实际负面影响和损失对所提取的奖励金额进行扣减，并报主席、总裁审定。
- 参与该项激励的主要管理人员牟取个人私利、在行权日前主动离职或因工作失误被解聘的，则其所持购股权自动失效，情节严重者，现金发放部分全部返还，并依法追究其对公司造成的损失。
- 目标成本、费用控制不力，由于自身管理问题造成返工等导致成本增加的，将在奖励金额中全额扣除。

或许是因为奖励太丰厚，且方案创新程度在业内前所未见，碧桂园在2012年刚开始推行"成就共享制度"时，多数员工都只是将信将疑。直到2012年年底，有人发现自己竟然拿到8 000万元收入时，所有员工才相信"成就共享"不是空头支票，从那之后开始拼命了。2013年，碧桂园的销售额暴涨至1 060亿元，较上年度翻了两倍多。

2. 2013年，碧桂园推出"未来领袖"计划

2013年，杨国强与平安保险的董事长马明哲聊天时获得启发——在快鱼吃慢鱼的时代，谁拥有了一流人才，谁就赢得了先机。碧桂园应该打造一支高水平的管理队伍，让这些有能力的人把握公司的千亿元项目。随后，杨国强推出了"未来领袖"计划，预计每年吸纳百名博士，为公司五年后的业务发展再上一个台阶做好人才储备。

[①] 李晨冉. 基于股权激励视角探究房地产公司的绩效变化——以碧桂园为例[D]. 重庆：重庆大学，2018.

实践中，碧桂园通过集中培训、高管带教、总部轮岗、一线实操、项目挂职等全方位密集型培养方式，帮助大批博士学员快速成长与发展。超过百名精英学员在入职2~3年后成长为区域总裁、区域副总裁、区域总裁助理、项目经理、职能部门副总监等核心管理人员。

3. 2014年，碧桂园推出"同心共享制度"——新项目跟投机制

2014年，整个房地产行业形势低迷、空前惨淡，碧桂园亦是如此。割肉出血、低价甩房不说，部分在建工程也被临时叫停，这让碧桂园的处境雪上加霜。同时，"成就共享制度"的弊端也开始显露：有一位区域总裁两年内在七八个省买了几十块地，而其中大部分项目都遇到了销售困难，只有一两块地表现不俗，但该区域总裁还是获得了"成就共享"奖金，这样的结果让其他员工心存不平，甚至有新人在公开场合呼吁今后项目总裁购置新土地时一定要交至少1 000万元的风险金。

杨国强把一切看在眼里，但并没有立即采取措施。直到2014年9月，杨国强开始组织制定新的合作共赢制度，历时一个月，新的"同心共享制度"诞生了。当时有人建议取消"成就共享制度"，但被杨国强否决了，他认为制度应该有延续性，"同心共享制度"可以与"成就共享制度"同时发挥激励作用，合称"双享"机制。

（1）何谓"同心共享制度"

从2014年10月起，所有新获取的项目，集团董事、副总裁、中心负责人及区域总裁、项目经理都要强制跟投，其他员工自愿跟投。集团员工要投资所有项目，占比不高于5%；区域总裁、项目经理等仅需投资自己区域的项目，占比不高于10%；加总后，全部员工可跟投不高于15%的股权比例。如果员工资金不足，那么集团可以为员工提供低息贷款的配资，用杠杆帮助员工撬动更大的回报。当项目获得正现金流后，可进行分配或用于投资下一个项目，也可以交给集团公司有偿使用；当项目有盈利时，可进行分红；若项目出现亏损，参与者不可退出。同时，高激励也伴随着严惩罚：如果项目收益不好，跟投团队就无法获得奖金；如果出现亏损，那么跟投团队还将按比例承担亏损。

这一变化非同小可，如果说"成就共享制度"是隐晦的合伙人计划，那"同心共享制度"就是坦诚的股权激励计划，公司关键员工与公司的关系发生了质的变化——由老板和员工的关系变为大老板与小老板的共生关系。

（2）跟投机制的效果

- 跟投后，因为核心管理班子成为项目公司的股东，这强化了他们买地、设计、成本控制、销售及间接费用控制的全过程管理力度，符合现代企业管理机制，分工合作、职责清晰，有利于稳定员工队伍。①
- 因为员工以自由资金跟投，越来越多的人开始关注公司的营收、战略以及未来发展方向，项目选择上会更加谨慎，避免盲目扩张导致公司资金压力增加。员工在尽力降低新项目投资风险时，也自动探索如何能让项目最终实现良好收益。
- 员工的自我管理、自我驱动大大减轻了碧桂园集团总部的管理成本，集团总部有更多时间关注战略、产业升级、流程再造、信息化建设等内容。

4. 2016年年底，碧桂园双重激励效果显现

厚积才能薄发，2016年年底，碧桂园的"成就共享制度"与"同心共享制度"历经几年的沉淀终于展现出卓越的成效（见图6-17）。数据显示，截至2016年年底，碧桂园的平均开盘时间从6.7个月缩短至

---

① 参见：《欲破规模瓶颈 碧桂园推升级版"合伙人计划"》，报纸资源库。

6.2个月,预期净利润从10%升至12%,年化自有资金收益率从30%左右升至78%,现金流回正周期从10~12个月缩短至8.4个月,碧桂园快周转的商业模式得到了加强。同时,2016年年报显示,碧桂园当年支付工资及薪酬金额达101亿元,仅次于恒大地产,这种薪资支付水平在房地产行业位列第二。其中,碧桂园有6位区域总裁收入过亿,数十位项目总经理收入过千万。显然,通过跟投机制,职业经理人从碧桂园的成长中分得了应有的一份"蛋糕"。

2012年	2013年	2014年	2016年
"成就共享制度",合伙人计划	"未来领袖"计划,每年吸纳百名博士	"同心共享制度",新项目跟投机制	激励效果显现,公司与员工共赢

图6-17 碧桂园股权激励的关键事件时间轴

2017年元旦,杨国强在致辞中写道:"有人才有天下。"

> **小贴士**
> 碧桂园"双享制度"的总结
>
> (1)从碧桂园的"双享"制度可见,好的制度从来都不是一步到位的,其间可能要经过多次打磨、修正、更迭,才能找到最适合本企业发展的制度模式。
>
> (2)作为企业的领航人,需要时刻保持敏感、警醒、开放、前瞻的特质,关键时刻敢于改变,唯有这样才能保证企业的生命力。
>
> (3)好的企业、好的领导者都是善于研究人性的,"人才"是企业最宝贵的财富,洞悉人才的需求并尽可能满足他,这样才可以让他为己所用。随后,自己可以腾出时间解锁更高维度的任务。

项目跟投机制成效显著，除了在房地产行业引起广泛关注外，由于与国企市场化改革的方向和思路吻合，还引起了各地政府的关注与推崇。2017年10月，深圳市公布的《深圳市属国资全系统混合所有制改革工作方案》还特意提道：推动深圳市创新投资集团在全国率先探索实施项目跟投机制，建立健全创投企业的激励约束机制，并专门出台做好创投企业员工跟投的相关制度，促进规范实施；探索创新实施利润分享、技术入股、内部创业等激励方式，切实解决机制设计不科学造成的企业短期行为。除深圳外，河北、安徽、贵州、黑龙江等省份都对项目跟投激励机制做出了部署，由此足以见得项目跟投机制深得人心。

但凡事皆有两面性，在感受到项目跟投机制带来的种种优势之外，我们也要看清项目跟投机制背后的风险。借用金地集团总裁黄俊灿的话说："项目跟投是一种激励机制，不是福利。大家乐观地看到了收益，也必须看到风险，只有风险和收益共担，才能最终实现企业的最大收益。"

二、资产管理计划

资产管理是指获得监管机构批准的公募基金子公司、证券公司、保险公司、银行等，向特定客户募集资金或接受特定客户财产委托担任资产管理人，为了资产委托人的利益，运用委托财产进行投资的一种行为（见图6-18）。这个过程可以形成标准化的金融产品，称为资管产品。与信托相比，资管计划省却了不少中间环节，能够给投资者提供更高的收益。

具体到股权激励的角度，运用专项资产管理计划进行股权激励的公司在具体实施方案时，需要通过第三方机构即资产管理有限公司来完成。员工要想成为公司股东，就需要认购第三方资产管理公司专项资产管理计划中的产品并委托该机构进行管理。作为回馈,被激励员工通常会以较低的价格认购。同时,资产管理计划可以通过杠杆融资的方式,解决员工入股资金短缺的问题,并且资产管理计划的收益是暂免征税的。其中,资产管理机构接受持有人代表委托,应以持股计划持有人代表的名义或资产管理产品的名义开立证券交易账户。持股计划持有人账户或资产管理产品持有的股票、资产为委托财产,持股计划管理机构不得将委托财产归入其固有财产。持股计划管理机构因依法解散、被依法撤销或者被依法宣告破产等进行清算的,委托财产不属于其清算财产。

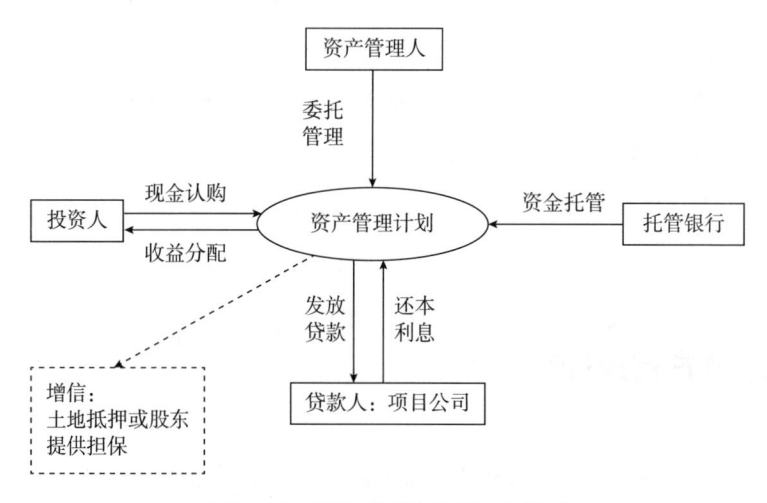

图6-18 资产管理计划的运作模式

资产管理计划通常与员工持股计划结合在一起。员工持股计划可以通过设计结构分级的资产管理产品,为持有者盈亏提供杠杆效应:若产品升值,员工的收益将会被放大;若产品贬值,该计划可能面临清盘的风险。

案例

广汇集团:"宏广计划"[①]

为鼓励员工以股东身份关注企业,提高企业的凝聚力和市场竞争力,新疆广汇实业投资(集团)有限责任公司(以下简称"广汇集团")组织集团员工参加"宏广定向资产管理计划"(以下简称"宏广计划")。"宏广计划"成立的条件是必须有75%以上符合条件的员工参加方可实施。

2012年,广汇集团部分员工作为广汇能源股份有限公司(证券代码600256,以下简称"广汇能源")的控股股东一致行动人,将自筹资金委托广汇集团统一代收代付给证券公司设立"宏广计划",由证券公司在托管银行监督下进行专业化投资管理。参加"宏广计划"的员工委托资金只能交易广汇能源流通股股票,并按1:1融资买入广汇能源股票长期持有。

为此,广汇集团特地制定了《宏广定向资产管理计划管理办法》,对"宏广计划"的具体实施细节做出了约定。

(1)参加"宏广计划"的条件:

- 参加"宏广计划"人员统计范围:截至2012年9月18日在职的广汇集团本部及控股公司中层以上员工。
- 参加"宏广计划"的投资标准分为集团决策层领导、高级管理人员、中级管理人员,具体规则如表6-20所示。

[①] 王庆武.员工持股:破冰之旅[J].金融博览,2012(22):40-43.

表6-20 "宏广计划"投资标准

类别	人员	个人认购上限
第一类别	集团决策层领导	150万元
第二类别	高级管理人员	45万元
第三类别	中级管理人员	15万元
个人交款最低限额为2万元，在限定交款日内，必须一次性交清，不得分次交款		

最终，该期"宏广计划"全部委托人范围为：截至2012年9月18日在职的广汇集团及控股公司中层以上员工共计2 215人，资金总额共计564 021 400元。

（2）广汇集团对参加"宏广计划"的员工提供支持措施：

- 集团将保证参加"宏广计划"超过1年的员工投资本金收益率不低于每年10%，不足每年10%的，由集团补足。
- 员工在"宏广计划"实施满6个月至1年期间退出的，集团保障员工退出金额不低于投资本金，且融资利息由集团承担；但退出时投资本金收益率如高于每年16.67%，融资利息由员工本人承担。
- 员工在"宏广计划"实施满1年至3年期间退出的，如投资本金收益率低于每年10%，由集团补足，融资利息由集团承担；当投资本金收益率高于每年16.67%时，融资利息由员工本人承担。
- "宏广计划"的融资利率以与融资方商定的为准，如遇国家利率调整，则"宏广计划"的融资利率也相应调整。

（3）参加"宏广计划"的员工应承诺并遵守下列条款：

- 根据证券监管部门关于一致行动人的相关规定，参加"宏广计划"的员工需在一致行动人最后一笔增持完成之日起6个月后，方可提出退出申请。员工退出时需一次性退出所有委托资金,不得分笔退出,且退出后不可再次参加"宏广计划"。
- 如员工参加"宏广计划"后,因劳动关系解除或终止不具备参与"宏广计划"的资格,员工应当退出"宏广计划",劳动关系解除或终止日视为员工退出"宏广计划"之日。劳动关系解除或终止日后第一个交易日为结算日,可办理投资本金及收益的结算手续。如退出时"宏广计划"成立不足6个月的,公司只退还投资本金。

(4)投资本金收益的计算:

- "宏广计划"项下委托资金购买广汇能源股票完成后,以所有买入的广汇能源股票交易均价为基准价(如遇广汇能源股票送股、配股、公积金转增股本、派息等情况,基准价按照上海证交所有关规定的股价调整计算方法,类比股价除权计算),本计划投资本金收益率均以基准价为计算依据。
- 员工退出"宏广计划",投资本金收益率按收到员工书面退出申请之日后第一个交易日广汇能源股票的交易均价为依据确定:
投资本金收益率=(交易均价-基准价)×2÷基准价×100%
投资收益=投资本金×投资本金收益率-交易费用-按约定应由员工承担的融资利息

2012年10月12日至12月11日,广汇集团及一致行动人设立的"宏广计划"通过上海证交所交易系统买入方式增持完成(累计增持比例已达公司已发行总股份的2%)。截至2015年9月30日,"宏广计划"共持有公司股份48 700 521股,占公司总股份的0.93%。该期"宏广计划"员工缴款三年期限于2015年10月12日到期,增持完成日至

2015年12月11日持有期满三年。由于资本市场形势良好，广汇集团对广汇能源未来稳定持续发展保持强烈的信心，于是决定在"宏广计划"到期后，向后延期三年至2018年12月11日。广汇集团为保障持有"宏广计划"员工的退出及权益，仍按照原"宏广计划"管理办法延续执行。

但2017年因金融机构监管政策变化，对原证券公司管理范围内的资产管理计划提出新的要求与标准，原员工共同持有的"宏广计划"继续延期存在不确定性。根据此新情况，经控股股东广汇集团及一致行动人研究决定：由广汇集团及一致行动人定向收回"宏广计划"账户持有的广汇能源股份，按照原"宏广计划"管理办法向参与员工退付本金及相关收益，"宏广计划"账户继续保留。广汇集团及一致行动人共同承诺：在2018年12月11日"宏广计划"延期存续期前不减持，并按规定履行信息披露义务。

从广汇能源"宏广计划"的实施情况来看，资产管理计划可以放大员工持股的效益，但也极易受到金融政策的影响，是一种高风险与高收益并存的员工持股方式。在实践中，公司运用资产管理计划进行股权激励时务必持谨慎态度。

小贴士
热点拓展

科创板规则允许发行人的高管和核心员工通过专项资产管理计划参与战略配售，作为上市前的股权激励方式。《上海证券交易所科创板股票发行与承销实施办法》第十九条约定如下：

发行人的高级管理人员与核心员工可以设立专项资产管理计划参

> 与本次发行战略配售。前述专项资产管理计划获授的股票数量不得超过首次公开发行股票数量的10%，且应当承诺获得本次配售的股票持有期限不少于12个月。
>
> 发行人的高级管理人员与核心员工按照前款规定参与战略配售的，应当经发行人董事会审议通过，并在招股说明书中披露参与人员的姓名、担任职务、参与比例等事宜。
>
> 关于通过股权激励计划持有股票的登记问题，既可登记在持有人本人名下，在不违反法律法规的前提下，也可登记在名义持有人名下。

三、收益权转让

收益权是金融行业中常用的概念。早前，我国法律法规并没有使用"收益权"一词，但是随着资产证券化等业务的深入发展，收益权被引入经济生活，并且相关司法及金融监管文件已经广泛承认和使用收益权的概念。

如今，我们认为收益权是财产所有权之一。我国法律规定，财产所有权是指所有人依法对自己的财产享有占有、使用、收益和处分的权利。随着市场经济的发展，收益权在实现所有物的价值方面的功能被发现和挖掘。股权收益权主要体现为权益分派产生的股息红利、资本公积转增股本等剩余利润分配的权利和股票的增值权。实践中，逐渐出现少数公司利用收益权转让的模式代替传统虚拟股权激励方案的情况，公司可以事先和员工约定受让人可受让的收益权只含一种或者多种。

案例
焦点科技：大股东转让收益权[1]

焦点科技股份有限公司（以下简称"焦点科技"）成立于1996年，是国内领先的综合型第三方B2B（企业对企业）电子商务平台运营商，主要专注于全球贸易领域。作为一家科技型公司，焦点科技非常依赖具有科技创新服务能力的员工，很想通过股权激励的办法吸引、激励和留住人才，但是2014年左右，焦点科技有很多项目都处于投入期，暂时没有实施股权激励的条件。当时，互联网行业竞争激励，对人才的激励是刻不容缓的事。几番思考，焦点科技采取了大股东转让收益权的办法变相实施股权激励，让员工分享公司发展的成果。

焦点科技于2014年1月对外公告了《收益权转让计划》，由公司控股股东沈锦华将其持有的不超过1 000万股公司股票收益权，以1元/股的价格转让给在公司工作一定年限的员工（受让收益权的员工不包括公司的董事、监事和高级管理人员）。

该计划的交易标的是焦点科技的股票收益权——只包含利润分配、资本公积转增股本的收益权以及增值收益权（见图6-19）。其中，增值收益权是享有公司股票价格上涨带来的增值收益的权利。以焦点科技首期"收益权转让计划"为例，增值收益是公司股票价格高于35元的部分。

```
          焦点科技"股票收益权"
          ┌──────┬──────────┐
      利润分配  资本公积转增股本的收益权  增值收益权
```

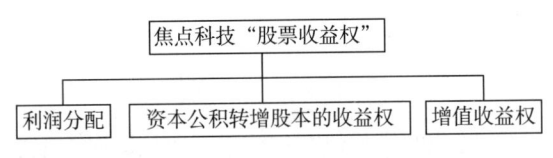

图6-19 焦点科技员工"股票收益权"的收益组成

---

[1] 吴西民.携手中国制造，焦点科技成功上市[J].金融经济，2010（01）：27-28.

此外，该计划对收益权的转让时间、权益安排和税务承担做出了如下约定（见表6-21）。

- 协议生效后的第一年内，员工享有对应数量股票的利润分配及资本公积转增股本的收益权，无权实施增值收益权。
- 协议生效后的第二年起，员工除继续享有上述利润分配及资本公积转增股本的收益权外，有权实施不超过其受让股票数量50%的增值收益权。其中，增值收益的计算方式为"出售股票数量×（出售价格－约定价格）－所有因出售发生的税费及其他交易费用"。
- 协议生效后的第三年起，员工享有剩余未实施的全部增值收益权。

表6-21 焦点科技员工"股票收益权"转让时间及权益安排

时间	利润分配及资本公积转增股本的收益权	增值收益权
协议生效后第一年内	√	0
协议生效后第二年起	√	≤受让股票数量50%的增值收益权
协议生效后第三年起	√	剩余未实施的全部增值收益权

在本次"收益权转让计划"中，因转让涉及的税款由控股股东承担；除控股股东已代扣代缴的税负外，其他因实施股票收益权而产生的税负由员工自行承担。

2014年7月底，也就是在证监会宣布启动上市公司员工持股计划试点一个月之后，焦点科技对外宣布，公司将通过"收益权转让计划"向450名员工分配超500万元的首期分红。由于大股东的大手笔"让利"，员工获得了丰厚的回报。据《南京日报》采访，焦点科技技术支持中心的员工李某在2014年6月参加了公司的"收益权转让计划"，从大股东手里用1.8万元购买了1.8万股收益权，截至2014年7月底，他获得的红利就超过了1.7万元。也就是说,焦点科技的第一次分红基本上可以冲抵掉该员工购买收益权所花资金的95%,这对员工而言是相当振奋人心的一件事。有了丰厚的回报,员工对公司的认可度以及工作热情都得到了极大的提高,纷纷表示期待和公司一起奋斗、成长。至此,焦点科技大股东首创的"收益权转让计划"达到了激励员工的良好效果,并且对高科技、广告传媒等人才密集型的行业具有借鉴意义。

收益权转让为部分公司实施股权激励提供了新思路,但事实上收益权转让这种激励模式的使用度并不高。与常规的虚拟股权激励模式下公司只分享市值增长部分收益不同,收益权的转让不仅需要转让方将收益权转让给激励对象,而且需要上市公司承担相应的股权转让费用。如果收益权的转让方是上市公司,那么公司需要同时支付两笔费用,即标的股票产生的收益和股票支付费用。因此,收益权转让这种激励方式对公司或大股东的现金流量要求较高。

四、合伙人计划

在对常规的股权激励模式和几种创新激励模式有了一定的了解和运用之后,有能力、有条件的公司可以探索更高级别的股权激励模式——合伙人计划。合伙人计划始于股权激励但又高于股权激励,其产生的背景是社会代际更替推动原先的雇佣制向合伙制转变(见表6-22)。

在传统的雇佣制下,员工与老板的关系通常是上下级的隶属关系,由于员工依赖老板给付的报酬,行事时多以老板的指令为准,主观能动性弱;但在合伙制下,员工与老板是相对平等的合作关系,员工具有一定的话语权,可以积极主动地表达自己的观点,尤其是在利益分配方面,分配机制更加公平,个人获利空间更大。随着物质生活的改善和民主自由意识的崛起,越是有才华的员工越认可合伙制而非传统的雇佣制。

表6-22　雇佣制与合伙制

	雇佣制	合伙制
概念	受雇人向雇佣人提供劳务、雇佣人向受雇人支付报酬的权利义务关系（本质：隶属关系）	合伙成员之间为实现某个特定的目标或效益形成的一种协调关系（本质：合作关系）
权利义务	受雇人处于从属地位,按照雇佣人的指令完成劳动、获取报酬	合伙人共同决定经营活动,共享经营成果,风险共担
工作动力	公司的管控与监督	合伙人自驱
工作效率	雇佣制将工作分拆成若干岗位,受雇人从事简单重复性劳动,效率低下,人才价值无法体现,受雇人个人成长受限	合伙人站在全局通盘考虑问题,办事高效,个人综合发展能力可以迅速提升,直至独当一面
利益分配	过于依赖工资或奖金,很少参与利润分配,难以实现财富自由	利润分配制度更加公平、完善,个人获利空间大,易实现财富自由

2015年8月,海尔集团CEO张瑞敏做了题为《海尔的转型——从制造产品的企业转型为孵化创客的平台》的演讲。他认为,"互联网+制造"是全世界所有传统制造业都在讨论的一个议题,如果制造业不能互联网化,制造业就没有出路。他们把"互联网+制造"具体化,称其为互联工厂——互联工厂不是一个工厂的转型,而是一个生态系统,对整个企业全系统全流程进行颠覆。颠覆可以具体聚焦在三个方面:对企业的颠覆、对顾客概念的颠覆、对员工的颠覆。

其中,对企业的颠覆是指企业平台化,企业不再是传统的科层制,而是变成平台。这个平台里不再有多个层级,而只有三类人:第一类人是平台主,即通过这些平台来产生多个创业团队和外部合伙人,让每个人都来创业,每个人都体现自身价值;第二类人是小微主,即一个创业团队；第三类人是小微，即普通员工变成创客。这三类人互相不是领导与被领导的关系，而是创业范围不同的关系，是合伙人的关系（见图6-20）。

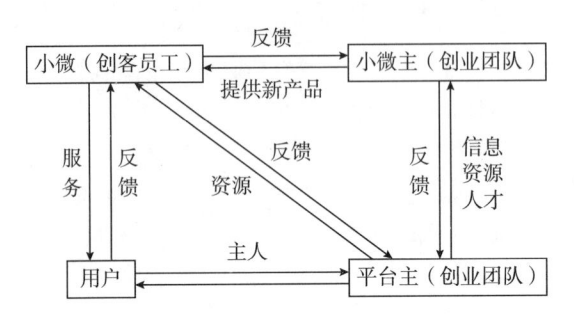

图6-20　平台主、小微主、小微三者之间的合作关系

此外，员工的创客化是指事情的完成需要靠员工。海尔当前要做的就是把员工从受雇人、执行者转变成创业者、合伙人。以往都是企业领导者设立岗位、确定岗位薪酬，员工只要执行上级命令就可以做到万无一失并拿到相应的岗位报酬。但现在员工变成了创业者，需要自己创业，能做到多好就可以得到多少的价值，原先的企业付薪也就演变成用户付薪。这就是合伙人制度的魅力。

俨然，雇佣时代即将结束，合伙时代正在走来！

案例
阿里巴巴：特殊的合伙人制度

阿里巴巴成立初期就开始实施合伙人制度，随着公司的发展，合伙人制度不断完善。与一般企业着眼于局部的事业合伙人制度不同，阿里巴巴将事业合伙人制度提升到了集团治理层面的高度，从合伙人委员会、董事提名权、AB股（同股不同权）、员工持股等多个方面入手，打造出一套独具阿里特色的事业合伙人机制。2013年，阿里巴巴计划在香港上市，但是港交所不能接受阿里巴巴的合伙人制度。在进行长达一年的商谈无果后，马云不惜绕道去美国纳斯达克上市也要坚持阿里巴巴的合伙人制度，其目的是在治理层面确保合伙人制度设计的合法性，确保马云及创始团队在仅拥有少数股权的情况下也能保持对阿里巴巴的控制。

我们通常讲的合伙人在法律上是指共同出资、共同管理企业并对企业债务承担无限连带责任的普通合伙人。然而，阿里巴巴的合伙人并非传统法律意义上的"普通合伙人"，而是一种特殊身份，但这种身份也不等同于公司董事。阿里巴巴的合伙人拥有的是人事控制权而非公司经营的直接管理权，职责是坚持和推广公司的愿景、使命和价值观，而非侧重于具体承担无限连带的财产赔偿责任。马云对合伙人的定义是："合伙人，作为公司的经营者、业务的建设者、文化的传承者，同时又是股东。"在马云看来，合伙人是最有可能坚持公司的使命和长期利益，为客户、员工和股东创造长期价值的人。

根据招股说明书，阿里巴巴合伙人制度的核心内容如下。

（1）合伙人的资格要求：

- 合伙人必须在阿里服务满5年。
- 合伙人必须持有公司股份且有限售要求。
- 由在任合伙人向合伙人委员会提名推荐，并由合伙人委员会审核同意其参加选举。
- 在一人一票的基础上，超过75%的合伙人投票同意其加入，合伙人的选举和罢免无须经过股东大会审议或通过。

此外，成为合伙人还要符合两个弹性标准：对公司发展有积极贡献；高度认同公司文化，愿意为公司使命、愿景和价值观竭尽全力。

（2）合伙人的提名权和任命权：

- 合伙人拥有提名董事的权利。
- 合伙人提名的董事占董事会人数一半以上，因任何因素董事会成员中由合伙人提名或任命的董事不足半数时，合伙人有权任命额外的董事以确保其半数以上的董事控制权。
- 如果股东不同意合伙人提名的董事，那么合伙人可以任命新的临时董事，直至下一年度股东大会。
- 如果董事因任何因素离职，那么合伙人有权任命临时董事以填补空缺，直至下一年度股东大会。

表面上看阿里巴巴的合伙人拥有的仅仅是董事会成员的提名权而非决定权，但实际上，阿里巴巴的合伙人已经通过上述程序实际控制了公司半数以上的董事。IPO之前，阿里巴巴的董事会成员为9人，其中有4人是合伙人提名；IPO结束后，合伙人可以再提名2人，届时董事会共有11名董事，而合伙人提名人选占据6席，已过董事会总人数的半数。为了保证合伙人权力长久有效，阿里巴巴还规定，如果要对章程中的合伙人提名权和相关条款进行修改，必须要在股东大会上得到95%的到场股东或委托投票股东的同意。而马云和蔡崇信作为阿里巴巴的永久合伙人，分别持有阿里巴巴7.8%、3.2%的股份，这就意味着如果没有事先得到马云的首肯，阿里巴巴的合伙人提名权不会轻易被打破。在阿里巴巴双重股权架构和合伙人制度的双重设计下，合伙人团队只要持有超过5%的股票，就可以垄断董事会多数董事提名权，即使提名被否决，合伙人委员会也可以提名代理董事行使职权，直至提名通过。

（3）合伙人的奖金分配权。

阿里巴巴的合伙人委员会可以向董事会的薪酬委员会提议高管的

年度奖金池,并经董事会表决后,在董事会的薪酬委员会同意下每年向包括公司合伙人在内的公司管理层发放奖金,且该奖金属于税前列支事项。这意味着,合伙人的奖金分配权将区别于股东分红权(因为股东分红是从税后利润中予以分配,而合伙人的奖金分配将作为管理费用处理)。

(4)合伙人委员会的构成和职权。

合伙人委员会是阿里巴巴合伙人架构中最核心的部门,掌握着合伙人的审核及选举等相关事宜。具体来看,阿里巴巴合伙人委员会共有5名成员,包括马云、蔡崇信、陆兆禧、彭蕾和曾鸣,负责审核新合伙人的提名并安排其选举事宜、推荐并提名董事人选、将薪酬委员会分配给合伙人的年度现金红利分配给非执行职务的合伙人。合伙人委员会委员实行差额选举,任期3年,可连选连任。

(5)合伙人符合以下某一情形时即丧失合伙人的资格:

- 60岁时自动退休。
- 自己随时选择退休。
- 从阿里巴巴离职。
- 死亡或丧失行为能力。
- 被合伙人会议50%以上投票除名。

阿里巴巴规定,只有永久合伙人会一直作为合伙人,直到其选择退休、死亡、丧失行为能力或被选举除名。目前,阿里巴巴的永久合伙人只有马云、蔡崇信。永久合伙人可以选举产生,也可以由退休的永久合伙人或在职的永久合伙人指定。此外,退休的合伙人还可以被选为荣誉合伙人,荣誉合伙人无法行使合伙人权利,但是能够得到奖金池的部分奖金分配。永久合伙人如果不再是阿里巴巴的职员,则无法得到奖金池的奖金分配，除非他依旧是荣誉合伙人。

（6）阿里巴巴合伙人协议的修订。

阿里巴巴的《合伙人协议》规定，除普通合伙人对特定管理性规定的修订，《合伙人协议》的修订，需要全体合伙人四分之三以上参会并获得参会人数三分之二以上的同意方可通过。此外，对阿里巴巴合伙人宗旨或董事提名权的修订需获得半数以上的非候选人或被任命人的独立董事同意。

马云曾说道："下一轮竞争，不是人才竞争，而是事业合伙人竞争。"阿里巴巴的合伙人制度将公司的控制权牢牢地归集在30人左右的核心高管团队手中，即使公司接受外部融资，核心团队的控制权也不会被削弱，这在某种程度上实现了集体领导，有利于对公司内部核心高管进行激励和主观能动性的激发。[1]

五、项目孵化模式

企业一旦发展为成熟的集团公司，往往会面临"大象如何跳舞"及组织如何避免因庞大而导致创新欠缺、增长乏力的问题。一方面，成熟的公司在资源、资金和人才上优势明显；但另一方面，因为公司规模大，涉及的利益相关方较多，如何充分激发技术性人员的创新活力、对公司进行变革，成为困扰公司管理者的难题。这时候，公司管理者或许可以考虑在内部搭建创业型平台，孵化不同的创新项目，这种模式称为"项目孵化模式"。项目孵化模式是指在公司内部鼓励员工进行创新创业，对于符合要求的创业个体或团队，公司赋能其做大做强，并根据孵

---

[1] 昝新明，郭秀存．阿里巴巴"合伙人"制度评价及启示[J]．财会月刊（上），2016（2）：78-81.

化项目的成就给予一定的公司层面的激励，促使其进阶到下一个孵化阶段，享有更多公司提供的资源。同时，公司会直接或间接持有孵化项目的股份，从孵化项目中分享利润，从而实现员工和公司的双赢。

> **案例**
> 完美世界的项目孵化模式[1]
>
> 完美世界（北京）数字科技有限公司（以下简称"完美世界"）于2004年成立，从事游戏开发业务，凭借端游《完美世界》《武林外传》《诛仙》跻身国内一流游戏公司，并于2007年7月在美国纳斯达克上市，逐步成为全球知名的游戏公司平台。2008年，完美世界成立完美影视，开始涉足电影、电视剧以及艺人经纪业务，陆续打造出《北京青年》《咱们结婚吧》《失恋33天》《极限挑战》等影视或综艺经典之作。2014年12月，影视板块业务成功在A股借壳上市，2015年游戏板块业务顺利完成私有化，并于2016年注入上市公司。最终，形成了游戏、影视齐头并进的业务格局。
>
> 经过多年的发展，完美世界迅速做大做强，积累了丰富的平台资源，但是组织和规模的不断扩大，使得完美世界也开始面临"大象如何继续起舞"的问题。尤其是在其涉猎的文娱行业，创新是第一生产力，而"老树发新芽"是完美世界保持竞争力的关键。为了避免公司内部的有志之士无处发挥作用，也为了避免利益相关方的阻挠，完美世界推出了极具特色的内部项目孵化机制。
>
> 简而言之，完美世界鼓励公司员工进行内部创业。项目孵化机制分为员工、工作室、公司和资本运作四个阶段，在每个阶段，公司将根据员工和项目的情况，配备不同的资源支持和激励机制（见表6-23）。

---

[1] 案例来源：《完美世界（002624）：上市公司内部项目的整体孵化机制设计》，和君咨询。

表6-23 资源支持和激励机制

阶段	进阶标准	资源支持	激励机制
员工阶段	培养经验 ■ 立志做好产品 ■ 没有足够的经验 ■ 没有开发经验，没有团队	完整支持 ■ 开发成本 ■ 免费运营	■ 行业薪资 ■ 部门奖金 ■ 项目提成
工作室阶段	组建团队 ■ 有研发成功产品经验 ■ 有创新和项目管理能力 ■ 已形成团队或有组建团队的实力	技术支持 ■ 自主引擎（收费） ■ 美术（收费） ■ IP（免费）	■ 制作人年薪百万 ■ 团队千万级分红（税收利润30%的分红总包） ■ 一定的自主权（如招聘）
公司阶段	产品开发 ■ 连续研发产品成功的工作室允许分拆为子公司 ■ 三款产品月收入超过3 000万元或两款产品收入超过5 000万元	用户支持 ■ 自主引擎（收费） ■ 美术（收费） ■ IP（免费） ■ 用户导出	■ 创业团队可获得股权（30%~49%不等） ■ 独立子公司可以自行制定薪资体系、奖金体系、开发方向，加强竞争力
资本运作阶段	赢利能力 ■ 成功开发了四款以上产品 ■ 子公司年利润大于两亿元	母公司出让股权，甚至可以让出控制权	■ 母公司溢价出让控制权 ■ 子公司寻求资产证券化

以工作室阶段为例，对于有研发成功产品经验、有创新和项目管理能力、已形成团队或有组建团队实力的员工，公司将为其创建工作室。工作室成立以后，就成为公司内部一个相对独立的利润单元。在资源支持方面，公司为其提供免费的IP资源，但是提供自主引擎和美术服务

需要收费。同时，公司为团队提供丰厚的激励：团队带头员工可以享受百万年薪，团队可享受工作室税后利润的30%作为分红；另外，团队在财务上独立核算，在管理上也享有一定的自主权。

如果说处于工作室阶段的员工，其经验和能力不断提升，工作室的模式已经难以与其发展潜力相匹配时，则该团队经过公司考核后即可进阶到下一个阶段，享受"公司阶段"相应的资源支持和激励机制。

以"乐道"为例，负责人葛志辉对游戏开发有着很大的热情，2007年成立百战工作室，战绩卓越，曾参与开发多款国内著名网络游戏。2010年，葛志辉带领团队加入完美世界，成立乐道工作室，在公司相关资源支持下，迅速成为公司旗下最具实力的王牌工作室之一，陆续开发出《神雕侠侣》《魔力宝贝》等热门手游，多次登顶IPAD APP STORE（平板软件商城）的热门畅销榜榜首。2014年，乐道工作室独立，成立乐道互动（天津）科技有限公司，葛志辉控股的百战互动（天津）科技有限公司持股49%，完美世界持股51%。其后，随着乐道业务的逐步拓展及资本化运作启动，完美世界进一步缩减持股比例，让出乐道的控股权。2017年1月，完美世界将持股比例减少为24.34%。

通过内部孵化项目的模式，公司既能够充分利用现有的资源，包括人力、平台、资金等资源，特别是能够通过赋能和激励机制激发员工的创新创业激情，又能够扩展公司的业务板块，提高公司的业务能力，在赋能员工的同时极有可能打造出公司将来的合作伙伴，将员工从"被动的打工者"转换为"主动赋能公司的合作者"，实现员工和公司层面的资源和利润共享。

六、阿米巴模式（小组模式）

"阿米巴"（Amoeba）在拉丁语中是单个原生体的意思，虫体柔软，可向各个方向伸出伪足，使形体变化不定，故而得名"变形虫"。变形虫最大的特性是能够随外界环境的变化而变化，不断地进行自我调整以适应所面临的生存环境。最初，学者们通过研究发现京瓷公司的经营方式与"阿米巴"的群体行为方式非常类似，于是称其为"阿米巴经营"。[①] 阿米巴经营模式将整个公司分割成许多个被称为阿米巴的微组织，每个微组织都自主经营，适应市场，实现利益最大化、成本最小化，避免吃大锅饭，努力完成企业经营目标。

日本著名实业家稻盛和夫于20世纪60年代建立了京瓷公司，经历4次全球性的经济危机仍屹立不倒。正因如此，京瓷公司的经营模式才引起了广大学者的好奇心，人们开始研究这种模式。京瓷公司内部通过组织形式单元化来分权，即用各式报表明确企业经营的实际状态后，通过一个个小集体的独立核算实现全员参与经营、凝聚全体员工力量和智慧，打造一个独特的经营管理系统。

由于"阿米巴"始祖京瓷公司的成功，众多企业开始借鉴、应用该模式，成功者在应用的同时根据自身实际情况加以创新、变形。

比如，海尔为防止"大企业病"，推出了"自主经营体"的概念。自主经营体就如同"自组织"，不但能够迅速感知外界变化，发现和创造客户需求，而且能够不断修复价值目标，使其不偏离"客户需求"的最终目标。[②] 而韩都衣舍的模式则更为直接——选用刚毕业的大学生，设计三个员工为一组的产品小组模式，职能分别是设计师（选款师）、

[①] 詹承坤著.阿米巴经营之道[M].北京：中华工商联合出版社，2020.

[②] 唐文伟.基于CC汽车自主经营管理信息化建设研究[D].成都：电子科技大学，2012.

页面制作专员和货品管理专员，融合传统服装企业中的三个核心职能部门。韩都衣舍每月给小组的拨款是其上月销售额的70%，小组内部完全实现自我决策、自主核算。上述两家企业在应用阿米巴模式后，在应对市场变化时，都展现出不小的竞争优势。

> **案例**
> 韩都衣舍的小组模式[①]

经过长期柔性供应链的积累，韩都衣舍每年开发3万款产品，超过Zara（飒拉）历史开发记录每年2.2万款的数量，已经是全球第一。而这一切，靠的是三人小组模式。

（1）小组制1.0：从买手到买手小组。

韩都衣舍一开始做的是韩国服装代购业务，后来又从事代购款式、找加工厂代加工业务，而在这两个环节中买手都是最为关键的角色。但是，由于买手仅仅关注选款，不会考虑某个款式采购或生产以后的成本、销量等问题，这自然造成了不少资源浪费。

于是，韩都衣舍开始试验小组模式，即一反先前传统服装公司三个部门各司其职的模式，从每个部门中抽出一个人，三人成立一个小组，形成"买手+视觉人员+运营人员"的模式。果然，在选用这种模式后，公司的效率和绩效都得到了极大的提升。

（2）小组制2.0：内部资源市场化。

在小组制的第二个阶段，由于小组数量越来越多，公司内部开始出现资源分配难题，比如公司旗舰店首页的展示位应该展示哪个小组的服装。于是，韩都衣舍进一步优化小组模式，给予每个小组更高程度的自治权，由小组自主决定款式选择、定价、生产量和促销方式，而分配给

[①] 案例来源：《韩都衣舍是如何践行阿米巴经营模式的？》，阿米巴经营论语加算盘。

小组的提成完全根据小组的毛利率或者资金周转率来计算。财权完全放开后，公司又提出每个小组每个月的资金额度与小组上个月的销量相挂钩，即卖得越多，额度越大；同时，辅以一定的内部市场化竞争，比如对小组定期进行排名，排名前三的小组会得到奖励，而后三名的小组会被打散重组，以此激发小组获得更好的经营成绩。

（3）小组制3.0：全局规划和单品精准管理。

为了解决2.0阶段发展后期出现的供应链难题，韩都衣舍开始对小组制进行新一轮的进化改制，用新的指标来考核小组。公司层面成立了企划中心，用售罄率倒逼小组的各个链条将单款产品生命周期做到极致，并统筹全局。企划中心并非盲目下指标，而是根据历史数据，参考年度的波峰波谷节奏，结合服装业的特殊行情，下发月度、季度、年度的细分考核指标，从而引导每个小组有计划、有目标地消化库存。现在，韩都衣舍的售罄率能够达到95%，这一在行业里被称为奇迹的售罄率，由于韩都衣舍内部实行的小组制而成为现实。

总的来说，韩都衣舍的小组模式，由公司层面负责标准化的环节，比如客服、市场推广、物流、市场、摄影等，由小组层面负责非标准化的环节，比如选款、制作宣传页面、打折促销等。再加上传统的公司人资、财务、行政等部门，韩都衣舍的三级管理组织架构就形成了。

采用了小组或阿米巴模式的公司，一方面可以有效激活员工的热情和潜能，刺激组织各环节、各员工产生原动力；另一方面，能有效避免"大企业病"，为企业的持续增长和竞争力提升提供源源不断的动力。

七、上下游激励模式

除了对公司内部的员工实施激励，企业还可以根据对上下游供应商、经销商的依赖程度，决定是否对上下游企业实施股权激励。通过将股权或红利分配给上下游企业，加深三方的合作，绑定三方成为利益共同体，企业能够更加有效地提升上中下游之间的供应和沟通效率，加强本企业的竞争力。

案例

百丽鞋业：上下游同行的股权激励

百丽是中国鞋业的知名品牌，《每日经济新闻》的数据显示，2013年百丽的市值一度超过了1 500亿港元，成为中国最大鞋履零售商，"鞋王"的名号更加响亮。但是，在1992年刚刚创立时，百丽既没有生产场地也没有销售渠道，只有几张设计图，还在到处寻找工厂生产。百丽之所以后续能够迅速占领市场，使得公司快速发展并成功上市，在一定程度上不得不归功于它对上下游合作企业的股权激励。

百丽的创始人在创业之初就抱有上市的雄心壮志，如何快速发展便成为困扰企业的难题。由于鞋业的发展极大地依赖于上游的供应商和下游的经销商渠道，所以百丽创始人便借用股权这个工具捆绑上下游，制订了占领市场的战略规划。

百丽首先在全国各地整合销售渠道，给销售商承诺——只要销售百丽的产品，就可以成为百丽的分公司；一旦百丽成功上市，销售商就可以跟百丽合并报表，占有一定的股份。在寻找上游的供应商时，百丽也采用类似的激励方法，把上游的供应商捆绑在了一起。

很快百丽对上下游整合完毕。原本不具有上下游资源的百丽，用股权激励的方式让三方成为利益共同体，此后销售业绩一路高升，成为中国服装鞋帽业的闪亮明星。

正如前文提到的那样，泸州老窖是白酒行业第一家向经销商实施股权激励并取得成功的企业，曾向经销商们定向增发几千万份公司股份。在泸州老窖与经销商完成资本绑定后，经销商的忠诚度和卖力程度明显提高，公司的业绩也在2007年得到爆发式增长，净利润增长139.28%。同时，经销商拖欠货款的老大难问题也得到解决，泸州老窖实现了与经销商共赢的局面。

案例

格力空调：与地方经销商成为利益共同体

在家电行业，经销商与制造商向来是唇齿相依，许多制造企业就是依靠坚不可摧的"零供联盟"实现销售辉煌的。可以说，格力从一家默默无闻的小企业成为空调行业的霸主，很大程度上得益于其开创的"与地方经销商结成利益共同体"的营销模式。

经销商对家电制造商的销量有着巨大贡献，因此激励与捆绑经销商成为大多数制造企业的选择。其中，格力通过将公司股份授予经销商以打造利益共同体的方式成为行业中的典型，并与其他返利、压货等方式相互配合，在过去取得了显著的去库存、增销量的效果（见图6-21）。

河北京海担保投资有限公司（格力经销商利益共同体的载体）成立于2006年，注册资本1亿元，且全部实缴到位。这家担保公司的股东是格力在全国主要销售区域的经销商，而它又是格力股份第三大股东，持股比例为8.20%。

格力通过设置一家有限责任公司作为持股平台，通过经销商持有持股平台的股份、持股平台持有格力股份的方式，使得经销商间接成为格力股份的股东，享受格力股份的利润分成，达到激励目的。当然这家联合了河北、山东、重庆等10个区域的经销商持股公司，也成为董明珠不断做大做强格力的强有力后盾。

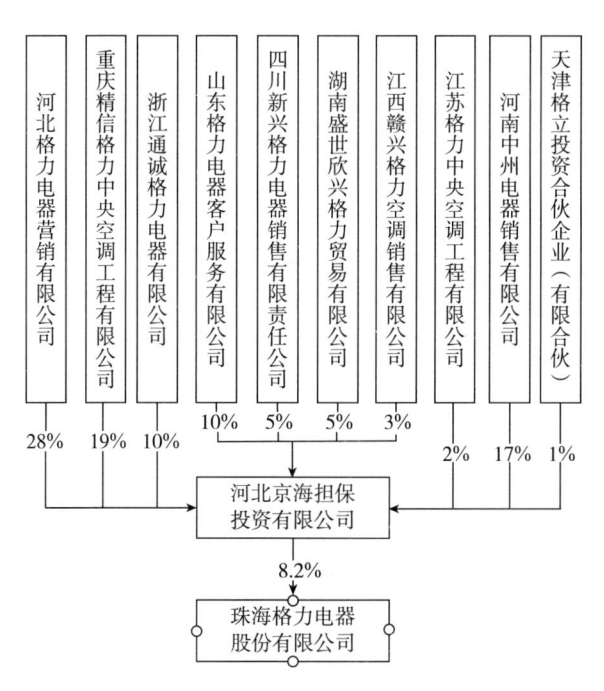

```
河北格力电器营销有限公司         28%
重庆精信格力中央空调工程有限公司  19%
浙江通诚格力电器有限公司         10%
山东格力电器客户服务有限公司     10%
四川新兴格力电器销售有限责任公司   5%
湖南盛世欣兴格力贸易有限公司      5%
江西赣兴格力空调销售有限公司      3%
江苏格力中央空调工程有限公司      2%
河南中州电器销售有限公司         17%
天津格立投资合伙企业（有限合伙）   1%
                    ↓
            河北京海担保投资有限公司
                   8.2%
                    ↓
            珠海格力电器股份有限公司
```

图6-21 格力打造利益共同体

激励的初衷一定是促进企业发展，因此当激励对象对企业发展有至关重要的作用时，企业可以考虑对其实施激励。一般来说，如果企业的产品（服务）在市场上的推广、销售是十分依赖经销商的，企业就可以对经销商实施激励。

第四节　不同发展阶段企业股权激励模式的选择

通常，企业的发展会经历初创期、成长期、稳定期和衰退期（或持续发展）四个阶段。企业在不同阶段面临的问题不同，呈现出来的需求也不同。因此，在不同的发展阶段，企业选择的股权激励模式也不同。

一、初创期企业股权激励模式的选择

初创期是企业最艰难的时候，这个阶段的企业宛若"襁褓中的婴儿"，抗风险能力弱，时常面临着资金匮乏、技术落后、品牌认知度低、人才短缺、管理制度不完善等种种难题，其中任何一种难题的严重化都有可能将企业"扼杀在摇篮里"。对于初创企业而言，生存始终是第一位的。不过，一旦解决了生存问题，企业就该思考如何完善组织、激励人才和扩大规模。处于初创期的企业在综合考虑成本、员工支付能力、公司控制权等因素后，可以利用虚拟股票、限制性股票、干股、员工持股计划、延期支付等模式来激励关键人才，确保企业安全度过生存期。

二、成长期企业股权激励模式的选择

与初创期的拮据、艰难不同，成长期的企业规模不断扩大、营收不断增加，企业的资金压力有所减缓。但成长期也是企业最不稳定的时期——员工进入公司已有一定年限，初创期的公司有难处，薪酬回报少一点儿员工都能理解，但企业成长期员工的回报与付出仍不成正比，员工就会选择用脚投票。为了避免人才流失的情况出现，成长期的企业可以适度提高员工的薪资待遇，并配合一些股权激励措施。

成长期的企业在实施股权激励时，可以尝试"分利"与"分权"并重的股权激励模式，比如期股、股票期权、业绩股票、员工持股计划等。在对高管、核心技术人才实施激励时，企业可以适度放权，"权"大于"利"；对高管和核心技术人才以外的一般员工实施股权激励时，企业可以选择"利"大于"权"。当然，企业也可以学习小米公司的做法，设计出不同的"薪酬+股权"回报方案，让员工根据自身实力以及对公司未来价值的判断，自由选择回报方案。

三、稳定期企业股权激励模式的选择

稳定期又称成熟期，企业在这一阶段的规模达到空前水平，在细分市场已经取得一定地位与成就，但随着大量替代品的出现，原行业产品的市场需求趋于饱和，企业的发展也呈现放缓甚至衰退的态势。

对稳定期的企业而言，"稳"反而成为一种问题，如何破局才是企业经营者和所有者关注的问题。如果企业仍不在产品或服务的迭代更新上下功夫，企业的发展或许就会停滞或倒退，因此这一阶段的股权激励应以创新激励为主——通过激发人的潜能，带动企业产品或服务的推陈出新。只有不断提升产品竞争力，企业才能再次腾飞。

稳定期的企业可以通过使用业绩股票、期权、股票增值权、延期支付、实股等手段使激励对象获得"权"和"利"，从而加大激励力度，激发优秀员工的创造热情与潜能，帮助企业打破原先的禁锢，实现新的突破。

四、衰退期或持续发展企业股权激励模式的选择

企业在成熟期就隐约面临是进是退的问题,而能不能在成熟期找到破局之路,将直接影响企业是走向衰败还是持续发展。

(一)衰退期

如果企业在成熟期满足于既有的成就或者没有办法找到新的业绩增长点,那么随着时间的推移、资源的消耗、竞争的加剧,企业将走向衰败。此时,企业的股权价值已经日渐式微,股权激励很难扭转企业的命运。如果一定要实施股权激励,那么企业可以尝试岗位分红权和管理层收购。岗位分红权是指公司针对某些关键岗位实施分红权激励,集中有限的力量对关键岗位人才进行激励,以求扭亏为盈;管理层收购是企业面临危难时,内部人员联合自救的有效手段。本章第一节中提及的"郑州宇通客车管理层收购案",就是在大股东经营不善遭遇裁员危机、外部买家利益至上无心管理的背景下,郑州市财政局为了保障宇通客车内部员工的利益,将宇通集团的股权转让给宇通客车的原管理层和员工,几经周折,才化解了宇通客车的经营危机。

(二)持续发展

如果企业在成熟期找到了新的发展方向和发展道路,企业就将进入新一轮的成长、发展与成熟过程。在这个阶段,企业应该与做出贡献的员工共享企业发展的红利,可以通过扩大激励对象的范围、加大激励额度、创新激励模式等多种手段,来进行新一轮的股权激励。

具体而言,公司可以采用股票期权、限制性股票、员工持股计划等更规范、更全面的激励模式。公司如果有丰富的股权激励实战经验,那么还可以采用复合手段,针对不同人群采用不同的激励模式。

五、华为公司各阶段股权激励模式的选择[①]

华为的与时俱进、未雨绸缪,不仅表现在对产品的研发上,在股权激励方面也展现得淋漓尽致。在前面的章节中,我陆陆续续介绍了华为公司几种不同的股权激励模式,在此我以华为的发展阶段为线索,与大家一起梳理一下其在各阶段选用的股权激励模式(见图6-22)。

```
    实股激励        实股转虚拟股         虚拟股+TUP
├─────────────┤├─────────────┤├─────────────┤
1990年      1997年 1998年      2012年           至今
   早期               中期               近期
```

图6-22 华为各阶段股权激励模式的变迁

(一)早期(1987—1995年)——对应初创阶段

在华为将C&C08数字程控交换机成功推向市场之前,人们喜欢将这一时期(1987—1995年)称为华为的初创阶段或生存阶段。这一时期,国际电信巨头进入中国并迅速占领各地市场,同时它们还成立了一批合资公司。华为作为一家无技术、无资金、无资源、无背景的民营企业,遭到西方巨头和合资公司的碾压与排挤,那时华为的发展目标只有一个:活下来。

为了解决资金问题,华为内部推行了员工融资持股计划,并且该计划下所涉的激励股权皆为实体股权。借助实股激励,华为获得内部融资并顺利解决了资金问题,持股员工也从中收获了丰厚的回报。

---

① 资料来源:《12年:华为股票虚实》,中律网。

（二）中期（1998—2012年）——对应发展阶段

自1998年起，华为高层赴美考察期权激励和员工持股制度，一种名为虚拟股的激励制度进入华为的视野。虚拟股的灵活性和安全性吸引了华为高层，加上2001年经济环境较差，华为开始推行"虚拟受限股"的股权激励，其实就是期权激励。[①]2003年，华为在"虚拟受限股"的基础上进行升级，大幅提高配股额度，并且向核心员工倾斜，同时设置了3年的锁定期。在这种版本下，员工所持股票可以分年兑现，并且出资仅占购股资金的15%。2008年，经济危机爆发，但华为逆势增长，表现不俗。为了将员工的人力资本与企业的未来发展紧密联系，也为了解决老员工通过不断增资稀释企业权益、坐享其成的问题，华为在2008年正式推出"饱和配股制"（不同工作级别匹配不同的持股量，比如级别为13级的员工持股上限为2万股，14级的员工持股上限为5万股。若某一级别的员工已经达到持股数量的上限，将不参与配股）。在推出"饱和配股制"后，华为还不断优化配股机制，将配股与绩效、职位等级挂钩，让真正的奋斗者分配到高额价值。

纵观这一阶段，华为逐步将员工手中的实体股权转化为虚拟股权，同时为了扩大股权激励规模，华为还帮助员工申请银行贷款。员工成功获取贷款后再来购买公司的虚拟股权，由此公司获得了大量的资金支持，解决了生产经营中的资金短缺问题，同时也凝聚了员工的力量，这使华为的业绩迅猛发展，员工也获得不菲的收益，员工、股东和华为公司既完成了深度绑定，也实现了共赢。

---

① 参见：《12年：华为股票虚实》，中律网。

（三）近期（2012年至今）——对应成熟、变革、持续发展阶段

近年来，华为的发展蒸蒸日上、资金充裕，但员工的持股计划依然存在，并且工会的持股比例有所增长。在保留虚拟股激励的情况下，华为逐步推出了TUP（时间单元计划），力求给员工分利、给公司留权，为公司未来发展留下空间。

TUP全称为"时间单元计划"，这是华为从国外引进的一种模式，可以理解为奖励期权计划。TUP出台的背景是股票价格逐渐升高，新配虚拟股权时，员工的获取成本增加，激励效果下降。2013年，华为以总裁办电子邮件240号发文《正确的价值观和干部队伍引领华为走向长久成功》，文中清晰地阐明了华为实施TUP的四点原因。

- 提高工资、奖金等短期激励手段的市场定位水平，增强对优秀人才获取和保留的竞争力。
- 丰富长期激励手段（逐步在全公司范围内实施TUP）。
- 消除"一劳永逸、少劳多获"的弊端。
- 长期激励覆盖所有华为员工。

除了上述四点原因，华为实施TUP还有一个很重要的潜藏原因，即解决外籍员工长期激励问题。华为是一家非上市公司，此前设立的虚拟受限股在操作上仅能满足中国籍员工的激励需求。随着华为走向世界舞台，外籍员工的比例日益增加，全球化的华为必须重视外籍员工的长期激励问题，因此华为引进国外的TUP奖励期权计划。

华为的5年TUP采用"递延+递增"的分配方案。具体来看，华为TUP的实施办法可以总结为四点。

- 根据部门绩效和个人绩效及配股饱和度每年分配TUP。
- TUP占饱和配股的额度,与虚拟受限股享有同等分红权和增值权。
- 第五年分红并结算增值收益,之后本期TUP即行失效。
- TUP分红与奖金一起发放。

简单而言,华为TUP是指公司每年根据员工岗位及级别、绩效分配一定数量的5年期权,员工不需要花钱购买,即可获得相应的分红权和增值权,该期TUP在5年后清零。

例如,2015年,小张在该期TUP中获得期权5 000股,当期股票价值为5.5元/股(见表6-24)。2016年,小张可以获得5 000×1/3的分红权;2017年,可以获得5 000×2/3的分红权;2018年,可以获得5 000股的全额分红权;2019年,可以获得全额分红权,同时对2015年的期权进行结算。如果2019年公司股票价值为6.5元/股,则第五年小张获取的回报是"2019年分红+5 000×(6.5-5.5)",同时这5 000股期权将被清零。

表6-24 华为TUP示例

年份	小张可以获得的分红权
2015年	获得5 000股期权,时价5.5元/股,第一年不分红
2016年	5 000×1/3的分红权
2017年	5 000×2/3的分红权
2018年	5 000股的全额分红权
2019年	5 000股的全额分红权+5 000股对应的增值收益

在华为的TUP中,分年获得阶段性的分红属于"递延"部分,权益增值属于"递增"部分。TUP的设计有效地解决了员工在工作5年后的去留问题。通常,入职前两年属于投入期,员工会逐渐熟悉公司的业务并使自身的发展节奏与公司同频,之后会逐步有产出,如果员工在这

个时间点离开，那么这对企业而言无疑是一笔损失。而华为的TUP正好可以打破这个职场规律，因为如果员工工作2~3年离开公司，那么离职的机会成本明显过高。通常，员工在有离职念头的时候会权衡一下自己的利益，最终极大可能会选择留下来工作满5年。工作5年后，与公司三观不合的员工会主动或被动离职，而留下来的"奋斗者"就有机会被配予可观的虚拟受限股。

在TUP与虚拟受限股的互相配合下，华为巧妙地解决了当前用人、留人、激励人的问题。但从华为始终保持自我警醒、自我突破、自我迭代的作风来看，在公司发展过程中，华为高层还会积极学习国外优秀的股权激励经验，并结合本公司的实际情况，创造性地提出新的股权激励模式或方案。

六、小结

企业不同发展阶段的股权激励模式选择如表6-25所示。

表6-25 企业不同发展阶段的特征及股权激励模式的选择

	初创期	成长期	稳定期	衰退期或持续发展
特征	■ 人才短缺 ■ 资金匮乏 ■ 品牌认知度低 ■ 管理制度不完善 ■ 抗风险能力弱	■ 规模扩大 ■ 营收增加 ■ 资金压力减缓 ■ 组织的稳定性变弱 ■ 人才外流问题严重	■ 规模空前 ■ 占据一定市场地位 ■ 增速放缓	■ 衰退期：资源消耗严重，竞争日益加剧，暂时找不到新的业绩增长点 ■ 持续发展：在成熟期找到新的发展方向，企业进入新一轮成长、发展与成熟过程
发展需求	生存	组织管理和吸引人才	产品或服务的迭代更新，寻求突破点	企业发展方向的抉择

（续表）

	初创期	成长期	稳定期	衰退期或持续发展
激励需求	尝试为主，遵守"稳健、小额、先虚后实"的原则	适度加大激励额度，扩大激励对象的范围	侧重于对核心管理人员和技术人员等创新型人才进行激励	■ 衰退期：侧重于对关键岗位进行激励 ■ 持续发展：激励注意规范、公平、全面
可选用模式	虚拟股票、限制性股票、干股、员工持股计划、延期支付等分利不分权的激励模式	期股、股票期权、业绩股票、员工持股计划等分利与分权并重的激励模式	业绩股票、期股、股票增值权、延期支付、实股等既分利又分权的激励模式	■ 衰退期：管理层收购或岗位分红权 ■ 持续发展：股票期权、限制性股票、员工持股计划、复合手段等规范、全面的激励模式

第五节　不同类型企业股权激励模式的选择

在现实生活中，企业类型繁多、分类标准不同。

按组织形式不同，企业可以分为个人独资企业、合伙企业、公司企业；按照法律属性不同，可以分为法人企业、非法人企业；按照所属行业不同，可以分为工业企业、农业企业、建筑企业、交通运输企业、商业企业、外贸企业等；按所有制不同，可以分为国有企业、私营企业。

由于篇幅有限，本节我们选取连锁经营企业，文创、生物医药、新一代信息技术三大行业以及多元化、多业务模式的企业的股权激励模式进行分析。

一、连锁经营企业的股权激励模式选择

连锁经营是指经营同类商品或服务的若干企业，以一定的形式组成一个联合体，在整体规划下进行专业化分工，并在分工的基础上实施集中化管理，把独立的经营活动组合成整体的规模经营，从而实现规模效益。

1984年，皮尔卡丹作为第一家连锁经营企业进入中国，之后迅速将连锁经营的理念传播到中国各地，使之遍布第三产业计划的所有行业，其中在服务业领域的应用尤为广泛，甚至有人将连锁经营评为"中国最具获利能力的投资方式和创业途径"。

中国的连锁经营企业拥有广大的市场，同时也面临着激烈的竞争。因为在同样的经营模式下，不同产品、不同服务间的运作相似性太高。精通运营、业务、技术、管理、采购、配送等业务的员工换个团队照样可以干，如何把人留住成为连锁经营企业老板需要思考的问题。

最后，大部分连锁经营企业给出了共同的答案——利益共享。只有愿意主动与员工分享利益、带动员工创造利益的企业，才能把员工留下、把企业做好。而与员工分享利益的过程就是企业实施股权激励的过程。众多连锁经营企业在发展过程中形成了自己的股权激励模式，我选择百果园、喜家德和海底捞这三家发展势头迅猛的连锁经营企业为大家进行剖析。

> **案例**
> 百果园——店长合伙人模式[1]
>
> 百果园是一家集水果源头采购、采后保鲜、物流仓储、品质分级、

---

[1] 许宁. 社区类生鲜店新零售商业模式的研究及发展建议[J]. 中国商论, 2019（10）: 3-4.

营销拓展、品牌运营、门店零售、信息科技、金融资本、科研教育于一体的大型连锁企业。据百果园官网信息，百果园成立于2001年，2002年开设了中国第一家水果特许连锁专卖店，迄今为止已经在全国70多个城市形成了超3 700家门店（每月以近百家店的速度持续增加）的经营规模。百果园还定下了一个宏伟的目标：到2030年，百果园公司将发展成为在全球拥有百万亩以上合作基地和30 000家以上连锁门店、年销售额超千亿元、年利税超百亿元的位居世界第一的果业公司。

2019年前后，当盒马鲜生、小象生鲜、顺丰优选等品牌都开始停止扩张并关停部分门店止损时，百果园却选择"逆流而上"，高调进军生鲜新零售行业。究竟是什么支撑百果园在行业"一片哀鸿"时如此高歌猛进呢？答案之一就是百果园的店长合伙人模式。

百果园成立以来，并不是一直顺风顺水。2001—2007年，百果园采用加盟模式，历时7年拓展到100家门店，看似不错的成绩背后却是公司连续亏损7年；2008—2015年，百果园调整思路，回购所有加盟店并改造成全自主的自营店，公司门店拓展到1 000家；2016年之后，百果园又将自营店调整为"类直营"的经营模式，同时公司获得了多轮融资和战略融资，在资本的助力下，公司门店快速拓展到了3 000多家（见表6-26）。

表6-26　百果园各阶段的经营模式及经营规模

时间（阶段）	经营模式	模式特征	经营规模
2001—2007年	加盟模式	加盟商承担店铺投资费用并负责门店日常经营；加盟商越多，品牌商维护成本越高，且加盟商地区间窜货问题越严重	100家门店
2008—2015年	自营模式	回购所有加盟店，全部自主自营，品牌质量有保证，但是成本太高不利于规模扩张	1 000家门店
2015年至今	类直营模式	让店长成为投资主体，加盟商变成"财务投资人"，门店的实际运营由品牌商负责	3 000多家门店

除了借助资本的力量，百果园的发展与其选用"类直营"经营模式分不开。百果园的"类直营"经营模式的最大特点是向员工开放加盟，其本质是店长合伙人制度，该制度由四部分组成。

第一，门店股权结构设置。根据百果园的制度设计，参与门店的投资主体有三方，包括公司片区管理者、大区加盟商和店长。门店的股权结构及分工具体如表6-27所示。

表6-27 门店的股权结构及分工

投资主体	单点资金投入	分工	利润分配
大区加盟商	3%	选址、门店法人	可分配利润 × 70% × 3%
片区管理者	17%	片区门店管理	可分配利润 × 70% × 17%
店长	80%	门店经营	可分配利润 × 70% × 80%
合计	100%	—	三个投资主体分配70%的利润，剩余30%归百果园

第二，店长培养计划。百果园对门店的考核要求包含人才培养计划，按要求每家门店每年要为公司输出一名新店长人选，公司会对门店培养的人选进行考核并确认其是否具备新店长的素质，进而决定其能否投资管理新店铺。

第三，公司托底，补贴门店亏损。百果园最能吸引店长的地方是为门店托底，3年内补贴门店全部亏损。首先，百果园不收特许加盟费、不依靠商品赚取差价收益，公司收益主要来自各门店每年30%的利润分成（该项收益占百果园总利润的80%左右）；其次，百果园设立分红基数，分红基数根据门店运营情况一年一评定；最后，百果园承诺3年内新门店若产生亏损，亏损额全部由百果园承担，3年后若还亏损，则由百果园评估是否闭店。亏损补贴的承诺，无疑卸下了店长心头的磐石，让店长可以放心大胆地参与新门店的投资。

第四，动态股权设计，可进可退。百果园在设计店长合伙人制度时，就考虑到了股权的动态调整，店长可进可退。根据门店的经营价值，在店长进行股权退出时，公司将店长早期投入的资金如数返还，同时店长还可以一次性获得相当于门店分红收益的3倍补偿。比如，某店长从百果园的一家门店获得的年分红收益是10万元，如果要让该店长放弃这家门店的股权去开拓新市场，百果园除返还其全部投资额外，还一次性给该店长30万元的补偿金。

在这四项措施的保护与刺激下，各店长参与新门店投资经营的热情空前高涨。门店扩张就意味着百果园需要更多的优秀员工，而老店长在培养新店长的同时，也可以实现自我价值的晋升，打通自己的升职通道；反过来，新店长的储备人才越多，百果园的门店扩张也就越顺利。这就是百果园敢把目标定到30 000家门店的底气所在。

案例

喜家德——3·5·8激励模式[①]

喜家德创立于2002年，是一家专注于水饺的餐饮店，总部管理机构位于大连。短短十几年，喜家德在全国40多个城市成立了500多家连锁店，员工超过8 000人。喜家德只做直营不做加盟，却依然能够在较短的时间内取得如此傲人的成绩，这与喜家德"3·5·8激励模式"是分不开的。

喜家德的创始人高德福曾说："喜家德的成功正是因为采用了我们当下企业最为关注的合伙人制，未来的事业将从雇佣制变成合伙人制，企业提供一个平台，大家依托平台提供的资源和机会，成为合伙人，不

---

① 何良泉，张静.基于SMART模型探析喜家德品牌发展[J].中国教育技术装备，2018（08）：132-134.

再是单纯的打工者，而是自己给自己当老板。"

基于这种理念，喜家德摸索出一套"3·5·8激励模式"，具体而言："3"就是3%，即考核成绩排名靠前的店长，可以获得干股（身股）收益，这部分不用员工投资，是完完全全的分红；"5"就是5%，店长如果培养出新店长并且符合公司的考评标准，就有机会接新店，成为小区经理，并在新店投资入股5%；"8"就是8%，一名店长如果培养出了5名店长，成为区域经理并符合考评标准，再开新店时，可以在新店投资入股8%。此外，还有一个"20"，即20%，店长如果成为片区经理，那么可以独立负责选址经营，此时就可以获得新店投资入股20%的权利。

在喜家德"3·5·8激励模式"下，店长不再是纯粹的员工，更是喜家德的事业合伙人，他们会更加积极主动地培养优秀人才，并且由于利益相关，店长与新店长之间的沟通成本会更低。在这套激励制度下，已经有不少店长获得了投资入股开设新店的机会，并切实享受到了门店收益。这给普通员工带来了无穷的动力，在员工之间形成了"比、学、赶、帮、超"的良好风气。对此，喜家德创始人高德福说："用成功复制成功，榜样的力量是无穷的。"

案例
海底捞——师徒制

2018年9月26日，海底捞（股票代码：6862.HK）登陆香港交易所，市值突破千亿港元，成为全球第五大餐饮企业。海底捞的招股说明书显示，海底捞2017年总营收为106.37亿元，较上年同期的78.08亿元增长了36%；净利润为11.94亿元，较上年同期的9.78亿元增长了22%。也就是说，海底捞已经成为中国国内首家营收超百亿的餐饮企业。[①]

而在笔者看来，海底捞的成功不是因为它能够上市，而是因为它从三四线城市做起，凝聚了一群底层百姓的汗水和拼搏，充分调动了员工的积极性和创造力，从而把小企业做大、做强。其中，创始人张勇对管理哲学的运用和对人性的洞察实在令人折服。

和寻常火锅店一样，海底捞也属于劳动密集型的服务型企业，劳动力的流失和劳动力价格的变化对餐厅运营的影响非常大。但海底捞通过师徒制、分级绩效评估和抱团小组制度培养出一批忠诚且具备"自我繁殖"能力的员工。在人员足够充沛、足够优秀、足够忠诚的基础上，海底捞的门店日益扩张，整个公司的营收和利润也水涨船高。

（1）海底捞的师徒制。

海底捞员工自入职起，总部就会为其配备一名师父，师父通常由各门店的店长担任。起初由师父为新员工提供一周的就职培训，如果新员工不认可这个师父，那么总部还会协调更换。师徒关系一旦确认便不再变动，并且徒弟之后再带徒弟时，师父就会晋升为师爷。

从海底捞的招股说明书可知，师父的工资分为基本工资和浮动工资（见图6-23）。浮动工资属于利润分享的范畴，师父可以从以下两个选项中选择收益较高的方案获得财务奖励。

- 自身餐厅利润的2.8%。
- 自身餐厅利润的0.4%+徒弟餐厅利润的3.1%+徒孙餐厅利润的1.5%。

[①] 郑晓明（文），赵子倩（文）.海底捞：另类阿米巴[J].清华管理评论，2018（11）：123-128.

```
                        师父工资
          ┌───────────────┼───────────────┐
      基本工资        浮动工资（就高）      店长奖金
                          │                │
                  自身餐厅利润的2.8%    自己门店利润的0.4%

                  自身餐厅利润的0.4%
                  +徒弟餐厅利润的3.1%
                  +徒孙餐厅利润的1.5%
```

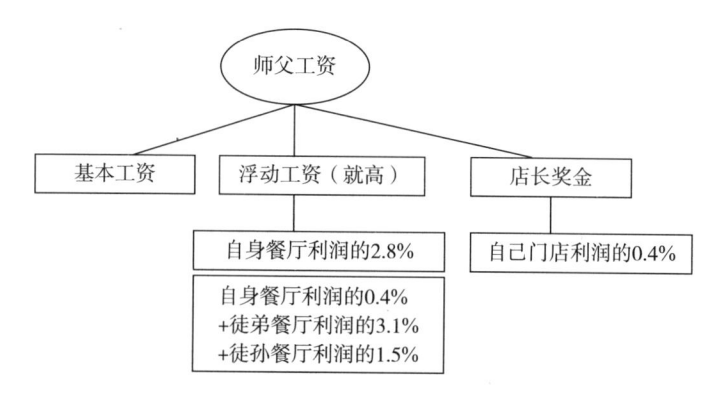

图6-23 海底捞师父工资的组成结构

这样的方案设计卸下了师父们对"教会徒弟、饿死师父"这一现实问题的担忧。通过这样的薪酬设计，徒弟成长越快，越可以独当一面，甚至自己成为师父再带徒弟，第一代师父也不用担心自己"过气"或者"被架空"。如果徒弟能够顺利通过考核并成为新店长，那么师父可以从徒弟管理的新门店中获取远高于自己管理餐厅的提成奖励。如果徒弟再带徒弟，那么师父还可以从徒孙管理的餐厅中分取一杯羹。这种诱人的奖励机制更加刺激了师父们培养人才的积极性。因此，新人与店长之间不单单是管理者与被管理者的关系，而是转变成一种更具黏性的师徒关系。

另外，公司还拿出利润的5%作为激励店长层级的总体奖金池，师父可以得到自己门店利润的0.4%。如果一个成熟门店月盈利为100万元，那师父可以获得4 000元的浮动奖金。尽管这部分浮动工资激励额度不高，但是对员工而言，每月到账，没有考核周期；对公司而言，这种方式可以保证各门店的财务呈现健康发展的势头。

（2）分级绩效评估。

和寻常的连锁餐饮企业相似，海底捞分三级管理（见图6-24）：第一级，总部管大区，中国总共有三个大区，分别为郑州、北京和上海；

第二级，大区管小区，每个大区根据分店数量的多少设小区，比如，北京大区有三个小区；第三级，小区管分店。

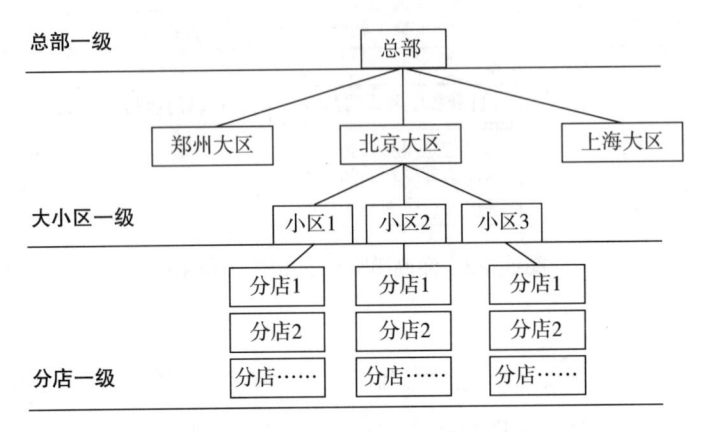

图6-24 海底捞三级分层管理体系（以北京为例）

与一般连锁餐饮企业不同的是，海底捞又在内部将各门店分为A、B、C三个等级，并且将店长的个人发展与门店的等级评定紧紧绑定在一起（见表6-28）。

表6-28 海底捞的店长与门店绑定制度

级别	级别意义	门店店长对应权限或应对策略
A级	优秀	A级门店店长有权优先选择开店，并将其培养的徒弟作为新店店长的候选人（优先考虑）
B级	合格	B级门店店长可以选择通过继续培训或者寻求总部支持的方式来争取下一季度更好的评级
C级	不合格	C级门店店长评级最差，未来一年内将不再享有申请开设新店的权利并且需要接受为期6个月的规培；如果其在培训后一年内仍被评定为C级，则可能会丧失店长职位；对于因评定为C级而丧失店长职位的徒弟，协助其提名的师父和师爷也要承担经济惩罚

注：一旦出现餐厅安全事故，将自动判定为C级。

（3）抱团小组。

为了更好地维系师父与徒弟、师爷与徒孙之间的纽带关系，海底捞还创造性地提出了"抱团小组"的绑定模式。海底捞的招股说明书显示，公司要求一定区域内的餐厅与邻近餐厅形成一个抱团小组（一般由5~18个餐厅组成）。这些抱团小组的餐厅基本以师徒关系为纽带，由有能力的店长（通常是第一代师父）担任组长，小组内部员工互相帮忙、协助、拓展及运营新店，并负责对落后店铺进行指导，这样不仅员工与员工之间形成了"帮、学、带"的风气，门店与门店之间亦是如此。小组之间自动抱团学习、成长、竞争，反而减缓了总部的工作和管理压力。

（4）自我完善。

师徒制、分级绩效评估和抱团小组的方式，让海底捞在竞争激烈的餐饮行业脱颖而出，并且重新定义了员工和企业、老板和雇员、企业与顾客之间的关系，让原本矛盾的三方成为紧密相连的一体。[①]

而海底捞和创始人张勇的伟大还在于敏感、警醒。2010年左右，海底捞打开市场，不少企业开始学习海底捞的管理模式，尤其是在2018年海底捞上市前后，海底捞的师徒制在网络"疯传"。但早在2006年左右，海底捞已经认识到师徒制的弊端——师徒传递容易走形。假设，每个徒弟都从师父那里学到90%，到了第五代就变成了59%（90%×90%×90%×90%×90%=59%），那时海底捞的服务别说是让顾客满意了，连及格都达不到。更何况，海底捞的员工大都是中学或专科学历，整体文化素质水平较低，如果不及时充电，那么日后发展必定受限。

于是，2007年海底捞推出了"升迁考"制度，即员工如果想要晋

———

① 清江."海底捞"的幸福，有多少TNT当量？[J].今商圈，2012（7）：5-8.

升，不仅要符合勤劳能干的标准，还要有一定的文化和专业素质。与师徒制中重点依靠师父"传、帮、带"不同，"升迁考"制度引入了流程和制度的管理，对员工的评价更具客观性。但在实际操作过程中，有员工为完成指标而滥用自己的授权，出现了随意给客户折扣、优惠或便利的问题，但海底捞并没有因此否定"升迁考"制度的价值，而是在不断调整、完善，力求在"升迁考"制度与师徒制之间取得平衡。

二、文创、生物医药、新一代信息技术三大行业的股权激励模式选择

（一）三大行业的发展趋势及共性

1. 文创行业的发展现状及趋势

国家在发展过程中有两种最重要的推动力，一个是科技，一个是文化。我们经常讲大国崛起，对外输出的就是科技加文化。十九大以后，我国提出了"四个自信"，即中国特色社会主义道路自信、理论自信、制度自信、文化自信。习近平总书记还特意强调指出："文化自信，是更基础、更广泛、更深厚的自信。"[1]显然文化建设、文化创造、文化积累、文化提升将成为被重点关注的领域。

中国人民大学文化创意产业研究所所长金元浦认为，从文化产业自身的发展阶段来看：第一阶段更倚重于各地特色资源的开发；第二阶段是在文化体制改革的浪潮中，一大批转企改制的影视、出版行业翘楚脱颖而出；第三阶段是以创意经济为主的时期，更注重文化与科技的融合，创

---

[1] 张城.文化自信是更基础更广泛更深厚的自信［EB/OL］.（2016-07-25）［2020-12-15］. http://theory.people.com.cn/n1/2016/0725/c49157-28581295.html.

意、创新所发挥的作用就是文化产业升级换代的方向所在（见图6-25）。

```
                                        文化与科技融合为主
                                    ┌──────────┐
                                    │  阶段三  │
                        文化体制改革浪潮
                    ┌──────────┐
                    │  阶段二  │
     各地特色资源开发
 ┌──────────┐
 │  阶段一  │
```

图6-25　文化产业自身发展的三阶段

当前，我国文化制造业在全球处于较高水平，但是文化艺术服务、文化休闲娱乐、文化科技等方面的增长却较为缓慢。若拉长时间的维度，那么未来5～10年，中国文创行业将会有很大的发展空间，再加上利好政策的不断出台，文创行业将会随国民经济的增长走向一个高潮。

2.生物医药行业的发展现状及趋势

20世纪90年代以来，全球生物药品销售额以年均30%以上的速度增长，大大高于全球医药行业年均不到10%的增长速度。生物医药产业正快速由最具发展潜力的高技术产业向高技术支柱产业发展。[1]

随着我国经济的发展、生活环境的改善、人们健康理念的提升以及人口老龄化进程的加快，我国生物医药行业近年来也一直保持着持续增长的趋势。前瞻产业研究院发布的《生物医药行业战略规划和企业战略咨询报告》数据显示，2012—2017年我国生物医药行业销售收入不断增加，且保持了较快的增速，其中2017年，我国生物医药行业市场规模为3 417.19亿元，较上年同比增速放缓（见图6-26）。

---

[1]　汪波.生物制药产业竞争力研究[D].上海：同济大学，2006.

```
                规模（亿元）
                                                          3 299.28  3 417.19
                3 500                          2 749.77  2 978.83
                3 000          2 381.36
                2 500  1 775.43
                2 000
                1 500
                1 000
                  500
                    0
                       2012   2013   2014   2015   2016   2017  年份
                    2012—2017年中国生物医药行业市场规模走势
```

图6-26　2012—2017年中国生物医药行业市场规模走势

数据来源：前瞻产业研究院。

近年来，由于外部环境的机遇、庞大的暂未被满足的医疗需求、政府强有力的医疗监管改革、投资机构大幅上涨的投资力度、上市政策红利等，中国生物医药行业迎来空前的机遇。

3.新一代信息技术行业的发展现状及趋势

2016年7月，中共中央办公厅、国务院办公厅印发的《国家信息化发展战略纲要》指出，世界各国加快网络空间战略布局，围绕关键资源获取、国际规则制定的博弈日趋尖锐和复杂。加快信息化发展，建设数字国家已经成为全球共识。[1]

随着我国新旧动能转换速度的加快，云计算、大数据、人工智能等新一代信息技术也加快向经济和社会生活等领域渗透，软件产业服务化、平台化、融合化的趋势也更加明显。同时，国务院将新一代信息技术列为七个战略性新兴产业之一，加大对新一代信息技术行业财税金融

---

[1]　中共中央办公厅，国务院办公厅.国家信息化发展战略纲要[J].科技创新与生产力，2017（01）：2-121.

等方面的政策扶持力度。此外，国家对人工智能、工业互联网、5G（第五代移动通信）、机器人等领域的发展做出了一系列战略部署。可以预见，我国新一代信息技术产业在三五年内将迎来深远的发展。

以深圳为例，2019年4月16日，深圳市商务局将新一代信息技术产业纳入战略新兴产业，并且提出：以产业跨界融合和智能化发展为主攻方向，建设全球领先的电子信息产业基地；实施集成电路产业跨越发展工程，完善涵盖设计、封装测试、晶圆制造、产业配套等全产业链，打造集成电路集聚发展高地；抢抓人工智能发展先机，加快计算机视听觉、新型人机交互等应用技术产业化，建设全球领先的人工智能产业示范区；抢抓5G发展的窗口期，推进核心技术、标准以及关键产品的研制，加大应用推广力度，打造5G产业发展引领区；顺应万物互联发展的新趋势和新要求，加速构建物联网商用网络，大力推进物联网典型示范应用；加快发展壮大新型显示、智能网联汽车、智能硬件、高端软件等产业，前瞻布局柔性电子、量子信息等前沿高端领域（见图6-27）。

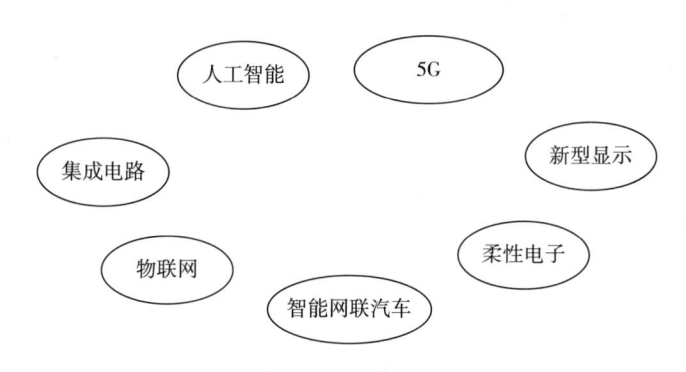

图6-27 新一代信息技术产业关键领域

4.三大行业的共同特征

（1）依赖技术驱动。

无论是文创、生物医药还是新一代信息技术，都不再是单纯的劳动力密集型行业，而是更加依赖技术的驱动，对创新技术人员的需求强烈。从现实中企业发展的情况来看，媒体文创、文化娱乐、人工智能、大数据、云计算、生物医药等技术驱动型的独角兽企业逐渐成为独角兽群体的重要构成部分，比如掌阅科技、猫眼电影、映客、旷视科技、商汤科技、三胞国际医疗等企业纷纷崭露头角（见表6-29）。

表6-29　三大行业依赖技术驱动并崭露头角的独角兽企业示例

行业	代表性独角兽企业
文化娱乐	掌阅科技、阅文集团、爱奇艺、猫眼电影、映客等
生物医药	复宏汉霖、三胞国际医疗、科信美德、信达生物、碳云智能、药明明码、诺禾致源等
新一代信息技术	旷视科技、商汤科技、优必选科技、依图科技、寒武纪科技、出门问问等

（2）利好政策频传。

三大行业都恰好乘着政策的东风，抢占了发展的先机，也吸引了众多投资机构的关注。从全局来看，这三大行业的发展背景可以用"天时、地利、人和"来形容，并且它们不仅仅局限在中国市场，更有机会拓展到全球市场，三大行业内的企业甚至有机会弯道超车。

（二）三大行业的股权激励模式选择

从前面的分析可以看出，这三大行业都依赖员工的技术创新，因此对技术人员的激励必不可少，同时由于处于前景大好、发展势头迅猛的状态，它们拥有实施股权激励的天然良好土壤。

这三大行业可以尝试股票期权、限制性股票和员工持股计划等规范的股权激励模式。有股权激励经验和基础的公司，还可以尝试运用多种模式相结合的方式（复合工具模式）来为公司制订股权激励计划。

以下，我在每个行业选取一家公司的股权激励模式进行展示。

> **案例**
> 文创行业——以大晟文化的股权激励为例

大晟时代文化投资股份有限公司（证券代码600892，以下简称"大晟文化"）于1996年在上交所上市，其主要业务集中在影视投资与制作、游戏开发及教育等板块。大晟文化围绕"大文化战略格局，打造泛娱乐产业平台"的战略目标进行战略布局，旨在促进"文娱、教育"产业融合。

2018年8月，大晟文化为了进一步建立、健全公司长效激励机制，吸引和留住优秀人才，特推出《股票期权激励计划（草案）》。

激励对象范围：董事、高级管理人员，中层管理人员，核心技术（业务）骨干人员。经公司筛选后，最终符合条件的激励对象共计13人。

激励模式：股票期权。

激励股权数量：拟向激励对象授予3 000万份股票期权，占公告时股本总额55 946.42万股的5.36%；其中首次授予2 400万份股票期权，占本次计划拟授出权益总数的80%；预留600万份股票期权，占本次计划拟授出权益总数的20%。单个对象（被授予人是公司董事兼总经理陈井阳）授予数量最高为15万份，占授权股票期权总数的0.5%，占公告时公司总股本的0.03%。

股权来源：公司向激励对象定向发行公司A股普通股。

资金来源：员工自筹资金。

业绩要求：需同时满足公司层面和个人层面的业绩目标后才能行权（见表6-30）。

表6-30 大晟文化股票期权激励模式

公司层面的业绩要求	
行权期	上市公司合并业绩考核目标
第一个行权期	相比2017年，2018年净利润增长率不低于40%
第二个行权期	相比2017年，2019年净利润增长率不低于60%

个人层面绩效考核要求			
考核结果	优秀	良好	合格	不合格
行权系数	100%	80%	60%	0%

激励对象个人当年实际行权额度=行权系数×个人当年计划行权额度，激励对象按照当年实际行权额度行权，考核当年不能行权的股票期权由公司统一注销。

行权价格：每股8.42元。

时间安排：本计划有效期最长不超过48个月。首次授权的股票期权等待期为首次授权日起12个月、24个月，预留授权的股票期权等待期为预留授权日起12个月、24个月。本计划中涉及的股票期权可以分两次行权，每次行权比例均为50%。

案例

生物医药行业——以泰格医药的股权激励为例[①]

杭州泰格医药科技股份有限公司（以下简称"泰格医药"）是一家专注于为医院产品研发提供临床试验全过程专业服务的合同研究组织，总部位于杭州，下设33家子公司，在中国大陆95个主要城市设有服务网点，在韩国、日本、马来西亚、新加坡、印度、澳大利亚等多地设有11个境外办事处，拥有超过4 000多人的国际化专业团队。

---

① 案例来源：《泰格医药：创新型"CRO"》，报纸资源库。

2009年成立之后，泰格医药的年收入增幅惊人。2012年8月泰格医药上市，截至2019年8月，公司市值高达441.37亿，与公司上市初期相比，市值增长了8倍之多。这样的成绩与泰格医药积极探索股权激励来吸引和绑定人才有密切的关系（见表6-31）。泰格医药联合创始人曹晓春在接受媒体采访时称，公司成立初期就用股权激励吸引了最早的医学总监、首席医学官（CMO）以及QA（质量保证）总监等资深人士，为泰格医药的发展奠定了专业基础。其后，公司在IPO之前也做了一次股权激励，授予一批老员工和核心管理层原始股份。公司上市后的第二年（2013年）就开始实施第一期股票期权激励计划，让员工持有公司股权，员工在2014年和2015年行权——由于公司发展迅速，参与第一期股票期权激励计划的员工获得的激励收益远高于自己的工资。2016年第一期股票期权全部行权结束，公司又做了一轮股票期权激励计划，试图吸纳新员工加入——按照泰格公司的方案，只要在公司工作满3年，员工不管是什么职位，都可以获得股权激励。2018—2019年，泰格医药又开始探索员工持股计划和限制性股票。

表6-31 泰格医药历次股权激励模式及重点内容

时间	激励模式	重点内容
成立初期	不详	吸引了最早的医学总监、首席医学官以及QA总监等资深人士，为泰格医药的发展奠定了专业基础
IPO前	不详	授予一批老员工和核心管理层原始股份
2013年	股票期权	■ 拟推出300万份股票期权，约占公司股本总额的2.81%；其中首次授予270万份，占授出股票期权总数的90%；预留30万份，占授出股票期权总数的10% ■ 首次激励对象均为公司董事会认定对公司业绩和未来发展有直接影响的中层管理人员和核心技术（业务）人员，共计173名 ■ 首期行权价格为54.57元/股

（续表）

时间	激励模式	重点内容
2016年	第一期员工持股计划	■ 本次计划拟筹集金额为15 000万元，计划设立后拟全额认购信托公司为本计划设立的集合信托计划劣后级份额。拟设立的集合信托计划直接或间接以二级市场购买、大宗交易购买等方式取得并持有泰格医药的股票 ■ 本次集合信托计划规模上限为30 000万份，每份1元，按照1∶1设立优先级份额和劣后级份额 ■ 公司大股东叶小平先生为本集合信托计划的优先级份额的权益实现提供增信措施 ■ 本计划的存续期为48个月
2018年	2018年员工持股计划	■ 本次计划拟筹集总金额不超过10 000万元，以"份"为认购单位，每份份额为1元，资金来源为员工合法薪酬、自筹资金等 ■ 参与对象为公司部分董事（不含独立董事）、监事及高级管理人员、公司及公司全资子公司核心技术（业务）人员，参加对象总人数不超过100人，根据实际缴款情况确定 ■ 本计划批准后，可由董事会选择合适的资产管理机构并成立相应的资产管理计划进行管理，如未与任何一家管理机构达成合作，本次员工持股计划将由公司自行管理 ■ 计划的存续期为48个月
2018年	股票期权	■ 向激励对象授予500万份股票期权，约占公司股本总额50 017.65万股的1%，其中首次授予400万份，占本计划授出股票期权总数的80%，预留100万份，占本计划授出股票期权总数的20% ■ 激励对象为本公司及本公司全资子公司的核心技术（业务）人员、在公司工作满3年的部分人员，首次授予的激励对象总人数为379人 ■ 首期行权价格为54.06元/股 ■ 首期有效期最长不超过48个月

（续表）

时间	激励模式	重点内容
2019年	限制性股票	■ 向激励对象授予485.931 1万份限制性股票，约占公司股本总额的0.97%，首次授予408.841 7万份，占本计划授出限制性股票总数的84.14%，预留77.089 4万份，占本计划授出限制性股票总数的15.86% ■ 激励对象为本公司及本公司全资子公司的核心技术（业务）人员、在公司工作满3年的部分人员，首次授予的激励对象总人数为470人 ■ 首次授予限制性股票的授予价格为39.83元/股 ■ 本计划有效期最长不超过48个月

	激励范围	激励效果	约束效果	现金流压力	市场风险
股票期权	研发人员、核心管理层和老员工	一段时间后获得股票增值收益及持股分红	激励对象可以根据市场情况决定是否行权	企业先购买二级市场股票再转让给激励对象	二级市场股票价格变动大，易受影响
+					
限制性股票	核心技术人员和3年以上工龄的老员工	低价获得股票，即使股价下跌仍可以获得收益	激励对象获得股票和出售股票都有限制	企业先购买二级市场股票再转让给激励对象	二级市场股票价格变动大，易受影响
+					
员工持股	高级管理人员和核心技术（业务）人员	出资购买股份后即可享受股份分红等收益	委托资产管理机构或公司自行管理	公司回购本公司股票，员工折价出资认购	若成立资产管理计划，易受市场影响
=					
	面向公司多数员工开展激励	多种模式之间取长补短，相得益彰	不同模式下员工所受的约束有所区分	企业需要从二级市场回购对应的股票	有一定的市场风险，但近年泰格医药发展良好

图6-28　泰格生物多种股权激励模式组合后的特征与效果

> **小贴士**
>
> "小额、多样、高频、永续、全面"的理念
>
> 泰格医药先后采用不同的股权激励模式对公司员工进行激励,策略上符合"小额、多样、高频、永续、全面"的科学理念,股权激励的成效显著。

案例

新一代信息技术行业——以海康威视股权激励为例[1]

杭州海康威视数字技术股份有限公司(证券代码002415,以下简称"海康威视")是以视频为核心的智能物联网解决方案和大数据服务提供商。海康威视拥有视音频编解码、视频图像处理、视音频数据存储等核心技术,以及云计算、大数据、深度学习等前瞻技术,针对公安、交通、司法、文教卫、金融、能源和智能楼宇等众多行业提供专业的细分产品、IVM(互动视频媒介)智能可视化管理解决方案和大数据服务。

海康威视官网信息显示,截至2018年12月31日,海康威视全球员工超34 000人,其中研发人员和技术服务人员超16 000人,研发投入占企业销售额的8.99%,以绝对数额占据业内前茅。海康威视是博士后科研工作站单位,以杭州为中心,建立辐射北京、上海、武汉以及加拿大蒙特利尔、英国伦敦的研发中心体系,并计划在西安、成都、重庆和石家庄进行研发投入。

海康威视绝对算得上是一家技术驱动型的公司。拥有如此多的员工、技术人才、科研人才,意味着管理和激励是一件相当重要的事。

---

[1] 叶文婷. 基于行业生命周期的安防企业创新战略研究[D]. 乌鲁木齐:新疆大学,2018.

2018年8月，海康威视发布了《2018年限制性股票计划（草案）》，拟对6 514名员工进行股权激励（见表6-32）。

表6-32　海康威视股权激励人员组成

序号	激励对象来源	人数（人）
1	本公司经筛选的高层管理人员	6
2	本公司及下属分子公司经筛选的中层管理人员	141
3	本公司及下属分子公司经筛选的基层管理人员	432
4	本公司及下属分子公司经筛选的核心技术和骨干员工，由董事会根据公司特点和发展的需要等情况确定	5 935
合计	—	6 514

激励对象范围：公司部分高级管理人员、实现公司战略目标所需要的关键领域的中层管理人员、基层管理人员、核心技术和骨干员工。

进入机制：公司要求激励对象的绩效考核结果原则上应在合格或以上，同时需要满足相关法律法规的规定。最终，公司确定该次符合条件的激励对象共6 514人，约占2017年年底公司总人数的24.74%。

激励模式：限制性股票，标的股票为海康威视人民币普通股股票。

激励数量：本次授予限制性股票总量为131 960 548股，占公司股本总额的1.43%；具体到员工激励个量，最高的是高级副总经理徐习明，获授股票数量为197 000股，占本次授予总量的0.15%，占股本总额的0.002 1%。

授予价格：本次限制性股票的授予价格为16.98元/股。

股票来源：为海康威视向激励对象定向发行的人民币普通股股票。

资金来源：员工自筹资金。

授予条件：公司和激励对象需要同时满足相应条件，激励对象才可以获授股票（见表6-33）

表6-33 海康威视股权激励条件

	授予条件
公司层面	(1) 授予前一个财务年度，公司业绩达到以下条件 ■ 净资产收益率不低于以下三者之高者 ——20% ——同行业标杆公司前一年度水平的50分位 ——同行业标杆公司前三年度平均水平的50分位 ■ 授予时点前一财务年度公司营业收入较上年度增长率以及较三年前的复合增长率不低于以下三者之高者 ——20% ——同行业标杆公司前三年度复合增长率的50分位 ——营业收入增长率不得小于或等于0% (2) 公司未发生应当终止实施股权激励计划的情形
激励对象层面	(1) 授予前一个财务年度，激励对象个人绩效考核结果达到合格或合格以上 (2) 激励对象未发生不得参与激励计划的情形

解锁条件：公司和激励对象需要同时满足相应条件，限制性股票才可按照解锁安排进行解锁（见表6-34）。

表6-34 海康威视股权激励解锁条件

	解锁条件
公司层面	(1) 净资产收益率在各批次解锁时需达成以下条件：每次解锁时，前一年度净资产收益率不低于20%，且不低于标杆公司前一年度75分位水平（海康威视选取了30家行业属性及业务发展阶段相似，且具有可比性的A股上市公司作为业绩对标公司） (2) 解锁时点前一年度营业收入较授予前一年复合增长率需达成以下条件：每次解锁时，解锁时点前一年度相比授予时点前一年度的复合营业收入增长率不低于20%，且不低于标杆公司同期75分位增长率水平 (3) 解锁时点前一年的EVA（经济增加值）需较上一年度有所增长，且高于授予前一年的EVA（EVA=税后营业净利润-资本总成本） (4) 公司未发生应当终止实施激励计划的情形 (5) 解锁时股票市场价格（前5个交易日公司标的股票交易均价）应不低于授予时股票公平市场价格。如未达到，将延长解锁期，直至符合上述条件，即连续5个交易日公司标的股票经复权后的交易均价不低于授予时股票的公平市场价格（30.39元）

(续表)

	解锁条件
激励对象层面	（1）授予前一个财务年度，激励对象个人绩效考核结果达到公司的要求，即不能出现不合格的情形 （2）激励对象未发生不得参与激励计划的情形

时间安排：计划有效期10年，在符合授予条件的前提下，董事会有权向符合条件的人员授予限制性股票，原则上每次授予需间隔两年。其中，自限制性股票授予日起的24个月为锁定期，在锁定期内，激励对象获授的限制性股票被锁定，不得转让、不得用于担保或偿还债务等。在限制性股票授予后的24个月至60个月，分三次解锁，具体安排见表6-35。

表6-35　三次解锁具体安排

	解锁时间安排	解锁比例
第一次解锁期	授予日24个月后至36个月内	当次获授股票总数的40%
第二次解锁期	授予日36个月后至48个月内	当次获授股票总数的30%
第三次解锁期	授予日48个月后至60个月内	当次获授股票总数的30%

若任何一年未达到解锁条件，那么该部分标的股票作废，激励对象也不得在以后的年度内再次申请该等标的股票解锁。作废的限制性股票将由公司进行回购，回购定价原则将按照以下三者价格的低值确定。

- 标的股票授予价格。
- 回购实施前30个交易日公司标的股票平均收盘价。
- 回购实施前1个交易日公司标的股票收盘价。

收益封顶：海康威视对激励对象的收益上限做出了约定。

- 限制性股票解锁后,原则上激励对象获得的激励收益不得超过授予时点两年总薪酬的40%。如果公司实际业绩超过原定公司解锁业绩要求的50%以上,那么封顶水平可适当上浮,最高不超过激励对象同期年度薪酬的2倍。
- 激励收益超过上述封顶水平的,激励对象已获授但未解锁的限制性股票原则上不再解锁,或解锁后将收益超出部分交予上市公司。
- 原则上,限制性股票收益(不含个人出资部分)的增长幅度不高于业绩指标的增长幅度。

三、多元化、多业务模式企业的股权激励模式选择

(一)多元化、多业务模式企业的概念及特征

1. 概念

多元化、多业务模式企业是指从事的业务或生产的产品具有多样性的公司,通常又被称为"多元化业务集团公司"。比如,华润(集团)有限公司(以下简称"华润集团")是一家在香港注册和运营的企业,其前身是1938年中共为抗日战争在香港建立的地下交通站,1948年改组更名为华润公司,1983年改组成立华润集团。经过数十年的发展,如今华润集团主营业务包括日用消费品制造与分销、地产及相关行业、基础设施及公共事业三大领域。

华润集团由生产不同产品、经营不同业务的企业构成,是公认的多元化控股企业集团。从华润集团的企业规模来看,华润集团下设七大战略业务单元、19家一级利润中心,有实体企业2 300多家,在职员工40万人。华润集团在香港拥有5家上市公司,在内地拥有6家上市公司。华润集团旗下多家公司都已经做到行业前端,比如华润万家是中国第一

大连锁超市，华润雪花啤酒是世界销量第一的啤酒品牌，华润燃气也位居本行业第一。

目前，华润集团的资产达上万亿港元，2018年实现营收6 995亿港元，经营利润943亿港元，旗下业务涵盖零售、电力、地产、医药、水泥、燃气、金融等多个板块，知名品牌有华润万家、怡宝矿泉水、雪花啤酒、苏果超市、万象城等。[①]

2. 特征

（1）以产权为纽带。多元化、多业务模式的企业经过相当长时间的发展与积累，已经形成一个企业族群，产权是维系这个族群生存与发展的纽带。族群内的企业彼此形成了"投资与被投资""投资—控股"的关系。

（2）多级法人。母公司或总公司作为最高级别的独立法人，处于组织结构的最顶端，而集团下属各成员单位作为独立法人被分置于集团组织架构的中段或末端，形成层级式的组织架构。以华润集团的组织架构为例，第一级是华润集团，第二级是华润集团7个战略业务单元对应的子公司，第三级是19家一级利润中心；如果再往后衍生，则可以细分为2 300多家实体公司（见图6-29）。

（3）多层控制权。在多元化、多业务模式的企业中，根据母公司对子公司不同的控股比例，公司可以分为全资控股、绝对控股或相对控股，从而形成多层控制权。

---

① 黄玥，舒烟雨. 战略导向下企业预算管理体系构建——以华润集团为例[J]. 财会通讯：综合（中），2013（1）：96-97.

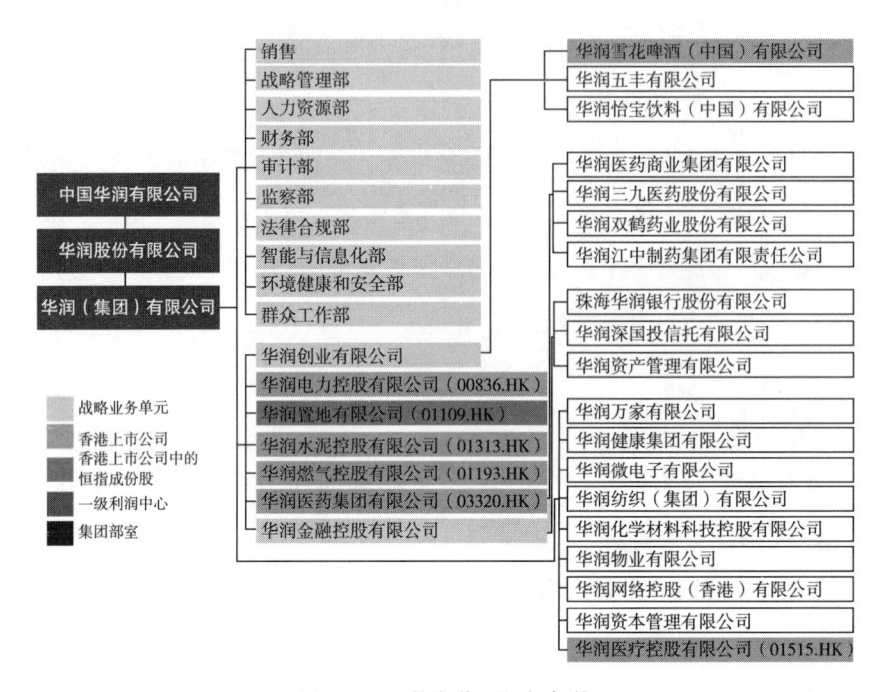

```
                              ┌─ 销售
                              ├─ 战略管理部
                              ├─ 人力资源部          ┌─ 华润雪花啤酒（中国）有限公司
                              ├─ 财务部             ├─ 华润五丰有限公司
                              ├─ 审计部             └─ 华润怡宝饮料（中国）有限公司
                              ├─ 监察部
 中国华润有限公司              ├─ 法律合规部          ┌─ 华润医药商业集团有限公司
                              ├─ 智能与信息化部      ├─ 华润三九医药股份有限公司
 华润股份有限公司              ├─ 环境健康和安全部    ├─ 华润双鹤药业股份有限公司
                              └─ 群众工作部          └─ 华润江中制药集团有限责任公司
 华润（集团）有限公司
                              ┌─ 华润创业有限公司    ┌─ 珠海华润银行股份有限公司
                              ├─ 华润电力控股有限公司（00836.HK）├─ 华润深国投信托有限公司
  ■ 战略业务单元              ├─ 华润置地有限公司（01109.HK）   └─ 华润资产管理有限公司
  ■ 香港上市公司              ├─ 华润水泥控股有限公司（01313.HK）┌─ 华润万家有限公司
  ■ 香港上市公司中的          ├─ 华润燃气控股有限公司（01193.HK）├─ 华润健康集团有限公司
    恒指成份股                ├─ 华润医药集团有限公司（03320.HK）├─ 华润微电子有限公司
  ■ 一级利润中心              └─ 华润金融控股有限公司           ├─ 华润纺织（集团）有限公司
  ■ 集团部室                                                    ├─ 华润化学材料科技控股有限公司
                                                                ├─ 华润物业有限公司
                                                                ├─ 华润网络控股（香港）有限公司
                                                                ├─ 华润资本管理有限公司
                                                                └─ 华润医疗控股有限公司（01515.HK）
```

图6-29 华润集团组织架构

来源：华润集团官网。

（二）多元化、多业务模式企业实施股权激励的痛点及策略

1. 痛点

俗话说"船大难掉头，船小好顶浪"，当企业发展成为多元化、多业务模式的企业时，这也意味着企业从早期的"手摇船"进击成为"巨轮"甚至"航母"。这个时候，牵一发而动全身，企业总部的任何一个决策都有可能给下属的分子公司带来影响。

就股权激励而言，企业可能会面临以下几个问题。

（1）一个模式无法适用于所有下属公司。各下属公司的业务可能出现跨行业、跨地区的情况。首先，针对跨行业这个问题，不同行业间股权激励的普及率、股权激励的模式选择、员工的需求等方面都有差别；其次，针对跨地区这个问题，不同地区间经济水平、实施股权激励的政策、财税政策等也有很大出入。因此，企业总部不可能用一种模式或一套方案解决整个企业股权激励的问题。

（2）股权激励的财务成本和管理成本太高。一般情况下，多元化、多业务模式的企业规模大、员工人数多。如果这类企业真的要做股权激励，这势必会增加企业的财务成本和管理成本。

（3）股权激励落地难。多元化、多业务模式的企业在组织架构上会有明显的层级，当总部推出某种股权激励方案时，经过层层传递，方案本身可能会变形。此外，下属公司一般自成利润中心，下属公司与总部之间、下属公司之间可能会产生利益冲突，下属公司未必会愿意接受总部的股权激励方案。

2.策略——分层激励加反向持股

（1）分层激励。

所谓分层激励，就是多元化、多业务模式的企业总部不用面向全企业推出股权激励方案，而是有两种解决方案。

方案一：总部和下属公司采取不同的模式。

总部可以采取业绩股票、业绩单元、股票增值权、延期支付、项目跟投机制、合伙人计划等对激励对象"高标准、严要求"的激励模式进行股权激励，以此激发总部工作人员的积极性和创造性；下属公司可以结合行业特征、地区政策、公司发展阶段等多个因素选择适宜的激励模式。

方案二：总部暂缓股权激励，由下属公司视情况选择股权激励模式。

通常，多元化、多业务模式的企业总部是管控中心，下属公司是成本中心和利润中心，所以股权激励的重点应该放在下属公司。实践中，针对下属公司赢利水平不一的情况,"劫富济贫"式的股权激励一定是不可取的。企业可以以单个公司为单位,在内部视情况选择合适的激励模式,先虚后实、逐个击破、循序渐进,慢慢达到下属公司反哺总部的境界。

(2)反向持股。

为了解决下属公司与总部利益不一致的问题,企业可以让下属公司的老板持有总部股份,这被称为"反向持股"。这种做法的好处是,可以让下属公司的老板主动关注总部的发展,而不再只强调和追逐某个下属公司的利益增长,从而大幅降低了总部的管理成本,稳定总部的股权结构,防御外部的恶意收购。

案例

多元化、多业务模式企业实施股权激励——以广厦集团为例[1]

广厦控股集团有限公司(以下简称"广厦集团")是在中国改革开放浪潮下成长起来的大型现代化企业集团,以产权为纽带,下设广厦建设、广厦房产、广厦投资、广厦旅游、广厦传媒、广厦国际六大行业集团和一家上市公司,主要经营范围涉及建筑、房地产、能源、金融、文化传媒、体育、制造、医疗、宾馆旅游等多个领域。其中,下辖的浙江广厦股份有限公司是原国家建设部推荐的全国建筑业首家上市公司。[2]

广厦集团现有成员企业100多家,员工总数12万人,总资产达365亿元,是浙江省人民政府重点培育的26家大型企业之一,被浙江省工商局、浙江省民营企业发展联合会认定为"浙江省转型升级引领示范企业"。2018年,广厦集团位列中国企业500强第206位,中国民营

---

[1] 彭薇.广厦消化不良步入生死劫[J].东方企业文化,2007(10):12-13.
[2] 沈韦.SZ建设集团股份有限公司品牌战略探索[D].南京:南京理工大学,2019.

企业500强第57位，浙江省百强企业第22位，浙江省民营企业百强第10位，浙商全国500强第15位，并蝉联中国民营建筑企业第一位。

历时34年，一家企业发展到如此体量，不仅有时代机遇的因素，更与领航人楼忠福的管理智慧和经营哲学有着莫大的关系。这一点在广厦集团的股权激励上体现得淋漓尽致。

2006年，广厦集团的发展遭遇瓶颈，最核心的困境是下属公司要对集团"输血"。在资金抽调总部后，许多子公司的项目建设就会遇到障碍，区域性公司办事动力不足、效率低下，直接影响子公司在当地的口碑，甚至使集团的形象跟着一落千丈。[①]此时，创始人楼忠福强势复出，将原总裁楼明（楼忠福之子）"下放"到广厦建设集团锻炼。在这一时期，楼忠福将广厦集团原来的垂直管理转变为区域管理，即在适当地区设立区域集团，当区域集团组建后，子公司的发展就由区域集团董事会自行决策，真正做到向经营层放权。按照楼忠福的设想，随着广厦集团的放权，管理层的才能将得到进一步发挥，每个区域集团都将获得快速发展的机会。每个区域集团等于一个小的广厦，假以时日，就相当于再多个广厦。

为此，楼忠福还拍板了股权激励计划。广厦集团采用期股激励的模式，其中有多处亮点。

（1）激励对象及激励数量。主要针对子公司的管理层，总体上每家公司拿出30%的股份实施股权激励（少数公司视情况微调）。其中，持股比例为董事长15%、副董事长5%、总经理4%、常务副总经理2%、财务总监2%、其他2%，共计30%。

（2）引入信托公司并创造"按揭购股"的激励计划。广厦集团员工出资采取"首付+按揭"的方式。其中，员工获得的实股的一半由激励

---

① 彭薇.广厦消化不良步入生死劫[J].东方企业文化，2007（10）：12-13.

对象自行出资入股，在完成购股首付的基础上，子公司的管理层按下列步骤与信托公司完成按揭购股计划。

- 管理层与信托公司制订一个"按揭持股"的信托计划。
- 管理层与信托公司共同签订正式的信托合同，由信托公司利用信托计划为购买剩余股份进行融资，并通过信托公司的中介作用，利用股权做贷款保证。
- 信托公司利用融来的资金以自己的名义购买管理层未出资部分股权。
- 管理层自己出资购买的股份根据信托合同所约定的权限由信托公司持有、管理、运用和处分；管理层按照信托计划将股权作为偿还本息的质押物，并通过信托公司将持股分红所得现金逐年偿还贷款。[1]
- 贷款本息归还完毕后，信托公司将股权归还给信托合同指定的受益人。管理层成为公司的真正股东，公司向工商部门申请公司股权结构的变更。

（3）子公司董事长反向持有总公司的股权。为解决广厦集团区域性公司办事不力的问题，广厦集团还推出了反向持股计划。反向持股并不是股权激励的模式，而是为了配合股权激励推出的"经理人购股计划"，仅针对各子公司的董事长实施。集团公司拿出3%的股份分给80多个子公司的董事长，人均购买0.04%的集团股份。"0.04%"看上去不高，背后对应的价值却是相当丰厚的。据悉，子公司董事长持有集团公司0.04%的股份的收益和获得子公司15%激励股权的收益是相当的。按照规定，子公司董事长如果想继续任职且参与公司股权激励计划，就

---

[1] 韩大涛，黄艳丽，莫长彬. 我国企业管理层收购（MBO）融资问题研究[J]. 市场论坛，2011（10）：37-39.

必须掏钱购买集团公司的股份,这种"强制购股条款"让子公司董事长在决策时必须兼顾集团和子公司双方的利益,进而使子公司与集团公司的利益实现了统一。反向持股计划简直是广厦集团实施股权激励计划过程中的"神来之笔"。

第六节 股权激励模式特征的总结

本章重点为大家介绍了常见的股权激励模式和几种创新的股权激励模式。为了便于大家理解和应用,我对前文涉及的股权激励模式的特征进行了对比(见表6-36),以便大家选择股权激励模式时有所参考。

表6-36 股权激励模式的特征进行对比

	激励模式	短期激励性	长期激励性	约束性	企业现金压力	市场风险影响
分利不分权	干股	中	中	中	弱	弱
	虚拟股权(票)	强	中	中	强	中
	延期支付	中	强	中	强	中
	业绩股票	强	强	中	中	中
	股票增值权	中	中	中	强	强
	账面价值增值权	中	中	中	强	弱
	员工持股计划	中	中	中	弱	中
先分利后分权	期股	弱	强	强	弱	强
	股票期权	弱	强	强	弱	强
	第一类限制性股票	弱	中	强	弱	中
	第二类限制性股票	弱	强	强	弱	强

（续表）

激励模式		短期激励性	长期激励性	约束性	企业现金压力	市场风险影响
分利又分权	实股（原始股）	强	强	强	弱	中
	管理层收购	强	中	中	弱	强
创新模式	项目跟投机制	强	强	强	强	强
	资产管理计划	中	中	中	弱	强
	收益权转让	中	中	中	强	强
	合伙人计划	强	强	强	弱	中
	内部孵化模式	中	强	中	弱	弱
	阿米巴模式	中	强	中	弱	弱
	上下游激励模式	中	强	中	弱	强

第七章

股权激励第五步
——定来源

↪ 确定好激励模式与激励对象后,
还需要考虑两个现实问题:
激励股权和员工购股资金从哪里来?
如何让股东与员工大大方方参与股权激励?

第一节　股票来源

作为"舶来品"的现代企业股权激励，最开始没有在中国找到适合其生存的土壤。2006年之前，我国上市公司在实行股权激励时常常遇到一个难题：激励股票从哪里来？彼时，《中华人民共和国公司法》对公司回购本公司的股票采取禁止的态度，也不存在库存股的概念。2006年之后，为了帮助上市公司实施股权激励，证监会于2006年1月1日施行的《上市公司股权激励管理办法（试行）》第十一条规定：拟实行股权激励计划的上市公司，可以根据本公司实际情况，通过以下方式解决标的股票来源：（1）向激励对象发行股份；（2）回购本公司股份；（3）法律、行政法规允许的其他方式。同时，《中华人民共和国证券法》和《中华人民共和国公司法》也做了相应的调整，允许本公司的员工取得上市公司回购本公司的股票奖励。在我国股权激励实践中，常见的激励股权来源有四种，分别是定向增发、转让、预留股权池、回购。

一、上市公司常用股票来源

（一）定向增发

定向增发是指公司向证监会申请一定数量的定向发行股票的额度，以满足激励对象参与股权激励的需要。定向增发是上市公司解决股权激励计划中股权来源的重要方式，既对公司没有盈利要求，操作时也不用通过发审委的烦琐审批，只要向证监会申请获得批准后，召开股东大会审议，同时按照交易所规制进行及时公告即可。定向增发主要针对上市公司，在非上市公司中，这种方式被称为增资扩股。

采用定向增发获取激励股权来进行股权激励的方式又被称为"定增式"员工激励。自2013年以来，数百家公司披露的定向增发方案均为公司高管或骨干员工制订了股权激励计划，具体方法不一：高管或员工直接作为定增对象；高管持股公司参与定增；高管通过购买资管产品等方式参与。定增式股权激励受欢迎的原因主要有三个：第一，随着经济的发展，公司高管或员工的投资意识和出资能力有所提高；第二，近年来A股市场时常出现并购重组浪潮，使得高管或核心员工参与定向增发的机会增多；第三，高管和员工参与公司的股权激励或员工持股计划可以有机会分享公司未来成长的红利。

案例
金风科技：操作简便、一举两得的"定增式"

金风科技股份有限公司（以下简称"金风科技"）成立于1998年，主要从事全球清洁能源和节能环保业务，隶属于风电行业，多次入选"全球创新能力企业50强"，并在深交所、港交所两地上市。

2013年是中国风电行业经历低迷后逐渐回暖的一年，2014年随着特高压线路建成和国家并网政策的出台等多种利好因素，风电运营商的利润率也跟着复苏。为了给公司业务拓展提供资金资源，也为了给公司部分董事、高级管理人员和具备相应出资实力的普通员工提供自愿投资的机会，更为了进一步提升公司员工参与持有公司权益的范围和比例，调动员工积极性，2014年9月，金风科技发布《非公开发行A股股票预案》。根据该预案，公司拟非公开发行A股股票数量为4 095.30万股，其中，王海波、曹志刚、霍常宝、马金儒等7名员工各认购55万股，杨华认购40万股，海通资管作为管理人管理的海通金风1号集合资产管理计划认购1714万股、海通金风2号集合资产管理计划认购1 956.30万股；本次非公开发行的股票价格为定价基准日前二十个交易日股票交易均价（9.85元/股）的90%，即8.87元/股，发行对象以现金方式全额认购本次发行的股票；本次募集资金总额预计约为36 325.31万元，扣除发行费用后将全部用于补充公司流动资金。同时，预案还约定了三年的限售期。

预案载明，海通金风1号集合资产管理计划及海通金风2号集合资产管理计划是由公司部分高管及具备出资能力的员工实际出资设立的，言外之意就是本次非公开发行股票的对象全部为公司高管和员工。这种定增方案的本质就是员工持股计划，只是在形式上做了创新，使操作更加简单便捷。

回看整个预案，可以说是一举两得：第一，拓宽资金来源，改善公司偿债能力，降低偿债风险；第二，让员工更广泛地自愿参与公司投资，有利于提高员工的积极性，有效地结合股东利益、公司利益和员工个人利益，使持有公司股份或对应资管产品份额的员工可以分享到未来公司发展红利，从而实现公司的可持续发展。

（二）回购股票

根据股票回购主体的不同，激励股权的来源又可以细分为公司自己回购和以第三方机构名义回购两种。

1. 公司自己回购

公司自己回购是指公司直接从股票二级市场购回股权激励所需的股票，将回购的股票放入库存股票账户。根据股权激励计划的需要，库存股将在未来某个时间再次出售并转让给激励对象。

2018年（《中华人民共和国公司法》修改之前），法律对公司回购股份用于奖励本公司职工有严格的限制：在此用途下，公司收购的本公司股份不得超过本公司已发行股份总额的5%，且所收购的股份应当在一年内转让给职工。这样的制度安排尽管为公司通过股票回购的方式解决激励股票来源问题提供了法律依据，但也设置了严格的时间限制，这使得公司在实施股权激励计划时，不能根据公司的实际情况灵活设置等待期或锁定期。

2018年上半年，中国A股市场整体低迷，各家上市公司纷纷采取增持、回购、激励等方式来护盘。数据显示，2018年1月1日至2018年8月31日，沪深两市有153家上市公司公告回购预案，其中明确回购用途为股权激励或员工持股的公司有43家。让证监会下定决心修改《中华人民共和国公司法》中关于"回购制度"的事件是美的集团在2018年7月发布高达40亿元的常规回购预案——这次回购堪称史上最大规模常规回购预案，一时间将上市公司回购股份的话题推到风口浪尖。2018年10月26日，官方公布了对《中华人民共和国公司法》第一百四十二条的修改决定，并于公布之日起施行（见表7-1）。

表7-1　2018年10月《中华人民共和国公司法》修改前后对照表

修改前	修改后
第一百四十二条　公司不得收购本公司股份。但是有下列情形之一的除外：	第一百四十二条　公司不得收购本公司股份。但是有下列情形之一的除外：
（一）减少公司注册资本； （二）与持有本公司股份的其他公司合并； （三）将股份奖励给本公司职工； （四）股东因对股东大会作出的公司合并、分立决议持异议，要求公司回购其股份的。	（一）减少公司注册资本； （二）与持有本公司股份的其他公司合并； （三）将股份用于员工持股计划或者股权激励； （四）股东因对股东大会作出的公司合并、分立决议持异议，要求公司回购其股份的； （五）将股份用于转换上市公司发行的可转换为股票的公司债券； （六）上市公司为维护公司价值及股东权益所必需。
公司因前款第（一）项至第（三）项的原因收购本公司股份的，应当经股东大会决议。	公司因前款第（一）项、第（二）项规定的情形收购本公司股份的，应当经股东大会决议；公司因前款第（三）项、第（五）项、第（六）项规定的情形收购本公司股份的，可以依照公司章程的规定或者股东大会的授权，经三分之二以上董事出席的董事会会议决议。
公司依照前款规定收购本公司股份后，属于第（一）项情形的，应当自收购之日起十日内注销；属于第（二）项、第（四）项情形的，应当在六个月内转让或者注销。	公司依照本条第一款规定收购本公司股份后，属于第（一）项情形的，应当自收购之日起十日内注销；属于第（二）项、第（四）项情形的，应当在六个月内转让或者注销；
公司依照第一款第（三）项规定收购的本公司股份，不得超过本公司已发行股份总额的百分之五；用于收购的资金应当从公司的税后利润中支出；所收购的股份应当在一年内转让给职工。	属于第（三）项、第（五）项、第（六）项情形的，公司合计持有的本公司股份数不得超过本公司已发行股份总额的百分之十，并应当在三年内转让或者注销。
	上市公司收购本公司股份的，应当按照《中华人民共和国证券法》的规定履行信息披露义务。上市公司因本条第一款第（三）项、第（五）项、第（六）项规定的情形收购本公司股份的，应当通过公开的集中交易方式进行。
公司不得接受本公司的股票作为质押权的标的。	公司不得接受本公司的股票作为质押权的标的。

2018年《中华人民共和国公司法》修正案中第一百四十二条最大的变化有两点：其一，提高回购股份数量上限，将公司回购股份用于股权激励或员工持股的数量上限由公司已发行股份总额的5%提高到10%；其二，首次明确库存股的概念，并且明确库存股持有期限最长可达三年。

回购政策的"松绑"对于上市公司市值管理是一大利好。与现金激励相比，回购股份更具含金量，当每股对应的收益、净利润和权益增加时，持有者的投资价值也会随之增加。因此，在回购新规落地后3天内，共有59家公司拟进行回购，回购上限规模超100亿元；截至2018年10月28日晚间，就有超过40家公司公布股份回购意向或相关进展。

2018年11月23日，为了呼应《中华人民共和国公司法》第一百四十二条的修改，沪深两市交易所均公告了《上市公司回购股份实施细则（征求意见稿）》，后正式发布实施。其中，第七条明确表达鼓励回购的官方立场——上市公司以现金为对价，采用要约方式、集中竞价方式回购股份的，视同上市公司现金分红，纳入现金分红的相关比例计算。此外，回购细则还明确了回购股份的处理方式、决策程序、资金来源和防忽悠式回购的措施（见表7-2）。

表7-2 上交所公告的《上市公司回购股份实施细则》核心内容

核心内容	具体规定
适用范围	（一）减少公司注册资本； （二）将股份用于员工持股计划或者股权激励； （三）将股份用于转换上市公司发行的可转换为股票的公司债券； （四）上市公司为维护公司价值及股东权益所必需。 前款第（四）项所指情形，应当符合以下条件之一： （一）本公司股票收盘价格出现低于最近一期每股净资产； （二）连续20个交易日内本公司股票收盘价格跌幅累计达到30%； （三）中国证监会规定的其他条件。 上市公司因前两款规定以外情形回购股份的，按照《公司法》《证券法》、中国证监会和本所的相关规定办理。

（续表）

核心内容	具体规定
回购条件	上市公司回购股份应当符合以下条件： （一）公司股票上市已满一年； （二）回购股份后，公司具备债务履行能力和持续经营能力； （三）回购股份后，公司的股权分布原则上应当符合上市条件；公司拟通过回购股份终止其股票上市交易的，应当符合相关规定； （四）中国证监会规定的其他条件。 上市公司因本细则第二条第一款第（四）项规定的情形实施股份回购并减少注册资本的，不适用前款关于公司股票上市已满一年的要求。
回购方法	上市公司应当依法采用下列方式之一回购股份： （一）集中竞价交易方式； （二）要约方式； （三）中国证监会认可的其他方式。 上市公司采用要约方式回购股份的，参照《上市公司收购管理办法》关于要约收购的规定执行。
回购总量	属于回购范围二、三、四项的，合计持有的本公司股份数不得超过本公司已发行股份总额的10%，并应当在持有3年内转让或注销。
回购资金来源	（一）自有资金； （二）发行优先股债券募集的资金； （三）发行普通股取得的超募资金、募投项目结余资金和已依法变更为永久补充流动资金的募集资金； （四）金融机构借款； （五）其他合法资金。
回购规模和资金安排	上市公司应当合理安排回购规模和回购资金，并在回购股份方案中明确拟回购股份数量或者资金总额的上下限，且上限不得超出下限的1倍。
回购价格区间要求	上市公司回购股份应当确定合理的价格区间，回购价格区间上限高于董事会通过回购股份决议前30个交易日该股票平均收盘价的150%的，应当在回购股份方案中充分说明其合理性。
回购实施期限	属于回购范围一、二、三项的，自董事会或者股东大会审议通过最终回购股份方案之日起不超过12个月；属于第四项的，期限为不超过3个月。

（续表）

核心内容	具体规定
回购交易的窗口期限	上市公司在下列期间不得回购股份： （一）上市公司定期报告、业绩预告或者业绩快报公告前10个交易日内； （二）自可能对本公司股票交易价格产生重大影响的重大事项发生之日或者在决策过程中，至依法披露后2个交易日内； （三）中国证监会和本所规定的其他情形。
每日回购数量要求	每5个交易日回购股份的数量，不得超过首次回购股份事实发生之日前5个交易日该股票成交量之和的25%，但每5个交易日回购数量不超过100万股的除外。
竞价回购申报价格与时间限制	上市公司采用集中竞价交易方式回购股份的，其交易申报应当符合下列要求： （一）申报价格不得为公司股票当日交易涨幅限制的价格； （二）不得在本所开盘集合竞价、收盘前半小时内股票价格无涨跌幅限制的交易日内进行股份回购申报； （三）中国证监会和本所规定的其他要求。
已回购股份的减持	所回购的股份属于上述回购范围第四项的，可以按照本章规定在发布回购结果暨股份变动公告6个月后来用集中竞价交易方式减持，但下列期间除外： （一）上市公司定期报告、业绩预告或者业绩快报公告前10个交易日内； （二）自可能对本公司股票交易价格产生重大影响的重大事项发生之日或者在决策过程中，至依法披露后2个交易日内； （三）中国证监会和本所规定的其他情形。 本章所称的减持是指上市公司根据前款规定采用集中竞价交易方式出售已回购股份的行为。
减持数量限制	上市公司采用集中竞价交易方式减持已回购股份的，每日减持的数量不得超过减持预披露日前20个交易日日均成交量的25%，但每日减持数量不超过20万股的除外。

整体而言，回购新规明确了回购后股份的处置方式，即在持有半年并履行必要的决策程序后，可通过集中竞价交易方式卖出。这一安排能使上市公司平衡好股份回购和日常经营过程中的资金需求，从决策程序来看也更为宽松简单、易于操作。但同时回购新规也给股东利益和市

场秩序留下了隐患。因为2018年我国股市行情大幅波动，上市公司实施股权激励计划时还伴随着大股东或控股股东的减持行为，这表明大股东与中小股东利益并不一致，无法形成支撑上市公司股价的合力。首先，鼓励上市公司回购股份用于管理层激励或员工持股，本质上是用股东的钱给管理层或骨干员工带上金手铐，这在一定程度上会影响股东的利益；其次，回购新规规定除了自有资金外，上市公司还可以通过优先股、债券、再融资等方式回购股份，这就意味着上市公司可以一边融资一边回购，循环往复地伤害中小股东的利益；最后，大股东或实际控股股东可能在股价高位回购自家股票，为自己的股权质押和融资保驾护航，将自己的利益无限放大。回购新规一旦被滥用，势必会影响资本市场的有序性。

上市公司股份回购应建立在公司业绩增长的基础上，并且股权激励的实施模式应体现长期投资和价值投资理念，尽量减少因短期市场波动而诱发的大股东或员工短期行为，进而使员工、中小股东和大股东的利益紧密结合，最终达到使上市公司稳健持续发展的目的。

北京昆仑万维科技股份有限公司（以下简称"昆仑万维"）回购股份的过程看似是跟随政策推行而修订，但其背后是否具有其他相关因素也引发了不少的争议与猜测。

案例
昆仑万维:《上市公司回购股份实施细则》发布前后的方案修改对比

昆仑万维是一家综合性互联网公司，在全球范围内形成了由移动游戏平台、休闲娱乐社交平台、社交平台、信息资讯四大业务板块组成的社交媒体和内容平台。根据公司官网信息，当前昆仑万维全球员工人数已增至4 000多人，集团旗下的业务和子公司已先后拓展至美国、俄罗斯、日本、韩国、印度等其他国家，发展势头强劲。

自2015年起，昆仑万维已经实施多轮股权激励。2019年1月3日，昆仑万维发布公告再次推行股权激励计划，计划向董事、高管以及核心技术人员合计62人授予4 955万份股票期权（占公司总股本的4.30%），行权价格为13.51元/股。行权安排设置为三个行权期，行权比例依次为30%、30%、40%。各年度业绩考核目标为：2019年净利润不低于12.0亿元，2019年和2020年两年累计净利润不低于25.5亿元；2019年、2020年和2021年三年累计净利润不低于40.5亿元。2019年1月24日，公司董事会正式通过授予方案，昆仑万维的股权激励计划正式执行。

在该股权激励计划公告之前，昆仑万维于2018年8月27日在巨潮资讯网上公布了《关于回购股份预案的公告（修订稿）》，其中约定公司回购股份的资金在3亿~10亿元之间（含本数），资金来源为公司的自有资金。截止股权激励计划公告当天，公司已经回购了1 533.7万股，均价为13.04元/股。这份回购股份预案与新推的股权激励计划结合在一起，不仅覆盖营收和净利润的业绩考核指标，而且充分体现了管理层对公司未来发展的信心。

2019年1月11日，深交所颁布了《上市公司回购股份实施细则》；2019年1月30日，昆仑万维立即根据回购新规对先前公布的回购方案进行了补充修订。这次补充修订明确了回购资金总额的上下限、回购股份的用途、各种用途的资金上下限以及拟回购股份的种类、数量、占公司总股本的比例等主要内容，其他内容亦有增加及顺序调整（见表7-3）。

表7-3　昆仑万维回购方案核心内容修订前后对比表

内容	修订前	修订后
回购股份的资金总额	不低于3亿元，不超过10亿元	不低于3亿元，不超过6亿元

（续表）

内容	修订前	修订后
回购股份的用途	用于依法予以注销并相应减少注册资本或后期实施股权激励计划	用于后期实施股权激励、员工持股计划。回购后三年内未使用部分将依法予以注销，公司注册资本将相应减少
预计回购后公司股权变动情况	若按回购金额上限10亿元，回购价格上限25元/股，回购数量40 000 000股进行测算，回购股份比例约占公司总股本的3.47%	按照本次回购资金总额上限6亿元，以回购价格上限25元/股进行测算，预计回购股份数量约为24 000 000股，约占目前总股本的2.08%
实控人、管理层减持计划	无	在回购期间（2018年9月10日至2019年9月10日）实控人周亚辉、股东新余盈瑞世纪软件研发中心（有限合伙）、总经理王立伟均有减持计划

从修改前后的内容来看，修改后的回购方案明显是按照2019年1月11日公布的回购新规修改的，内容更加完善、全面，但也隐藏着一些套路。昆仑万维在2019年1月3日公告的回购进展信息显示，彼时昆仑万维已经回购了1 533.7万股股份，均价为13.04元/股，累计耗资近2亿元；离4 995万股的回购目标还剩3 461.3万股的距离，如果按照回购方案调整后一天（1月31日）的股价12.75元/股来算，那么昆仑万维还需支付约4.41亿元的回购资金；前后相加明显超过6亿元的回购资金上限，此时就产生了大股东减持股份的"正当"需求。截至2019年7月22日，周亚辉及其一致行动人盈瑞世纪通过集中竞价方式合计减持公司股份2 059.14万股，占公司总股本的1.82%，减持均价14.49元/股，套现近3亿元。至此，周亚辉及其一致行动人盈瑞世纪提前一周终止减持计划。昆仑万维一边将回购股份用于股权激励提振市场，另一边让大股东持续减持套现，这种行为引发不小的争议。再看看昆仑万维自2015年上市以来的数据，2016—2018年昆仑万维营业收

入和净利润逐年增长，但是股价却逐年下跌，三个年度股价跌幅分别约为47%、4%和37%。当周亚辉等大股东赚得盆满钵满时，中小股东的利益如何保障却始终是一个问号。

2. 以第三方机构名义回购

以第三方机构名义回购是指公司委托信托公司、股票经纪公司等第三方机构从二级市场回购一定数量的股票供激励对象参与股权激励计划。这种方法在2006年《上市公司股权激励管理办法（试行）》实施以前用得比较多。由于那时《中华人民共和国公司法》明确禁止公司回购本公司股份和库存导致上市公司在实施股权激励计划时面临着激励股票不足的严重障碍，为了避开法律的限制，上市公司就采取委托第三方机构回购股份的方法来解决激励股票来源的问题。2006年之后，随着一系列法律法规的出台，针对股票回购和定向增发的限制已经放开，所以以第三方机构名义回购的情况明显减少，但是仍有少部分公司采取这种方法。其目的有两个。第一，想采用信托等方式来规范股权激励计划中的操作问题；第二，想要绕开旧《中华人民共和国公司法》要求公司在回购股份用于奖励本公司职工时必须在1年内转让给激励对象的时间限制。但随着2019年1月沪深两市的回购新规颁布，股份转让的时间放宽到了三年。我们可以预见，因为第二种目的采取以第三方机构名义回购股份的情况将会有所减少。

在第六章"定模式"中，宏广能源的资产管理计划、海宁皮城的信托计划、广厦集团的按揭购股计划等都是以第三方机构名义回购股份用于员工股权激励的例子。在实践中，上市公司偏爱的第三方机构是信托公司，这主要是因为与其他渠道相比，委托信托公司购买股票有三大优势。

（1）制度成本低。在回购新规颁布前，《中华人民共和国公司法》

对上市公司回购本公司股份用于奖励职工有1年的转让时间限制，采用委托信托公司回购股票的方式可以为公司实施股权激励提供一个稳定的股票来源渠道，并且这种方式不需要经过监管部门的审批，只需股东大会批准方案后报证监会和证券交易所备案即可。但回购新规颁布后，这一优势被削弱。

（2）股票来源持续稳定。如果上市公司的业绩表现良好，再加上优质信托机构的信誉背书，那么信托公司从二级市场购买股票的数量将得到有效保证，此时股票来源具有可持续性和稳定性。

（3）员工行权灵活机动。通常，信托公司的股票账户具有"储蓄"功能，它可以将公司从各种渠道获得的股票保存在一起，使激励对象行权时可以随时提取所需的股票，操作上灵活机动，相当便利。

当然，公司在享受信托公司回购股票带来的便利时，也要承担一定的财务成本，主要包括信托公司的佣金、服务费以及交易过程中的回购资金、手续费、印花税等。

3.回购型激励与增发型激励的区别

从上市公司公告的文件来看，大部分公司使用定向增发和回购股票两种方式解决激励股权的来源问题，但回购型激励与增发型激励还存在一定的区别，主要表现在自主定价规则的差异上。《上市公司股权激励管理办法》对激励计划的定价标准进行了原则规定，同时允许公司自主定价。但从实践中各公司实施股权激励时的定价依据来看，增发型股权激励还是直接采用定价标准的居多，很少有公司采用自主定价的方式，原因在于增发股票将直接摊薄原有股东的权益，很难说清楚自主定价的依据及其合理性。而回购型股权激励则不一样，由于回购并不涉及总股本的扩张，公司相当于用本该发奖金的钱买了公司的股票给员工，折价卖给员工具有天然的合理性，所以多数公司以回购均价的5折甚至更低的折扣授予员工。

> **案例**
> 用友网络股权激励授予价格：回购型激励折扣更低
>
> 用友网络于2019年9月9日向员工实际授予限制性股票，股票来源为公司从二级市场回购的本公司A股普通股，授予价格为6.11元/股，而最终实际授予数量多达70.606万股，实际授予人数多达150人。
>
> 而此次授予的每股限制性股票的公允价值根据《企业会计准则第11号——股份支付》及《企业会计准则第22号——金融工具确认和计量》的相关规定，以市价为基础，最终计量得出的价值为29.49元/股，授予价格低近其公允价值的2折！

（三）科创板允许科创企业带股权池过会

前述的股票来源方式适用于所有上市公司，而普通公司要上市必须股东明确，所以普通公司都会在上市前将股权激励计划加速行权或者终止。但是，高科技、互联网服务等新经济行业的科创企业发展均重度依赖于核心技术、核心技术人才和核心业务人才，因此对科创企业而言将员工与企业深度绑定是一个刚需。2018年6月6日，证监会公布并施行《关于试点创新企业实施员工持股计划和期权激励的指引》首次明确提出"允许试点企业存在上市前制订、上市后实施的期权激励计划"。2019年3月1日，证监会发布的科创板"2+6"系列规则开创了科创企业上市前员工股权激励计划（Pre-IPO ESOP）在原审核规则下的新突破，允许科创企业做出与现行A股上市公司股权激励的差异化选择。

先前，A股主板、创业板、中小板对拟上市公司发行条件进行审核时要求"发行人股权清晰"，即不允许发行人审核期间的股权结构和公开发行后限售期内的存量股存在不确定性或者重大变动，这就造成前述企业在上市申报前必须行权完毕。但科创板规则规定科创企业可以带期权过会，允许激励股份来源可以以公司股份为标的，采用限制性股份、股票期权（上市后行权的期权计划）或者交易所认可的其他方式。发行人全部在有效期内的股权激励计划所对应股票数量占上市前总股本的比例原则上不得超过15%，且不得设置预留权益。这就意味着科创板允许科创企业带股权池过会，这也是监管部门在科创板进行试点的表现。

对企业而言，带股权上市的激励模式让企业在设计方案时更加灵活，因为不需要在上市前确权，期权的授予和回收也相对方便，不用频繁地去工商局办理变更手续；而行权放在了上市之后，通过增发形式让员工获得股份，也就减少了公司前期为股权激励做股份预留的成本。允许企业带股权池过会的宽松政策让更多的创新、创业企业可以参与科创板的上市申报。数据显示，截至2019年5月16日，科创板共有110家申报企业，其中有95家申报企业实施了股权激励，占比高达86%。

而伴随着政策的推行，科创板也不乏第一个吃螃蟹的企业。科创板企业带股权池过会的制度随着第一例成功过会的企业诞生，也进入了紧锣密鼓的政策落地阶段。

案例

上海硅产业集团股份有限公司：科创板第一例成功过会IPO期权激励计划[①]

上海硅产业集团股份有限公司科创板首发过会，成为第95家科创板IPO过会公司。而该公司的招股说明书（上会稿）详细披露了其在科创板上市申报前制订、上市后实施的期权激励计划，即硅产业的期权计划成为严格意义上科创板第一例成功过会带过IPO的期权激励计划。

---

① 案例来源：《招股说明书》，上硅产业。

二、非上市公司常用股票来源

（一）股东同比例稀释转让股权

大股东转让股权势必会减少大股东的股权数量和经济利益，在股权集中的非上市企业相对适用，但如果换到股权相对分散的上市企业，那么无论让哪个股东拿出股权似乎都不妥当。毕竟让一个股权有限的股东拿出自己的股权做激励，其他股东只是单纯享受员工被激励的好处而无须承担任何责任，这就有失公平，长此以往会引发股东间的不愉快。此时最好是由所有股东同比例稀释股权，这样可以体现"责任共担"的理念，并且有两个好处：其一，获取的激励股权数量相对充足且相比大股东直接转让的方式而言更具持续性；其二，所有股东都为股权激励付出了成本，这会让他们更加关注员工激励情况和公司的整体发展。需要注意的是，股东同比例稀释转让股权用作股权激励仅适用于非上市公司，而上市公司是不能采取此种做法的。

案例
某民营教育机构：冻结激励股权权利、维护大股东利益

2019年年初，一家民营教育机构找到澜亭股权研究院，想要对机构内一名持续工作满3年并且拥有丰富的招生资源的老员工实施股权激励。初步沟通后，我们定好了激励模式、激励对象、进入机制等系列要点，但最终卡在了如何获取10%的激励股权这一现实问题上。该教育机构一共有3名股东，其股权比例分别为40%、30%、30%，公司成立时并没有预留股权池。如果直接采用大股东转让的方式作为激励股权来源，那么大股东的股权比例将直接降至30%，与另两位创始股东的持股比例相同，痛失一票否决权，这绝对是大股东不能接受的。但作为一家教育机构，招生资源相当重要，面对日益激烈的市场竞争，该员工

随时有可能被挖墙脚。澜亭股权研究院与三名股东分别交流后，确定了3名股东都有激励老员工的意思，于是向他们提出了同比例稀释的方法并佐以深入的利弊分析。其后，3名股东一致同意该方法，即3名股东分别拿出4%、3%、3%的股权激励该名员工。但激励协议中约定，激励股权的投票权、表决权冻结3年，若该员工连续3年完成全部业绩考核指标，那么其股权的权利限制解冻，公司3名创始股东配合其办理工商变更手续，将其纳为正式股东。

（二）预留股权

1.公司创立时预留股权

预留股权是指在公司成立之初，股东之间在进行股权分配时就协商好预留一部分股权用于引进投资人、新股东或将来的员工激励等。在实际操作中，为了顺利办理工商登记手续，股东们会商定将该部分预留的股权放在大股东名下由其代持或专门设立持股平台，当约定的事由出现后，股东们只要直接从预留的股权中拿出部分股权即可。

对于预留股权，公司一定要明确约定好代持以及利益分配方式。

案例
某食品生产公司：预留激励股份，利益按出资比例分配

张总、周总、王总三人决定一起投资设立一家食品生产公司，张总负责订单，周总负责食品配方研发，王总负责日常管理。公司注册资本拟设定为1 000万元，三人出资比例依次为45%、35%、20%。三人都认为食品生产企业销售、安全等问题相当重要，之后一定要吸纳更多的员工或股东参与到公司的管理、运营、研发当中。于是，三人一致同意预留20%的股权用作引进新股东或进行员工股权激励，预留的股权

先由张总代持，在股权分配出去之前，仍按出资比例进行利益分配（见表7-4）。

表7-4 公司成立时股东间的股权分配数据

	张总	周总	王总	预留
出资比例	45%	35%	20%	—
出资金额	450万元	350万元	200万元	—
实际股权比例	36%	28%	16%	20%
工商登记股权	56%	28%	16%	—

2. 前次股权激励计划中预留部分股权

通常，公司在第一次实施股权激励计划时总会将激励股权分成两部分，一部分用于首次授予激励对象，另一部分作为预留的股权等待下一次公司实施股权激励计划时取用。公司预留的激励股权如果前次实施股权激励后未使用或未完全使用，那么在近次股权激励中可以直接取用。

这种方式在实务中应用极广，比如，2018年6月珀莱雅化妆品股份有限公司公布《2018年限制性股票激励计划（草案）》[1]，拟向32名员工实施股权激励，拟授予的限制性股票数量不超过146.72万股，约占公告时股本总额的0.73%。其中，首次授予120.11万股，约占公告时股本总额的0.60%；预留26.61万股，约占公告时股本总额的0.13%，预留部分约占本次授予权益总额的18.14%。同时，该计划注明预留部分的激励对象由本激励计划经股东大会审议通过后12个月内确定，经董事会提出、独立董事及监事会发表明确意见、律师发表专业意见并出具法律意见书后，公司在指定网站按要求及时准确披露当次激励对象相关信息。

---

[1] 参见：《2018年限制性股票激励计划（草案）》，珀莱雅化妆品股份有限公司。

第二节　资金来源

实践证明，太容易得到的东西往往不被珍惜。如果企业将股权免费或以超低价卖给员工，那么这会让员工对公司股权价值产生误解，不能将员工与股东或公司深度绑定。一旦公司经营遇到一些问题，或员工个人对工作产生倦怠等情绪，或外部有更丰厚的利益诱惑时，员工可能会选择离职。因此，我们建议公司实施股权激励时一定要就股权收取相应的费用，只有支付合理的对价时，员工才会珍惜来之不易的股权——当遇到问题时，第一时间想的是如何解决问题而不是另寻出路，毕竟离开对自己来说也是一件有成本的事。那么，激励对象行权时购股资金从哪里来呢？

一、鼓励员工自筹资金

员工自筹资金几乎是每一家公司实施股权激励计划时首选的员工资金来源，对公司而言，这是最稳妥、最简单、最安全的购股方式。但现实是，当员工获得的激励股权数量和所需资金较多时，员工可能会面临资金压力。如果单纯因为员工出资困难就将该员工排除在股权激励之外，那么这显然违背了公司制订股权激励计划的初衷。因此，当公司员工出资能力不足时，公司应想办法帮助员工解决资金来源问题。

对于非上市公司而言，公司为员工提供财务资助的方式是多种多样的，但对上市公司而言就有诸多法律限制。比如，2006年施行的《上市公司股权激励管理办法（试行）》第十条规定：上市公司不得为激励对象依股权激励计划获取有关权益提供贷款以及其他任何形式的财务资助，包括为其提供担保。2016年正式颁布的《上市公司股权激励管理办法》第二十一条规定：激励对象参与股权激励计划的资金来源应当合法合规，不得违反法律、行政法规及中国证监会的相关规定。上市公司不得为激励对象依股权激励计划获取有关权益提供贷款以及其他任何形式的财务资助，包括为其提供担保。2018年《上市公司股权激励管理办法》修正后仍保留了先前的规定，因此如何解决购股资金来源问题常常使我国上市公司高管陷入两难的处境。

但无论是上市公司还是非上市公司，不管员工情况如何，我都建议员工自掏腰包出一份钱，毕竟只有这样才能体现股权激励的"风险与收益对等"和"激励与约束并行"两大原则。

二、上市公司常见购股资金来源

（一）工资、奖金的折抵

通过工资或奖金折抵员工购股金的方式最早盛行于西方国家，是上市公司为了员工行权便利提供的制度设计。随着企业的跨国经营，这种方式也被带入中国。

案例
吉列公司：工资抵扣股权投资款

吉列公司（The Gillette Company）是一家从事剃须护理的美国公司，到1917年，吉列品牌在美国国内的市场占有率已达80%。1998年吉列进入中国市场并深受好评，并于2004年与宝洁公司合并。为了激励吉列在中国的雇员，吉列向中国雇员开放了《吉列雇员股权投资计划》，符合条件的雇员可以参与其中。该计划允许员工以合法的自筹资金出资或以工资抵扣出资，并且约定，只有雇员投资匹配出资时，公司才赞助公司出资部分，同时约定公司出资是雇员匹配出资的50%

（最多是雇员月基本现金收入的1%）。

> **案例**
> 某电商平台：工资、年终奖——购股资金来源

澜亭股权研究院曾为杭州一家利用电商平台进行服装销售的民营企业梳理股权架构并制订股权激励计划。该公司在传统服装销售中表现突出，近两年来开始着手研发服装电商办公软件且已初见雏形，这主要归功于公司一名新入职的技术人员。为了更进一步推动软件的研发、落地与推广，更为了留下这名研发人员，公司股东开会讨论后一致决定用限制性股票的模式对该员工进行激励。

公司当前估值8 000万元，由全体股东通过同比例稀释的方式拿出5%的激励股权，以2.5折的优惠价授予该名员工，也就是说该员工需要拿出100万元的资金才能获授这些限制性股票。但考虑到该员工刚刚买房，手头暂时资金吃紧，股东们结合他2019年前三季度的工作表现和薪资状况来看，为他专门设计了购股资金来源方案。具体为：该员工先付50万元自有资金；剩余40万元从他每月的税后工资中抵扣5万元，连续抵扣8个月；剩余10万元从该员工2019年度的年终奖金中扣除（见表7-5）。至此，该员工的购股资金来源难题顺利解决。

表7-5 购股资金来源

购股资金来源	金额
自有资金	50万元
工资抵扣部分	40万元（5万元/月×8个月）
年终奖金抵扣部分	10万元
合计	100万元

（二）大股东借款、贷款担保等

在股票期权和限制性股票模式下，法律明确规定上市公司不得提供任何形式的财务资助，但是在员工持股计划中，允许控股股东为员工提供贷款担保。此外，非上市公司由于不受现有法律法规的限制，可以灵活地使用大股东向激励对象出借资金或提供贷款担保等方式为员工解决购股资金来源问题。不过，这种方式对大股东的流动资金或个人信誉等要求非常高，并且大股东还要承担作为担保人可能面临的风险。

因此，采用该方法时，公司一定要请专业机构对股权激励的规模、员工的收益情况及还款能力、大股东的资金状况及中长期投资计划、公司未来几年的发展状况等问题进行周密详细的评估测算。激励对象也是如此，决意参加股权激励计划前务必要衡量两个问题：第一，是否认可公司的经营理念和看好公司中长期发展？第二，贷款金额及还贷方案是否在自己的能力范围之内？

要知道，无论是对股东、员工还是对公司来说，股权激励都不仅是一项福利，还代表着"责任共担、风险共担"，即如果公司经营不善，员工就要和股东一起承担经济亏损。下述三个案例为大家展现大股东借款筹措资金的利弊或风险。

📁 案例
比亚迪：薪酬＋借款

比亚迪股份有限公司（以下简称"比亚迪"）创立于1995年，2002年7月31日在香港主板发行上市，总部位于广东深圳，是一家拥有IT（信息技术）、汽车及新能源三大产业群的高新技术民营企业。2011年6月30日，比亚迪在中国A股上市，2018年9月2日，中国企业500强发布，比亚迪排名第155名。

2015年6月，比亚迪推出员工持股计划。该计划委托国联证券股份有限公司管理此次员工持股计划的持有人通过国联比亚迪1号集合资产管理计划持有的公司股票；国联比亚迪1号集合资产管理计划主要通过定向受让控股股东所持比亚迪股票等法律法规许可的方式取得并持有不超过3 266万股比亚迪股票。参加本次员工持股计划的员工总计96人。

该员工持股计划最大的特色在于它的员工购股资金来源——公司员工的合法薪酬、自筹资金和法律、行政法规允许的其他方式，公司控股股东拟向员工提供无息借款支持，借款部分为除员工自筹资金以外所需剩余资金，借款期限为员工持股计划的存续期。而公司控股股东的资金来自股份减持。2015年6月24日，比亚迪发布《关于控股股东、实际控制人为员工持股计划减持股份的公告》。公告显示，2015年6月23日，公司控股股东、实际控制人王传福先生通过深圳证券交易所大宗交易系统减持公司股份3 259.061 2万股，占公司总股本的1.32%。本次减持的受让方为国联证券股份有限公司受托管理的国联比亚迪1号集合资产管理计划。至此，比亚迪通过大股东减持股份既解决了激励股权来源，也解决了员工购股资金来源，一举两得。

案例
苏宁云商：自筹资金＋借款支持[①]

苏宁云商集团股份有限公司（以下简称"苏宁云商"）于2014年9月推出员工持股计划。本次员工持股计划将委托安信证券股份有限公司设立安信－苏宁众承定向资产管理计划，通过二级市场购买等法律法规许可的方式取得并持有苏宁云商股票。参与该计划的员工总数不超过1 200人。本次员工持股的资金来源可以细分为两部分：第一部分是公

---

① 苏宁云商.苏宁云商推员工持股计划[J].商场现代化，2014（26）：10.

司员工的自筹资金；第二部分是公司控股股东张近东先生以其持有的部分标的股票向安信证券申请质押融资取得资金，向员工持股计划提供借款支持，借款部分与自筹资金部分的比例为3∶1。本次员工持股计划的资金总额不超过5.5亿元。

案例
保千里："大股东担保与回购机制"双保险失灵

江苏保千里视像科技集团股份有限公司（证券代码600074，以下简称"保千里"）成立于1997年6月，经营范围主要包括电子摄像技术及计算机软硬件研发、生产、销售、租赁等。2015年6月，保千里成功借壳上市公司中达股份登陆A股市场，当年9月推出股权激励计划，以11.30元/股的价格向公司副总裁等23名高管授予1 000万股限制性股票；11月，公司又推出了第二期限制性股票激励计划，以7.25元/股的价格向公司高管和骨干合计102人授予3 984.7万股限制性股票。

尽管两次股权激励计划均明确约定"公司承诺不为激励对象依本计划获取有关限制性股票提供贷款以及其他任何形式的财务资助，包括为其贷款提供担保"，但在实际操作中，时任董事长暨大股东、实控人庄敏仍以个人名义担保，为大部分员工统一安排某银行进行消费信用贷款（36万~90万元）和信用卡（50万元额度）审批发放，将信用贷款和信用卡套现所得用作股权激励资金，仅第二期股权激励计划就顺利帮保千里变现2.9亿元。

2016年12月底，员工迎来第一个解锁期，解锁比例20%，这时所有激励对象却接到公司的电话，大致内容是对于本次解锁的股票抛售需要等公司统一安排，激励对象个人不得自行抛售。又过一年，到2017年12月29日，由于保千里经营状况持续恶化，公司股票被实施ST（特别处理），随后的七个交易日股票一直处于跌停状态，并且股价已经跌破限制性股票的授予价格。本来激励对象还期待公司按照股权激励计划回购员工手中的股票来止损，但天不遂人愿，证监会查出保千里在重组上市时存在虚假协议与虚增资产的造假行为，公司原实际控制人庄敏在掏空公司账款后失联，其持有的8.55亿股公司股份被多家法院轮候冻结，第二大股东日昇创沅持有的3.40亿股股份也已经被全部冻结，激励对象手中持有的限制性股票已经没有被回购的可能。公司债台高筑，员工手中的股票大幅贬值，员工不仅要承受股权投资的损失，还要想办法偿还每月数万元的贷款。原本，当员工没有偿债能力时，他们可以向担保人庄敏寻求帮助，但现在庄敏也自身难保。当原先预设的"大股东担保与回购机制"双保险失灵后，保千里的激励对象被死死套牢。

保千里股权激励失败的案例给我们两个启示：第一，股权激励应该是公司谋求长期发展、与员工分享公司未来发展红利的工具，而不能成为公司利用员工融资变现的"幌子"；第二，对员工而言，股权激励并不是一项"福利"。公司提出共享的前提是共担，共担就意味着责任和风险，激励对象一定要冷静思考公司当下的经营状况以及公司未来5~10年的发展趋势，再结合自身经济状况以及股权激励计划的设置来决定自己要不要参与股权激励，认购多少激励股权，要不要通过借款、贷款等途径解决购股资金问题。

（三）大股东转让股权

在不影响控股地位的情况下，拥有绝对控制权的大股东可以先向激励对象承诺一个激励额度，待各种条件成熟后，直接向激励对象转让相应的股权。虽然上市公司可以采用此种方式，但在实务中，却是在非上市公司更为常见。

但这种方式最大的弊端是不具有长期可持续性，因为它将直接导致大股东名下股权数量和经济利益的减少。而大股东要想保证对公司的控制权就一定会设立一道股权红线，避免股权稀释过多之后控制权旁落，因此大股东能拿出来做股权激励的股权并不充足。此外，大股东作为公司的主要控制者，也意味着要承担更多的责任。在股权激励计划实施过程中，公司可能会出现财务紧张、资金周转压力过大的异常情况，大股东可能会抛售手中的部分股权帮助公司渡过资金难关，这种情况下，激励对象的股权恐怕难以兑现。

2008年，中国证监会上市公司监管部在《股权激励有关事项备忘录2号》第三条中特地就股权来源问题做出规定："股东不得直接向激励对象赠予（或转让）股份。股东拟提供股份的，应当先将股份赠予（或转让）上市公司，并视为上市公司以零价格（或特定价格）向这部分股东定向回购股份。然后，按照经我会备案无异议的股权激励计划，由上市公司将股份授予激励对象。"因此，实务中上市公司极少采用大股东转让的方式作为股权来源，该方式多见于股权集中的非上市企业。

案例
獐子岛：大股东拿出股票激励员工[①]

大连獐子岛渔业集团股份有限公司（以下简称"獐子岛"）创始于1958年，历经半个世纪的发展，已经成为在海洋生物技术支撑下，以海珍品种业、海水增养殖、海洋食品为主业，集冷链物流、海洋休闲、渔业装备等相关多元产业为一体的综合型海洋企业。

2008年，獐子岛对外公告《首期（2008—2010年）股东提供股票用于管理团队激励计划》，这是獐子岛首次对员工实施股权激励，其

---

① 陈颖，郝娜娜，赵汀，吴蕾娟. 对獐子岛股权激励方式的研究[J]. 黑龙江对外经贸，2010（09）：133-134.

中最大的特色就是由大股东个人拿出股票来激励员工。该次激励计划所涉及的标的股票均为公司自然人股东吴厚刚提供的212万股无限售条件的獐子岛流通股股票，占上市公司同种类股票总额的1.87%。

该部分股票实施有条件定向转让，基本操作模式：激励对象2008—2010年每年3月31日前预先缴纳1万元行权款项予转让方，以此确认加入本年计划；每年3月31日前不缴纳视为放弃本年受让权份额；2008—2010年的3年间达成行权条件，激励对象可于2011年12月31日前行权，并根据业绩实现情况确定行权条件。为规避业绩达成条件后的股票价格波动风险，股票提供者折让部分股价予激励对象，使激励对象收益权有所保障。

案例
某自媒体公司：融资计划内含股权激励计划

2016年是自媒体集体爆发的一年，第一波互联网内容创业者在这一年迎来收割的季节。在人们尝到直播、知识付费和短视频的甜头后，行业竞争的压力越来越大。或许由于内容创业公司继承了互联网公司的基因，它们对股权激励有着敏锐的洞察力和天然的需求。

2017年年底，澜亭股权研究院为浙江一家知识付费的科技公司制订股权期权激励计划，彼时，该公司已经顺利完成Pre-A轮融资。在这轮融资协议中，公司创始股东和投资人就已经达成协议，约定公司第一次实施股权激励时由创始人兼CEO个人拿出5%的股权作为激励股权来源。因此，澜亭股权研究院为这家公司设计方案时，省却了与所有股东反复沟通的精力，投资人也乐见其成，整个方案进行得相当顺利。

三、非上市公司常见购股资金来源

非上市公司常见的购股资金来源主要是公司借款、贷款担保等。由于受到《上市公司股权激励管理办法》的限制和证监会的严厉监管，上市公司不得采用公司借款、贷款担保等方式为激励对象提供财务帮助，所以此种办法仅适用于非上市公司。

如果采取公司借款方式，那么一般公司会免收利息或以低息向员工出借资金；如果是采用公司提供贷款担保的方式，即由员工统一向银行或金融机构提出贷款申请，由公司提供担保以提高员工贷款审核的通过率和放贷效率，这就免去了员工四处借贷的忙碌奔波，为员工带去了极大的便利，但公司会面临担保责任风险。华为就曾多次采用为员工提供贷款担保的方式，让更多想参加员工持股计划但又没有完全出资能力的员工可以参与到购股计划中，之后有机会获得丰厚的股权分红。

华为便是通过为员工提供贷款担保，解决员工购股资金的来源，也同时满足企业对内融资的相关需求。

商业银行之所以愿意给华为员工贷款，主要是因为看中了华为优良的商业信誉和广阔的发展前途，这也是上述商业银行寻求与华为长期合作的一种方式。如果换作普通公司做股权激励，企业本身获取贷款融资就已经困难重重了，企业员工薪资待遇一般、还贷能力有限，这种情况下想要通过公司为员工贷款提供担保来获得购股资金几乎是不可能的。当然，也有一些鼓励创业的地区，政府会出台系列政策鼓励地方商业银行给科技创新型企业的员工提供持股的低息或无息贷款，从而促进地方经济发展，增加当地居民就业机会。

四、其他员工购股资金来源方式

其他员工购股资金来源方式主要是引入信托等杠杆。也有公司通过引入信托机构等方式解决激励对象购股资金来源问题，这种方式通常也被称为杠杆型员工持股计划，它是指从公司或准备出让股份的股东手中，或者由公司或准备出让股权的股东担保向银行和其他信贷机构贷款，来购买现有的或公司新发行的股票。常见的操作方式是激励对象与信托公司签订贷款融资协议，由信托公司垫资行权，激励对象将获得的奖励股票抵押给信托公司，再用分红偿还本息，待激励对象将贷款偿还完毕后由信托公司将股票过户给激励对象。杠杆型员工持股计划的核心要点是：

（1）成立、设置或委托员工持股信托基金会。

该信托基金的性质是一个可以控制雇主股份的独立合法的实体，它对员工股份购买及管理运作负责，掌握和控制着这个计划的所有资产。管理员工持股信托基金会的受托管理人可以是银行或信托公司，也可以是与企业利益无关的个人、公司管理者和一般员工。公司管理部门将任命专门的信托员负责管理员工持股信托基金会，确保雇员是唯一的受益者。员工持股信托基金会拥有公司没有分配的股票，但它只是形式上拥有，其实际资金大都被公司作为生产性资金周转。

（2）融资与偿还方式。

由信托基金会出面并由公司提供担保，以实行员工持股计划为名向银行贷款，贷款期限一般为5~10年。公司以市场价格或优惠价格购买一部分已有的或新发行的股票，购入的股票由信托基金掌握，信托基金用于归还银行贷款的利息和本金的资金则是分得的公司利润以及公司其他福利计划转来的资金。

（3）购买公司股票。

员工持股计划通过信托基金会以公平市价向公司或外部股份出售者购买公司股份。

（4）设置悬置账户。

员工持股信托基金会将从银行借款购买来的公司股票放在一个悬置账户内，而不是直接发放给员工，随着员工借款的偿还，再按照确定比例分次转入员工的个人账户。

（5）员工获得股权的限定。

通常，员工参与持股计划时会被加以限制。这里表现在授予条件和解锁比例上，比如某公司规定员工只有工作满3年后才可以获得独立股权，每年解锁比例为20%、40%、40%。

（6）投票权。

已经分配到股票的员工可以以个人名义行使表决权，未分配到员工手中的股票由受托人或基金持有人行使表决权。

（7）分红及利益分配。

员工可以享受已经分配到的股票对应的分红及其他约定的经济利益。

相比于其他方法，通过信托筹措资金的方法略显生疏，希望智慧松德的案例能对大家有所启发。

> **案例**
> 智慧松德：信托机构助企业股权激励

松德智慧装备股份有限公司（证券代码300173，以下简称"智慧松德"）创建于1997年，于2011年在深交所创业板上市，主营为全资子公司深圳大宇精雕科技有限公司"3C自动化设备及机器人自动化生产线"的业务，是高端智能装备综合集成方案提供商。

2017年1月，智慧松德公告第一期员工持股计划，拟委托具有资产管理资质的信托公司管理，并全额认购由信托公司设立的集合资金信托计划的劣后级份额。本计划拟认购的集合信托计划规模上限为7 500万份，每份1元，按照不超过2∶1的比例设立优先级份额和劣后级份额；集合信托计划优先级份额和劣后级份额的资产将合并运行，公司股东郭景松先生、雷万春先生共同为集合信托计划优先级份额的权益承担差额补充义务。

拟设立的集合信托计划直接或间接（通过一对一资产管理计划等方式）以二级市场购买等法律法规许可的方式取得并持有智慧松德A股普通股股票。该员工持股计划通过全额认购资产管理人所设立的集合信托计划而享有集合信托计划持有公司股票所对应的收益。投资该股票的锁定期为12个月，自上市公司公告最后一笔标的股票过户至该计划名下之日起算。如果股票认购完成后，信托计划募资资金仍有剩余，那么剩余资金仅限投资于银行存款、货币市场基金、国债逆回购等现金类资产。受托人必须开立信托计划专用银行账户，委托人需在信托合同签署后10日内将信托资金支付到该账户中。该信托利益＝信托财产－信托费用－信托税费，一般受益人的信托利益在信托计划终止前不进行分配，但在上市公司发生派息时，信托计划因持有上市公司股份而获得的现金股利在扣除相关费用后如有剩余可进行利益分配，受益人（委托人）应在信托财产最终分配完毕前保持信托利益分配账户有效。信托计划终止后，受托人按下列顺序对信托财产进行分配。

- 信托计划财产承担的费用及负债。
- 优先受益人的信托利益。
- 一般受益人的信托利益。

简单而言，智慧松德采取的方式如下：委托人（优先受益人和一般受益人）将资金委托给信托机构，并指定该资金专门用于购买公司的股票，大股东和激励对象是共同受益人；在激励对象等待期内，信托机构是公司股东，可行使股东权利并享有股东利益；等待期满后，如果激励对象行权，那么信托机构将股票过户给激励对象，如果没有达到行权条件，那么信托机构将出售该部分股票，在扣除相关费用和报酬后将资金按约定顺序返还给委托人。

第八章

股权激励第六步
——定载体

确定激励对象、模式和股权来源后,
选择适合的载体,
让股权激励事半功倍。

定载体是指在实施股权激励的过程中，是否需要设置公司以外的平台。如果不设置载体，由员工直接持有公司股权，这样的模式就称为"直接持股"；如果设置相应的平台，由员工通过持有该平台的份额间接持有公司的股权，这样的模式就称为"间接持股"；如果是由原股东代为持有员工的股权，这样的模式就称为"代持"。在实施股权激励时，公司会根据自身需求以及内部情况，选择是否使用载体以及采用何种载体来激励员工，以达到多方目的的实现。

第一节　直接持股

一般来说，由于上市公司的公众公司属性，股东数量不受限制，并且上市公司用限制性股票、股票期权实施股权激励时，可以通过中国证券登记结算有限公司办理，十分方便，所以一般上市公司不会特意设立持股平台来实施股权激励。

在这种直接持股的情形下，激励对象直接成为公司的股东（见图8-1）。

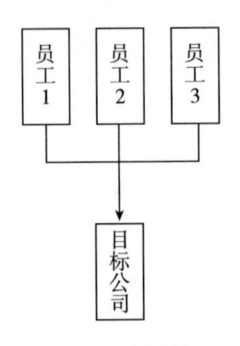

图 8-1　直接持股

第二节　间接持股

对于非上市公司来说，由于股东数量受限以及非公开的属性，股权和控制权的关联将会更加明显。如果贸然通过员工直接持股的方式实施股权激励，那么这可能造成股权稀释、控制权受影响、公司决策效率降低等不利后果。

很多公司老板担心员工直接持股不利于股权结构的稳定和优质高效决策，为了更稳定地控制公司，在实施股权激励时采用了间接持股的方式。这也是有一定道理的。

实践中，大部分公司会采取间接持股的方式，由持股平台持有公司的股份，而员工通过持有持股平台的股份而间接持有公司股份（见图8-2）。由于不同持股平台占股会在控制权、成本、税负等方面存在差异，不同公司会选择不同的持股平台来实施股权激励。

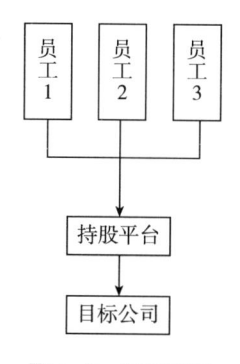

图8-2　间接持股

一、有限责任公司

有限责任公司指根据《中华人民共和国公司登记管理条例》规定登记注册，由50个以下的股东出资设立，每个股东以其所认缴的出资额对公司承担有限责任，公司以其全部资产对其债务承担责任的经济组织。在该种模式下，激励对象作为自然人股东持有持股平台的股份，持股平台作为公司的法人股东持有公司的股份，而激励对象通过此种间接持股的方式拥有了公司的股份，以此达到将员工利益和公司利益绑定的初衷。

（一）有限责任公司的优势

有限责任公司的行为受到《中华人民共和国公司法》的约束，设立需要符合法定要求，内部需要设置股东（大）会、董事会（执行董事）和监事会（监事），对于股东、董监高的权利义务有清晰的规定，等等。有限责任公司的成立与变更需要到工商行政部门进行登记，如果未按照工商部门的规定履行相应的行政程序，那么公司可能会受到行政处罚。因此，有限责任公司的运作受到法律和行政部门的管理，治理相对规范。

（二）有限责任公司的劣势

有限责任公司的规范运作是一把"双刃剑"，其规范性给股权激励的操作也带来一定影响。

（1）控股成本高：对于持股平台，公司无疑需要通过控制该平台来方便股权激励的实施，因此公司或公司实控人、大股东必须是持股平台的控股股东，激励对象只能是小股东。但如何成为持股平台的控股股东，取决于正确的股权架构设计（见表8-1）。

表8-1　公司股权的几个关键点位

67%	完全控股权
51%	相对控股权
34%	一票否决权
10%	申请临时会议召开权（可申请解散公司）

公司无论是通过自身还是大股东持有持股平台的股份，一旦需要对持股平台有完全的控制权，就需要认缴相应比例的注册资本金。对公司来说，这也是一笔不容忽视的开支。毕竟这与股权激励的规模成正比，股权激励的力度越大，公司需要投入的成本也越高。

（2）激励对象变更成本大：一旦出现激励对象因离职等丧失被激励资格的情形时，公司需要将其所持有的股份回购或转让，无论是由持股平台回购其股份还是由公司或大股东或其他激励对象受让其股份，都需要完成股东（大）会决议、变更工商登记等程序，相对来说，程序繁杂、代价较大。

案例
上市前海底捞的有限公司模式

海底捞自1994年成立之初，便进行了多轮股权结构变更。起初，海底捞是在4位创始人股东间进行股权比例的变动，到了2009年，为了更好地进行对外融资以及对员工进行激励，海底捞进行了重组：首先，通过新设立简阳市静远投资有限公司对海底捞持股50%，剩余50%的股份中张勇占25.5%，其他3名股东各占8%；其次，在新设立的简阳市静远投资有限公司中，张勇占股52%，其余3人各占股16%。这相当于大股东对二股东做了一次股权激励。股权架构如图8-3所示。

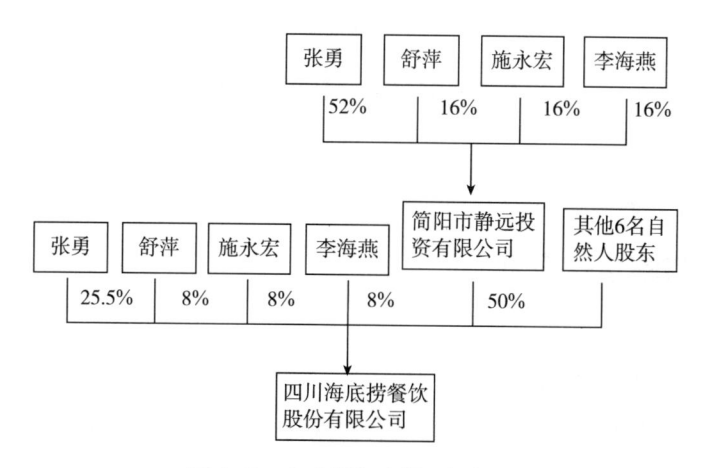

图8-3 上市前海底捞股权架构

在股权激励中设置持股平台，使激励对象通过持有该持股平台的股份间接持有公司股份，公司实际控制人控制持股平台，从而既保证了控制权又实现了激励目的。但在海底捞模式中，公司通过设立"简阳市静远投资有限公司"作为持股平台，以保障实际控制人的控制权。

为此，在2018年赴港上市时，海底捞以在开曼群岛设立的海底捞国际控股有限公司上市。张勇夫妇直接持股34.6%，又设立NP United Holding（联合控股公司），张勇夫妇持股67.8%。通过这种方法，张勇夫妇以直接或间接的方式持股超过2/3，既掌握了公司的绝对话语权，又可以实现合理避税。海底捞凭借创始人绝对控股，公司核心人员、老员工少量持股，使创始人牢牢掌握着公司的控制权（见图8-4）。

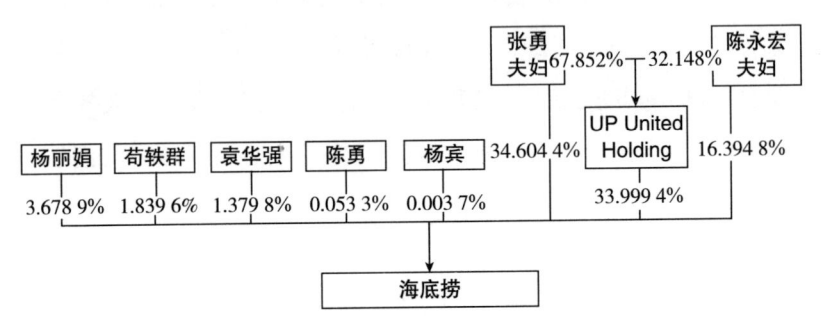

```
                                张勇        陈永宏
                                夫妇 67.852%─32.148% 夫妇
                                             │
                                          UP United
      杨丽娟  苟轶群  袁华强  陈勇   杨宾  34.604 4% Holding  16.394 8%
       │      │      │      │     │              │           │
     3.678 9% 1.839 6% 1.379 8% 0.053 3% 0.003 7%  33.999 4%
       │      │      │      │     │              │           │
       └──────┴──────┴──────┴─────┴──────────────┴───────────┘
                                  │
                                海底捞
```

图8-4　2018年海底捞赴港上市时控股情况

二、有限合伙企业

（一）有限合伙企业

有限合伙是指一名以上普通合伙人与一名以上有限合伙人所组成的合伙。有限合伙的概念是相对于普通合伙来说的，普通合伙是由普通合伙人组成的合伙，合伙中没有有限合伙人。普通合伙人对合伙企业债务承担无限连带责任，有限合伙人以其认缴的出资额为限对合伙企业债务承担责任。

在员工持股合伙企业中，通常由公司高管或控股股东担任普通合伙人，由激励对象担任有限合伙人。

（二）有限合伙企业的优势

（1）控股成本低：在有限合伙企业中，普通合伙人对外代表合伙企业，而有限合伙人不执行合伙事务，不得对外代表有限合伙企业。因此，成为普通合伙人就成为合伙企业的控制人。同时，由于有限合伙人和普通合伙人是以其是否承担无限连带责任加以辨别，所以成为普通合伙人对投资金额没有要求，而且由于普通合伙人可以以劳务出资，普通合伙人甚至可以不用投入资金。

正因为普通合伙人可以通过较少的出资获得合伙企业的控制权，所以成为企业在选择持股平台时的常见选择。

（2）税收优势：以有限责任公司作为持股平台，将涉及双层税负——公司层面需要缴纳企业所得税，个人层面激励对象需要缴纳个人所得税；但在合伙企业中，因合伙企业不具备独立的法人资格，所以只有单层税收，即只需要在个人层面上由合伙人承担相应个人所得税即可。

（3）操作便捷：合伙企业最大的特点是"人合性"。不同于公司的设立，合伙企业中的事项可以通过合伙协议来实现，只要不违反法律强制性规定，合伙人之间可以规定任何内容，因此相对有限责任公司，合伙企业的运作更加自由。激励股份的授予可以由持股平台的普通合伙人将份额直接转让给激励对象，并在合伙协议中载明激励对象的有限合伙人身份以及对其权利的限制，如果出现需要回购的情形，由双方签订协议或者直接由合伙企业将其除名，即全都在合伙企业内部进行，不需要进行相应的登记和公示，因此更利于激励对象股份的动态管理。而且当公司需要股东（包括持股平台）做决策时，大多数决议只需要普通合伙人通过即可，其操作更加简便并且落地性强。

（三）有限合伙企业的劣势

（1）普通合伙人的无限连带责任：正因为合伙企业没有法人资格，难以对外以合伙企业的财产独立承担民事责任，所以普通合伙人需要对合伙企业的债务承担无限连带责任。因此，实践中也有公司通过再设立一个有限公司作为持股平台的普通合伙人，以加入公司有限责任这道"防火墙"，避免个人陷入无限责任。

（2）政策的不确定性：目前，国内合伙企业的相关法律规定并不健全，不同地区对于合伙企业"先分后税"（合伙企业先将利润分给合伙人，再由合伙人缴纳个税）的规定存在区别，未来可能有政策变化的风险。

> **案例**
> 绿地的有限合伙模式

绿地控股集团股份有限公司的控股股东为上海格林兰投资企业（有限合伙），该合伙企业以多层有限合伙作为投资人的方式，既实现了员工持股的计划，又达到了公司控制权不受影响的目的。

如图8-5所示，上海格林兰投资管理有限公司（以下简称"格林兰投资"）由管理层43人设立，继而格林兰投资作为普通合伙人，员工（激励对象）作为有限合伙人，以这样的模式共成立了32个有限合伙企业（图中仅注明了第壹和第叁拾贰有限合伙企业）；然后，以这32个合伙企业作为有限合伙人，格林兰投资作为普通合伙人，又成立了上海格林兰投资企业（有限合伙），该合伙企业继而控股绿地集团。通过双重有限合伙的模式，格林兰投资将激励对象纳入绿地集团的二次间接股东范围。由于双重模式涉及多个有限合伙企业，每个有限合伙企业都可以有最多49个有限合伙人，所以使用这一模式可以将激励对象的规模不断扩大，更好地实现激励的初衷。

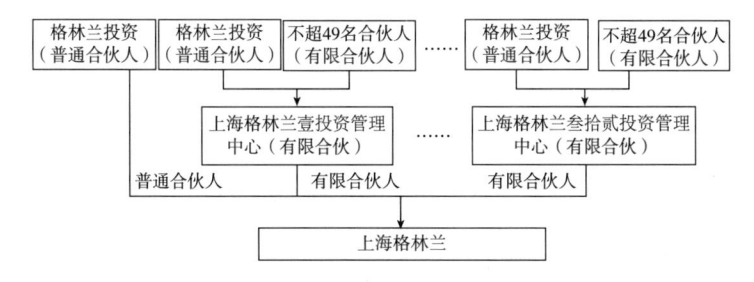

第八章　股权激励第六步——定载体　315

图 8-5　绿地的有限合伙模式

📁 **案例**
蚂蚁金服的有限合伙模式

浙江蚂蚁小微金融服务集团股份有限公司（以下简称"蚂蚁金服"）的两大股东是两个有限合伙企业——杭州君瀚股权投资合伙企业（以下简称"君瀚合伙"）、杭州君澳股权投资合伙企业（以下简称"君澳合伙"）。蚂蚁金服通过将相关员工设置为上述合伙企业或上述合伙企业的普通合伙人的有限合伙人，实施股权激励计划（见图8-6）。马云为什么要设立这么多合伙企业，还要通过合伙企业嵌套合伙企业，其实目的很简单——便于股东管理，方便退出和进入。如果仅设立一个合伙公司，那么这不仅会增加合伙协议的复杂性和难度，而且对于新老股东的进入或退出条件也难以达成一致，很容易发生法律、人力纠纷。

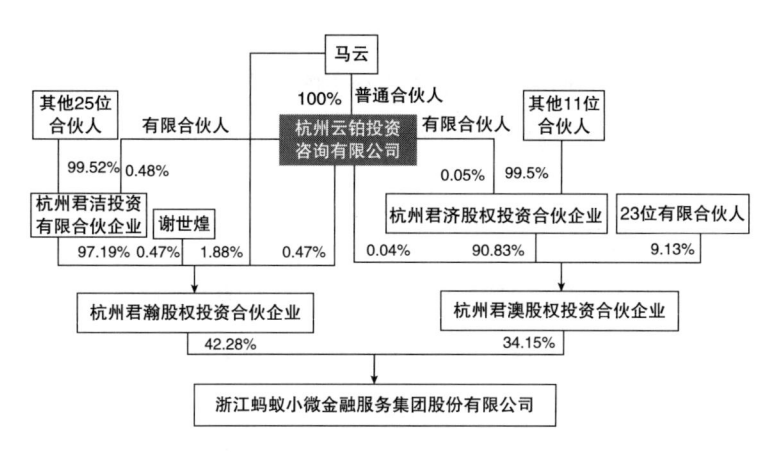

图 8-6　蚂蚁金服的有限合伙模式

三、信托

（一）信托模式介绍

信托是指委托人基于对受托人的信任，将其财产权委托给受托人，由受托人按委托人的意愿以自己的名义，为受益人的利益或者特定目的进行管理或者处分的行为。

如果选择信托机构作为持股平台，那么具体操作如下：公司出资，或者公司和员工共同出资，将资金委托给信托机构用于购买本公司股票，由信托机构持有公司股票，激励对象作为受益人。

（二）信托的优势

（1）激励对象进出便捷：信托机构作为一个持股平台，在出现员工离职或其他需要退出的情形时，可直接将员工从受益人名单上除名，不需要通过相应的工商变更登记或合伙人协议来将其除名。激励对象拥有的只是受益权，而该权利可以根据委托人与受托人之间的协议予以确认，在任何时候都可以由受托人将其收益权剥夺。

（2）信托财产的独立性：信托财产的一大特点是独立性，即信托财产与委托人的财产具有严格的区别。作为委托人的公司股东或实际控制人破产、死亡或出现其他情况，都不会影响到信托财产的持续运营，激励对象作为受益人，仍然可以从公司股票中受益。

（三）信托的劣势

成本高：公司的实际控制人或大股东将资金或股票的财产权委托给信托机构管理，需要和信托机构签订信托合同并支付较为高昂的信托报酬。除了报酬费用外，公司需要自己出资给员工购买股票，其中的成本也不容小觑。

（四）上市公司对于"三类股东"的规定

"三类股东"是指发行人在挂牌期间形成的契约型基金、信托计划、资产管理计划等类型的股东。信托作为上述股东之一，企业如果在实施股权激励时拟采用信托作为持股平台，同时又已上市或有上市需求，就需要留意证监会对"三类股东"的相关规定。

由于交易所对拟上市的公司有"股权架构清晰、股权不存在重大权属纠纷"的要求，而这三类股东实质是名义股东代持实际投资人的股份，所以往往存在难以明晰实际控制人的情形。因此，在早些年，携"三类股东"上市前需先清理成为不成文的"行规"。

📁 案例
长川科技：携"三类股东"过会

在证监会没有明确表态前，业内对于拟上市企业中存在"三类股东"一直处于观望态度，只能通过个别企业的过会与否来判断证监会对该类企业上市的态度。其中，杭州长川科技股份有限公司（以下简称"长川科技"）的过会，对于当时拟上市企业来说，是一个利好消息。

2017年3月30日，长川科技取得中国证监会核准其首次公开发行股票的批复，而长川科技的股权结构中存在大量的"三类股东"（见图8-7）。

持有长川科技6.34%股份的股东浙江天堂硅谷合丰创业投资有限公司，其控股股东浙江天堂硅谷资产管理集团有限公司对浙江天堂硅谷盈丰股权投资合伙企业（有限合伙）的出资源于契约型私募基金。另外，天堂硅谷集团的控股股东是硅谷天堂资产管理集团股份有限公司（以下简称"硅谷天堂"），硅谷天堂的股东中有资产管理计划、契约型基金、信托计划共27户，合计持股比例为2.82%。[①]

```
┌─────────────────────────────────────┐
│ 27户资产管理计划、契约型基金、信托计划 │
└─────────────────────────────────────┘
                │ 2.82%
                ▼
          ┌──────────┐
          │ 硅谷天堂 │
          └──────────┘
                │ 52.84%
                ▼
    ┌──────────────────────────────┐
    │ 浙江天堂硅谷资产管理集团有限公司 │
    └──────────────────────────────┘
   契约型基金 │ 97.28%
             ▼
    ┌──────────────────┐
    │ 浙江天堂硅谷盈丰股权投 │ ──52%─┐
    │ 资合伙企业（有限合伙）│       │
    └──────────────────┘       │
             │ 45%              │
             ▼                  ▼
    ┌──────────────────────────────┐
    │ 浙江天堂硅谷合丰创业投资有限公司 │
    └──────────────────────────────┘
                │
                ▼
    ┌──────────────────────┐
    │ 杭州长川科技股份有限公司 │
    └──────────────────────┘
```

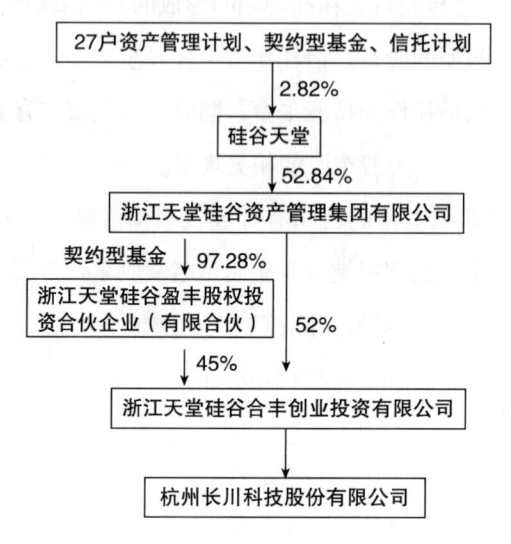

图8-7　长川科技的股权结构中存在"三类股东"

虽然长川科技成功过会，但由于其所含有的"三类股东"均属于间接持有公司股份的股东，所以对于"三类股东"直接作为股东的企业是否可以上市，目前暂无成功案例。鉴于"三类股东"问题越发明显，证监会在2017年7月针对该事项做了答复，声明证监会并未在IPO申请及受理阶段设置差别性政策，同时证监会正在积极研究"三类股东"作为拟上市企业股东的适格性问题。

2019年3月24日，上海证券交易所发布《上海证券交易所科创板股票发行上市审核问答（二）》。在中国证监会的指导下，上海证券交易所根据审核实践，对科创板上市审核中的常见问题做出了回答，其中就包括对"三类股东"的要求。在该文件的第九项问答中，就发行人

[①] 冯珊珊. 新三板IPO"三类股东"的两难境地[J]. 首席财务官，2017（16）：20-27.

对"三类股东"的核查和披露，交易所要求中介机构和发行人应在五方面核查相关信息：一是公司控股股东、实际控制人、第一大股东不属于"三类股东"；二是"三类股东"应依法设立并有效存续，已纳入国家金融监管部门有效监管，并按照规定履行审批、备案或报告程序，其管理人也依法注册登记；三是披露"三类股东"相关过渡期安排，以及相关事项对发行人持续经营的影响；四是应对控股股东、实际控制人，董事、监事、高级管理人员及其近亲属是否直接或间接在"三类股东"中持有权益进行披露；五是核查并确认"三类股东"已符合现行锁定期和减持规则要求。

在上海证券交易所发布该文件次日（2019年3月25日），证监会就发布了《首发业务若干问题解答》，其中在首发业务若干问题解答（一）第六问中，关于"三类股东"的核查及披露要求，证监会做出了与上海交易所一致的五方面要求。

上述文件对于发行人或"三类股东"来说，都是利好消息。因证监会不再强调对"三类股东"的层层穿透，只要符合上述五方面的要求，发行人即可携"三类股东"上市，无须再在上市前花费精力清理"三类股东"结构。

案例
龙湖地产：信托作为持股平台

龙湖地产在2014年实施的限制性股票激励计划，就采用了信托作为持股平台的方式——受托人汇丰银行信托（香港）有限公司，将以龙湖地产提供的现金在市场上购入其现有股份，并以信托形式代相关选定雇员持有，直至该等股份按计划规则归属相关选定雇员为止（见图8-8）。龙湖的股权激励计划就是由上市公司自己出资，通过信托计划在二级市场买入公司股票，而激励对象作为信托计划的受益人，享有股票增长的收益。

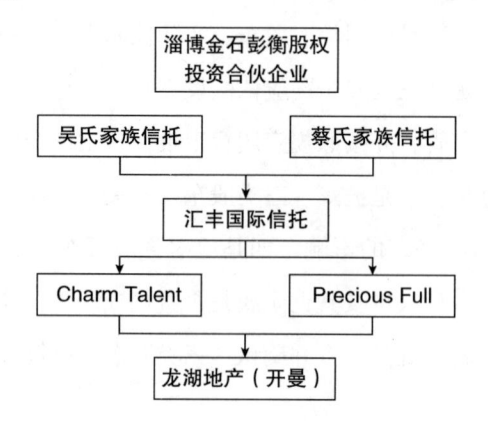

```
            淄博金石彭衡股权
            投资合伙企业
           ┌──────┴──────┐
        吴氏家族信托    蔡氏家族信托
           └──────┬──────┘
              汇丰国际信托
           ┌──────┴──────┐
       Charm Talent   Precious Full
           └──────┬──────┘
             龙湖地产（开曼）
```

图8-8　龙湖地产在2014年将信托作为持股平台

案例

英飞拓：首例"A股上市公司＋海外家族信托"

英飞拓并非是采取信托作为股权激励载体的公司，但是其作为首家携带海外家族信托的A股上市公司，其架构设计值得拟通过设置信托作为持股平台的公司参考和借鉴（见图8-9）。

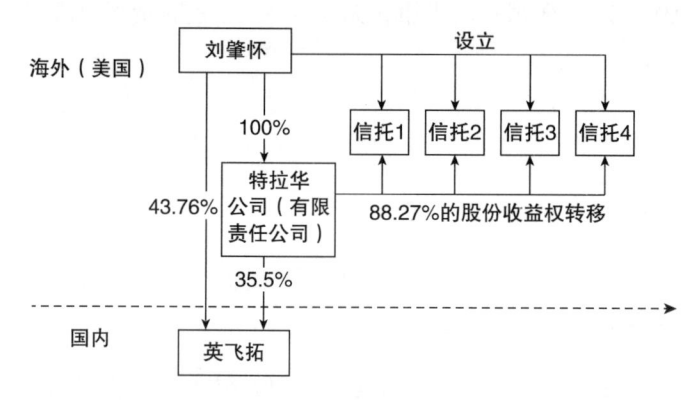

图8-9　英飞拓首例"A股上市公司＋海外家族信托"

在上述的架构中，刘肇怀是英飞拓的实际控制人，其一方面持有英飞拓43.76%的股份，另一方面通过100%持有特拉华公司的股份来间接持有英飞拓剩余的35.5%的股份。同时，刘肇怀在后期又设置了四个信托，并将特拉华公司88.27%的股份收益权转让给了这四个信托，并且指定受益人为其家庭成员。

不同于我国公司类型只有有限责任公司和股份有限公司，英美法系或是日本、韩国都有多种公司类型，其中LLC就是一种。LLC是limited liability company的缩写，虽然翻译过来也叫作"有限责任公司"，但是不同于我国公司法的规定。LLC的特别之处在于，根据美国特拉华的规定，LLC公司的股份收益权可以单独转让，并且除非章程允许，否则股份收益权的受让人无权参与管理公司业务和有关事务，这样就完全达成了投票权和收益权相分离的目的。

公司如果采取上述信托方式设置股权激励持股载体，那么一方面可以达成激励的目的，将激励对象定为拥有股份收益权的信托受益人；另一方面能够保证公司实控人或股东对公司的控制权不受影响，尤其是体现在公司的投票权上。而且，由于这种设计并不违反A股市场对"三类股东"的规定，具有较强的可操作性，所以英飞拓的模式值得一些拟采取信托作为激励载体的公司使用。

第三节　代持

股权代持是指将员工享有的激励股份交由大股东来代为持有，代持的大股东被称为"显名股东"，实际激励对象被称为"隐名股东"（见图8-10）。由于股权代持在公司法领域是常见的现象，所以只要签订股权代持协议时，双方系出于真实的意思表示，且未违反法律的强制性规定，那么原则上该协议是有效的。

图8-10 股权代持

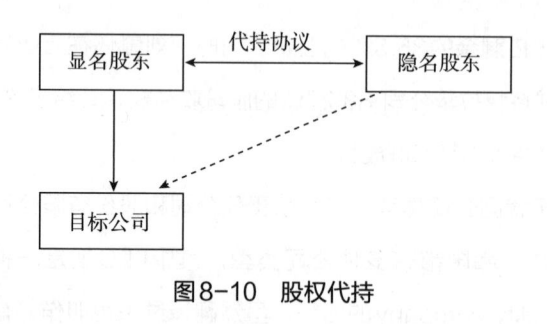

一、代持的优、劣势

（1）优势：相比由员工直接持股，代持可以避免控制权受影响、激励对象发生人事变动时变更工商登记程序等烦琐问题。只需要代持的股东和受激励员工签订股权代持协议，即可完成操作。

（2）劣势：由于股权由特定股东代持，在工商登记等对外的文件上并不直接显示受激励员工的股东身份，所以对于受激励员工来说，其对权利归属有较大的担忧，这会让激励的效应大打折扣，公司需要完善相关内部公示和代持协议签署事宜来给予员工"信心"。

二、代持的相关法律法规

股权代持由《公司法司法解释（三）》确认其效力，相关规定如下。

第二十四条　有限责任公司的实际出资人与名义出资人订立合同，约定由实际出资人出资并享有投资权益，以名义出资人为名义股东，实际出资人与名义股东对该合同效力发生争议的，如无合同法第五十二条规定的情形，人民法院应当认定该合同有效。

前款规定的实际出资人与名义股东因投资权益的归属发生争议，实际出资人以其实际履行了出资义务为由向名义股东主张权利的，人民法院应予支持。名义股东以公司股东名册记载、公司登记机关登记为由否认实际出资人权利的，人民法院不予支持。

实际出资人未经公司其他股东半数以上同意，请求公司变更股东、签发出资证明书、记载于股东名册、记载于公司章程并办理公司登记机关登记的，人民法院不予支持。

第二十五条 名义股东将登记于其名下的股权转让、质押或者以其他方式处分，实际出资人以其对于股权享有实际权利为由，请求认定处分股权行为无效的，人民法院可以参照物权法第一百零六条的规定处理。

名义股东处分股权造成实际出资人损失，实际出资人请求名义股东承担赔偿责任的，人民法院应予支持。

第二十六条 公司债权人以登记于公司登记机关的股东未履行出资义务为由，请求其对公司债务不能清偿的部分在未出资本息范围内承担补充赔偿责任，股东以其仅为名义股东而非实际出资人为由进行抗辩的，人民法院不予支持。

名义股东根据前款规定承担赔偿责任后，向实际出资人追偿的，人民法院应予支持。

实践中，如果不存在《中华人民共和国合同法》第五十二条合同无效情形的，股权代持协议就会被认定为有效。

第五十二条 有下列情形之一的，合同无效：

（一）一方以欺诈、胁迫的手段订立合同，损害国家利益。

（二）恶意串通，损害国家、集体或者第三人利益。

（三）以合法形式掩盖非法目的。

（四）损害社会公共利益。

（五）违反法律、行政法规的强制性规定。

三、代持的特殊形式

除了常见的大股东代持激励股权外,实践中还有由工会代为持股或者成立职工持股会等形式。

> **案例**
> 华为:职工持股会[①]
>
> 每年,表现优异的华为员工都会被主管叫到办公室,他们通常会得到一份合同,告知他们今年能够认购多少数量的公司股票。但是这样认购的股票不会有持股凭证,员工只能通过一个内部账号查询自己的持股数量。同时,这些员工的名字不会在工商登记文件上出现,其股权全部由华为工会代持。
>
> 从本质上说,这不是法律上员工具有所有权的股权,而是华为和员工通过契约方式约定的一种虚拟股权,是华为工会授予员工的一种特殊股票。激励对象可以获得一定比例的分红以及虚拟股——对应公司净资产增值的部分,但没有所有权、表决权,也不能转让和出售股票。在员工离开企业时,股票只能由华为工会回购。

第四节 几种模式的对比分析

实践中,上述几种模式均有不同程度的应用,但仔细比较,我们可以看出几种模式在不同层面拥有各自的优、劣势。接下来,我将从控

---

① 张敬峰.华为员工持股的做法与启示[N].中国航空报,2013-07-18(007).

制权、控股成本、减持自由度和税负这四个重要维度来比较几种模式的不同。

一、控制权

员工激励是一种将员工的利益与公司利益相绑定的长期激励方式，但其目的还是提高员工的主人翁意识和工作热情，以促进公司更好发展。然而，股份是股东对公司的所有权份额，拥有股份意味着股东身份以及在股东大会行使表决权的权利。因此，在将股份拿出来分给员工的同时，企业主们还需思量如何保证公司股权结构的稳定、保证优质高效的决策、保证自己对公司的控制权不受到激励计划的影响，继续保有控制地位。

正因如此，选择由员工持股的企业比较少，大部分企业会选择由持股平台间接持股或者代持的方式，以避免控制权旁落的风险。

在代持的模式下，拥有股东身份的是名义股东，因此在掌握公司控制权上，并不会有激励对象干涉公司事务和影响实际控制人控股权的风险。而在设立持股平台的模式下，不同持股平台的设立将会造成控制权大小的差异。在有限责任公司作为持股平台的情形下，《中华人民共和国公司法》对相关表决制度的规定：只有掌握公司67%以上的股权才能够算是完全控股，否则任何其他激励对象的异议都有可能导致有限责任公司的运作超出大股东的控制；在有限合伙企业作为持股平台的情形下，大股东只要是普通合伙人，就可以实现对该合伙企业的百分百控制；在信托的模式之下，由于公司或股东作为信托的委托人，信托机构需要按照与委托人之间的合同行使对财产的处分权利，所以公司或股东通过设置相应的合同条款来实现自己对信托的完全控制，也是相对容易的。

因此，比较之下，在控制权方面，采取有限合伙企业、信托作为持股平台或者采取代持的模式，更具优势。

二、控股成本

在直接持股的模式下，大股东和激励对象的地位一样，都是目标公司的股东。因此，如果要实现控股，大股东必须占有一定的股比，比如67%或51%，而能否完全掌握控制权取决于公司具体的股权结构。但是，由于上市公司的公开性，股东人数众多，要实现控股，其巨大的成本可想而知。

在代持的模式下，由于公司的股东还是显名股东，在公司的日常经营决策中，显名股东的地位也不受激励对象影响，所以代持并不涉及控股成本。

而在设置持股平台的情况下，同样是设置持股平台以保证控制权，不同的模式设置将意味着不同的控股成本。

在有限责任公司作为持股平台的情形下，实际控制人需要控制持股平台，同时对于公司本身也有一定的持股比例，才能够实现对公司的控制。比如，在海底捞的案例中，创始人张勇需要对简阳市静远投资有限公司持有52%的股份，并对海底捞公司持有25.5%的股份，才可以保证对公司的控制权。

在有限合伙企业作为持股平台的情形下，股东只需要成为有限合伙企业的普通合伙人，让激励对象成为有限合伙人，即可实现对合伙企业的控制权。而成为有限合伙企业的普通合伙人只需要极小的资金投入，可以说控股成本微乎其微。

在信托作为持股平台的情形下，公司或股东需要成为信托资金的委托人，才可以实现对信托资金或股票的控制权。因为在信托中，受托人（信托机构）是按照和委托人之间的合同行使对信托财产的管理、处分权的。要想成为委托人，公司或股东就需要向信托机构支付报酬作为委托的对价，自然而然，这笔报酬也就是控制该持股平台的成本。由于受托人往往是专业信托公司，比如龙湖地产案例中的受托人是汇丰银行（香港）信托公司，这些公司收取的信托报酬对企业来说也是一笔不小的支出。

综上，如果考虑到控股成本的大小，那么代持或有限合伙企业作为持股平台的优势最为明显。

三、减持自由度

激励对象所持有的股份如同一个资金池，随着员工的变迁将时常发生部分员工退出、部分员工加入的情形。如果说在进进出出的环节中，企业需要耗费大量的人力、精力去完成变更手续，那么这将会给股权激励的操作造成不少麻烦，也会降低企业实施股权激励、员工接受股权激励的积极性。因此，在选择相应模式的时候，企业会考虑到减持自由度这一因素。

如果是直接控股，那么激励对象作为上市公司的股东，在进入和退出时需要通过中国证券登记结算有限责任公司来办理股份的受让和转出。

如果是股权代持，那么员工在进入激励计划时，通过与大股东签订股权代持协议加入公司的激励方案；而在异动或正常退出的情形下，直接由公司按照激励方案的规定进行回购，代持协议解除，代持关系即不复存在，不需要进行相关的工商变更手续，相比之下，这样是比较便捷的。

如果是设立持股平台，那么员工进出股权激励计划就是进出该持股平台。如果是有限责任公司作为持股平台，那么员工的加入或退出需要按照《中华人民共和国公司法》的规定履行相关的程序，比如需要到工商部门办理股东变更登记；若员工的退出涉及股份转让，如果转让给股东之外的第三方还需要其他股东放弃其优先购买权等，会比较烦琐和复杂。如果是设立有限合伙企业，那么由于合伙企业标志性的人合性，合伙企业内部绝大部分事宜均可通过合伙协议加以协商，所以只要在合伙协议中加以约定，员工即可在触动相关条件时进入或退出，十分方便。如果是信托的模式，那么也是比较简单的，激励对象作为信托的受益人，委托人只需要在合同或其他书面文件中将受益人名单加以变化。

通过比较可知，采取代持或有限合伙、信托作为持股平台的模式相对直接控股来说拥有更高的减持自由度。

四、税负

对于任何商业活动来说，税负都是一个难以避免的问题。我们不能逃税，但可以根据需要设置最适合的持股平台，从而合理地降低员工和公司的税负，降低实施股权激励的成本——既增加公司实施股权激励的积极性，又给到员工更多的激励份额。

在直接持股的模式下，激励对象通过二级市场买入、卖出公司的股票，根据《个人所得税》及《财政部、国家税务总局关于个人所得税若干政策问题的通知》，在二级市场买卖境内上市公司股票的，就转让所得不需要缴纳个人所得税。而对于所得的股息红利税，根据《关于实施上市公司股息红利差别化个人所得税政策有关问题的通知》的规定："个人从公开发行和转让市场取得的上市公司股票，持股期限在1个月以内（含1个月）的，其股息红利所得全额计入应纳税所得额；持股期限在1个月以上至1年（含1年）的，暂减按50%计入应纳税所得额；

持股期限超过1年的，暂减按25%计入应纳税所得额。上述所得统一适用20%的税率计征个人所得税。""对个人持有的上市公司限售股，解禁后取得的股息红利，按照本通知规定计算纳税额，持股时间自解禁日起计算；解禁前取得的股息红利继续暂减按50%计入应纳税所得额，适用20%的税率计征个人所得税。"因此，激励对象在限售期内，股息红利的个人所得税率为10%，解禁后的股息红利的个人所得税率按照持股年份在5%至20%之间。

根据《关于个人转让上市公司限售股所得征收个人所得税有关问题的补充通知》的规定，转让上市公司限售股的，按照"财产转让所得"，适用20%的税率征收个人所得税。

在代持的模式下，名义股东拿到公司的分红，需要缴纳个人所得税，但由于股东的实际收益由隐名股东享有，所以该税负由激励对象承担，即用财产转让所得的20%缴纳个人所得税。

在设立持股平台的情况下，不同持股平台也会涉及不同的税负。

如果是设立有限责任公司作为持股平台的情形：在涉及股份转让时，持股平台转让公司股份需要按25%缴纳企业所得税，而且由于公司不符合免征营业税的条件，持股平台还需要就股权转让收入缴纳5%的营业税，激励对象转让持股平台股份时需要按照20%缴纳个人所得税；在涉及分红时，持股平台作为股东，从持股平台获得的分红不需要缴纳所得税，而激励对象作为持股平台的股东，从持股平台得到的分红需要缴纳个人所得税（20%），因此存在着双重税负。

如果是设立有限合伙企业作为持股平台的情形，那么由于合伙企业不具有独立的法人资格，所以企业的经营所得（在合伙企业不进行其他经营活动的情况下，是指从目标公司获得的分红）直接由合伙人承担个人所得税。就转让股权所得，按照《个人独资企业和合伙企业投资者征收个人所得税的规定》，有限合伙企业的合伙人按照5%～35%累计缴纳所得税，部分地区（如上海）将有限合伙人的税率设置为20%，而普通合伙人的税率为5%~35%超额累进税率。合伙企业还需要缴纳5%的转让营业税。而对于从上市公司取得的红利，按照国税函〔2001〕84号文的规定："个人独资企业和合伙企业对外投资分回的利息或者股息、红利，不并入企业的收入，而应单独作为投资者个人取得的利息、股息、红利所得，按'利息、股息、红利所得'应税项目计算缴纳个人所得税。"因此，合伙人从公司取得的股息红利按照20%缴纳个人所得税。

如果是设立信托作为持股平台的情形，那么信托机构作为公司的名义股东，从公司得到的股息红利或转让股权需要根据信托机构设置的持股平台的类型来决定税收。而激励对象作为受益人，从信托机构处得到的股票收益一般会按照"利息、股利、红利所得"的规定，按20%税率全额计征个人所得税。

一般而言，设立有限合伙企业作为持股平台的税负相对来说最有优势。但是，在有限合伙的模式下，由于目前地方政府出台的相关政策并没有受到国税总局的认可，所以地方的税收政策还面临着调整的风险。

公司在实施股权激励时，往往需要根据对公司的实际情况和实施股权激励初衷的综合考量，确定自身注重的因素，并根据对相关因素的重视程度来选择是否使用持股平台，以及使用何种持股平台合适。

第九章

股权激励第七步
——定数量

➦ 确定股权激励的模式以及对象后,下一步需要确定激励股权的数量,包括总量和个量。

激励股权的数量包含两个方面：一是公司实施股权激励授予的全部额度（总量），二是单个激励对象所获得的股权额度（个量）。如果涉及分阶段实施的股权激励计划，那么我们还要根据公司战略和规划确定公司为下一批激励对象留存的股权数量。

第一节　定总量

公司在实施股权激励时，需要确定将要实行的股权激励计划所授予的股权数量，即激励股权的总量。在确定激励股权总量时，公司需要考虑法律对公司在有效期内授予股权的相关规定，还要综合考量公司股权稀释、未来规划等方面的因素，以确定合适的总量比例。

一、上市公司规定

（一）普通上市公司规定

《上市公司股权激励管理办法》第十四条规定："上市公司全部在有

效期内的股权激励计划所涉及的标的股票总数累计不得超过公司股本总额的10%。"也就是说，对于上市公司而言，法律对其实施股权激励的总量有强制性上限规定。对于"股本总额10%"的理解，该条第三款加以规定："本条第二款所称股本总额是指股东大会批准最近一次股权激励计划时公司已发行的股本总额。"而根据《上海证券交易所科创板股票上市规则》第10.8条的规定，上市公司全部在有效期内的股权激励计划所涉及的标的股票总数，累计不得超过公司股本总额的20%。也就是说，对于科创板上市公司来说，股权激励涉及的股票总额由10%突破到了20%。

对于激励股权总量下限，目前没有法律法规或政策加以规定。依照"法无禁止即可行"的民事法律行为准则，激励股权总量可以确定在股本总额10%以内施行。

（二）国有控股上市公司规定

《国有控股上市公司（境内）实施股权激励试行办法》第十四条规定：在股权激励计划有效期内授予的股权总量，应结合上市公司股本规模的大小和股权激励对象的范围、股权激励水平等因素，在0.1%~10%合理确定。但上市公司全部有效的股权激励计划所涉及的标的股票总数累计不得超过公司股本总额的10%。上市公司首次实施股权激励计划授予的股权数量原则上应控制在上市公司股本总额的1%以内。

而《国有科技型企业股权和分红激励暂行办法》第十条规定：大型企业的激励股权总额不超过企业总股本的5%；中型企业的激励股权总额不超过企业总股本的10%；小微型企业的激励股权总额不超过企业总股本的30%。科技型企业相对于普通企业而言，其股权激励力度更大，限制更为宽松。

我寻找了宝钢股份的股权激励案例，为大家展现国有上市公司的股权激励方案。

> **案例**
> 宝钢股份：两期股权激励，带动国企改革[①]

2000年2月，宝山钢铁股份有限公司（证券代码600019，以下简称"宝钢股份"）成立。2000年12月，宝钢股份在上海证券交易所上市，实际控制人为国务院国资委。宝钢股份为了进一步完善公司治理结构，健全公司激励与约束相结合的中长期激励机制，应对行业激烈竞争和支撑公司长远发展，充分调动公司核心管理者和骨干员工的积极性，于2014年5月、2018年1月推出两期限制性股票激励计划。

（1）首期限制性股票激励计划。

授予日为2014年5月22日；授予价格为1.91元/股；授予人数为136人；授予数量为4 744.61万股，占公司总股本0.2881%；股票来源为公司通过公开竞价交易方式从上海证券交易所回购A股普通股股票47 446 100股；授予对象范围包括公司董事、高级管理人员、管理人员、核心技术人员和业务骨干；有效期为6年；解禁期为每期计划锁定期满后，进入三年解锁期。

（2）第二期限制性股票激励计划。

授予日为2017年12月22日；授予价格为3.99元/股；授予人数不超过1 080人；授予数量为17 764.46万股，占公司总股本0.803 7%；股票来源为公司向激励对象定向发行的A股普通股股票；授予对象范围包括公司董事、高级管理人员、管理人员、核心技术人员和业务骨干；有效期为6年；解禁期为每期计划锁定期满后，进入三年解锁期。

宝钢股份推行两期股权激励计划，顺应了国企改革的浪潮，进一步

[①] 崔晓庆. 我国国有控股上市公司股权激励问题研究[J]. 中外企业家，2019（15）：39-40.

加快了国企"强化激励"的步伐。

二、非上市公司操作指引

由于没有强制性的法律规定，所以非上市公司可根据公司的实际情况决定授予股权的数量。具体而言，非上市公司可考虑以下几方面的因素。

（1）公司规模与净资产。同等比例的股权，在不同规模和净资产的公司中，对应的收益值必然也不相同。根据公司的激励力度，公司应当充分考虑自身的规模大小来决定总量。一般而言，规模大、资产高的公司授予的股权数量比规模小、资产较低的公司要少，毕竟前者的基数较大，乘以较小的比例后仍可以产生较大的激励力度。

（2）驱动资本类型。不同企业所处行业不同，依赖的资本也不同。比如，能源行业的公司是资源驱动型的，服务业的公司往往是人力驱动型，重工业的公司往往是资金驱动型的。因此，公司需要根据对人力的需求和依赖程度，决定授予的股权数量。尤其是人力驱动型公司，一般更加需要用较多的股权数量来激励员工、留住员工。

（3）公司整体薪酬安排。如果公司整体薪酬水平偏高，那么股权激励实质上也是员工薪酬的一部分，公司授予的激励股权总量可以不用太高；相反，如果公司的薪酬和福利待遇相对较低，那么公司可以酌情增加授予的股权数量。

（4）控制权安排及股东的让与意愿。正如在前几章提到的，引入员工作为受激励对象，无论是直接持股、代持还是通过持股平台持有公司的股份，都会在一定程度上影响公司的股权结构。因此，在决定授予股权的数量时，公司应当充分考虑授予股权占公司股权的比例以及其对控制权架构的影响程度。同时，在大部分情况下，激励的股份来自原股东让与，就算是增发股权进行激励，也是对原股东持股的一种稀释，因此公司需要充分考虑原股东的意愿。另外，公司还需要为未来股权融资、并购重组等预留空间。

（5）考核目标的高低。在获授股权后，激励对象需要满足一定的考核条件才可以实现对股权的处分，享有收益。因此，考核条件是员工事实获授的前提。如果该前提条件设置得较高，公司就应当相应增加授予的股权数量，只有这样才能充分激励员工加倍努力以达成考核目标。如果员工能够达到较高的考核基准，公司肯定也实现了较大的收益，其理应享受更高的股权激励。

在决定激励股权的总量时，公司需要综合考虑上述因素，以科学设置授予股权的额度。另外，在如何确定总量上，有三种常见的方法。

一是将留存股权的最高额度作为总量，即将预留的股权全都作为授予数量。这种方法虽简便、易于操作，但是存在诸多缺点——因为预留的股权已全部作为授予数量，公司难以再向未来表现优异的员工实施股权激励计划，也难以再向新进员工实施股权激励。在这种情况下，公司将欠缺激励的灵活性。

二是以总薪酬水平作为基数确定总量。这种方法将员工的总薪酬水平作为基数，乘以公司确定的系数，来确定当期的激励总量。这种方法将公司的当期薪酬分发与授予的数量联系起来，保证了激励总量和公司发展相挂钩。

三是以企业业绩确定总量。公司确定不同阶段的公司业绩指标，每达到一期业绩指标，公司将根据事先发布的计划授予相应比例的股权。这种方法将激励数量与公司的业绩发展联系起来，具备一定的科学性，但是如何设置与员工表现相平衡的业绩目标，相对来说具有一定的技术难度。

结合上述考虑因素并运用以上方法，澜亭股权研究院通过自身的多个落地实践总结得出创业期公司股权激励总量一般为20%~30%，而成熟期公司激励股权总量一般为10%~20%。

第二节　定个量

在决定了激励股权的总量以后，公司需要根据员工的个人情况决定员工获授的股权数量。对于如何确定员工获授个量，公司还需要考虑法律法规的强制性规定。在法律法规没有规定的情形下，公司需要综合考虑员工的贡献程度等情况，尽可能做到公平公正地授予，以免产生意想不到的负面效果。

一、上市公司规定

《上市公司股权激励管理办法》第十四条不仅规定了上市公司股权激励计划授予的股票总量上限，而且对个量也做出了相应的强制性规定："非经股东大会特别决议批准，任何一名激励对象通过全部在有效期内的股权激励计划获授的本公司股票，累计不得超过公司股本总额的1%。"对于股本总额的理解，同上述总量中的规定一致，即股东大会批准最近一次股权激励计划时公司已发行的股本总额。对于这一点，科创板并未做出其他规定，毕竟虽然激励总量可以不断增加，但是为了保障公司股权结构的稳定性，个量还是有必要控制在1%之内。

另外，根据《关于规范国有控股上市公司实施股权激励有关问题的补充通知》的相关规定，在行权有效期内，对于激励对象股权激励收益占本期股票期权（或股票增值权）授予时薪酬总水平（含股权激励收益，下同）的最高比重，境内上市公司及境外H股公司原则上不得超过40%，境外红筹公司原则上不得超过50%。

因此，授予激励对象的股权个量应当按照上述相关规定的要求，不得超过相关规定的上限。

二、国有控股上市公司规定

《国有控股上市公司（境内）实施股权激励试行办法》第十五条规定：上市公司任何一名激励对象通过全部有效的股权激励计划获授的本公司股权，累计不得超过公司股本总额的1%，经股东大会特别决议批准的除外。此条规定与普通上市公司规定保持一致，而第十六条规定，授予高级管理人员的股权数量按下列办法确定。（1）在股权激励计划有效期内，高级管理人员个人股权激励预期收益水平，应控制在其薪酬总水平（含预期的期权或股权收益）的30%以内。高级管理人员薪酬总水平应参照国有资产监督管理机构或部门的原则规定，依据上市公司绩效考核与薪酬管理办法确定。（2）参照国际通行的期权定价模型或股票公平市场价，科学合理测算股票期权的预期价值或限制性股票的预期收益。按照上述办法预测的股权激励收益和股权授予价格（行权价格），确定高级管理人员股权授予数量。此条规定额外限制了国有上市公司高管获授激励股权的个量。

但是，《国有科技型企业股权和分红激励暂行办法》第十条规定：单个激励对象获得的激励股权不得超过企业总股本的3%。我们不难看出，为推动国企改革，强化国企激励，针对国有科技型企业激励股权授予数量的规定也是大大放宽。

在推行股权激励方案时，每一家国企都格外注意个量授予的规定，比如人民网。

> **案例**
> 人民网：激励股权个量不超过公司股本总额1%[①]

人民网于2020年3月16日发布《2020年限制性股票计划（草案）》公告，计划首批拟授予限制性股票数量及分配情况如表9-1所示。

表9-1 人民网首批拟授予限制性股票数量及分配情况

人员范围	限制性股票合计授予数量（股）	占本计划首批授予限制性股票总量的比例	占公司股本总额的比例
总网中层管理人员合计（共64人）	1 760 400	30.64%	0.159%
地方公司核心管理人员合计（共42人）	1 113 100	19.37%	0.101%
海外公司核心管理人员合计（共10人）	196 400	3.42%	0.018%
子公司核心管理人员合计（共20人）	785 000	13.66%	0.071%
核心员工合计（共123人）	1 891 400	32.92%	0.171%
总计（共259人）	5 746 300	100.00%	0.520%

人民网特别表示，除本计划外，本公司无其他股权激励计划，因此上述任何一名激励对象通过全部有效期内的股权激励计划获授的本公司股票均未超过公司股本总额的1%。

三、非上市公司操作指引

对于非上市公司来说，法律对个量同样没有强制性规定。因此，公司可根据实际情况予以决定，总体上应当兼顾公平和效率的原则。一般

---

① 案例来源：《传媒国企人民网股权激励方案面世》，微信公众号"国资智库"。

来说，公司需要考虑的因素主要包含以下几个方面。

（1）员工的贡献度和业绩表现。对于平时业绩表现较好、对公司未来发展具有较大的贡献度的员工，公司应当授予更多的激励股权，以激励其对公司做出更大的贡献。

（2）员工的薪酬水平。一般而言，员工的薪酬水平与其在公司的重要程度是正相关的，因此授予数量也应与其薪酬水平相适应。如果薪酬较高的员工被授予的股权数量低于薪酬较低的员工，那么这在一定程度上势必会导致高薪酬员工萌生不公平的念头。

（3）员工的不可替代性。一般来说，员工的不可替代性越高，公司授予的股权数量越高，以表明其对公司发展的重要程度。

（4）员工的职位。根据员工的职位来确定其获授股权数量，具有一定的合理性，能实现相应的激励目的。

（5）员工的工作年限。一般而言，虽然老员工不一定是贡献度最高的群体，但工作年限越久，对公司的忠诚度也越高。对于这类员工，公司理应在激励时予以奖励，适当在个量上加以倾斜。

四、三大方法

实践中，就如何具体计算每个激励对象应被授予的股权数量，常见方法有以下三种。

（一）直接评判法（根据职级等评判）

顾名思义，直接评判法就是直接由决策人决定授予激励对象的股权数量。这是一种比较直接和简单的办法，直接由股东会、董事会或其他负责的机构综合评判后决定每个激励对象的获授数量。评判机构会综合激励对象的职位、业绩、不可替代性、薪酬等因素来评判被激励对象并做出个量决定。非上市公司多使用该方法。

(二) 期望收入法

期望收入法是指根据激励对象对股权激励得到的收入的期望值，反推在实施股权激励时应授予其的股权数量。具体的计算方法：在实行期权股权激励的案例中，先假设激励对象期望在行权时可以收获的收益（一般会以N倍的年薪收入来替代），再预测每股股权行权时的收益，用期望收益除以每股收益即可得到授予的股权数量。

举个例子，如果激励对象A的期望收入是1.5倍的年薪收入（20万元），单位对A授予的期权行权价格是5元/股，预计等待期满可以行权时公司的股价是10元/股，那么该情形下，A的授予数量如下：

授予数量 = N × 年薪/每股行权收益 = 1.5 × 20/(10-5) = 6万股

(三) 分配系数法

分配系数法是指通过建立一定的评价模型来计算激励对象的分配系数，得到某一激励对象的分配系数占全体激励对象的总分配系数的比例，该比例即该激励对象获授股权数量的比例。评价模型主要是价值和贡献的评价模型，全体激励对象的总分配系数是所有激励对象分配系数的平均数。

授予数量 = 该激励对象的分配系数/总分配系数 × 激励总量

激励对象的个人分配系数实际上代表了他的评价得分，因此公司需要建立评价模型。不同的公司在对员工的评价上具有不同的参考因素。如果以人才价值、薪酬水平、考核成绩、司龄四个维度作为评价模型，那么对不同的评价维度赋予不同权重的话，公司可以建立下面的个人分配系数计算公式。

个人分配系数 = 不可替代性系数 × 20% + 薪酬系数 × 40% + 考核系

数 ×20% + 司龄系数 ×20%

其中，对于各维度系数的确定，公司可根据自身的情况加以确定。比如，在人才价值的评价标准上，公司可按照激励对象的学历、工作能力等要素加以评定，然后根据评分结果得出人才系数：95～100分的，视为A等级，人才价值系数为3；95～94分的，视为B等级，人才价值系数为2.5；以此类推。

薪酬系数可反映激励对象的实际工资水平。在实际操作中，公司可将激励对象中的最低工资设作基数，系数设为1，其他激励对象的薪酬系数按照该基数计算得出。

考核系数可以根据公司内部的考核制度加以确认，比如考核为优秀的系数为1.2，中等为1.0，不合格为0.8，其他的考核标准以此类推。

司龄系数也是一个比较重要的参考系数。以授予日为基准，激励对象的入职年数每增加一年，司龄系数增加0.05。

澜亭股权研究院曾经为一个客户制订股权激励方案，其中个量授予采用的便是上述的分配系数法。

案例
某科技公司：善用分配方法，双轨并行

澜亭股权研究院针对该公司的两类授予对象，为其打造了两种计算方法，用以针对不同激励对象。具体方案如下：

（1）针对高层管理人员。

高层管理人员主要按照个人不可替代性和岗位职级确定个量。

个人分配系数＝不可替代性系数 ×70% + 职级系数 ×30%

（2）针对中层管理人员及业务技术骨干。

激励对象个人持股数额的分配按照员工所负责任、个人能力、贡献大小，本着效率优先、兼顾公平的原则，采取"打分制"量化并经执行董事予以确定。

计算个人得分的方法如下：

$G=K\times(A+B+C)$

其中：

- G代表个人得分值。
- K代表个人贡献系数，根据个人总体贡献及激励期权总额度综合评估。
- A代表岗位职级分：技术部门负责人5～10分、经理4分；业务部门负责人4～9分、经理3分；综合部门负责人3～7分，经理2分；业务组长3～5分；业务技术骨干1～3分。
- B代表工作表现分：A档3.5～5分，B档1.5～3分，C档1分。
- C代表在本公司工龄分：2～3年0.3分，3～5年0.5分，包括在××科技有限公司、××物联网有限公司工作的时间。

上述工作表现分和在本公司工龄分只在激励对象依据本方案被首次授予股权时计算在内，以后不再重新核算激励对象的工作表现分和工龄分。

（3）个人额度调整。

当激励对象的岗位职级、不可替代性发生变化时，经执行董事批准，激励对象的激励股权额度根据本方案予以相应调整，并经认定日认定结果予以确定。激励对象的激励股权若发生调整，则不影响其已行权部分。

该方案涉及系数设定全面，初看略显复杂，但事实上其各项因素都切合每类员工自身特征。在日后具体确定激励对象授予份额时，公司只需据此套用公式，科学公平。此外，此方案及计算公式仍适用于日后激励对象发生变动后激励度的变化与调整。

公司在决定激励股权的总量与个量时，首先需要严格遵守法律法规的强制性规定，其次需要根据公司自身情况和发展规划合理确定总量，根据对员工的相关考核标准确定个量，做到合法、合情、合理地授予，以此事半功倍地达到激励目的。

第十章

股权激励第八步
——定价格

↱ 除了数量,
　另外一个直接决定股权激励力度的因素,
　就是价格。

股权激励中的进入价格指的是激励对象进入股权激励计划时所支付的资金对价。对于采用限制性股票的方式实施股权激励的公司，进入价格即授予价格；对于采用股权期权的方式实施股权激励的公司，进入价格即行权价格。进入价格与激励对象实际行权或解除限售时的股价的差价，体现了激励对象的获益程度。

进入价格的确定需要兼顾对股东和激励对象的公平，这也是"定价格"的原则。具体来说，如果进入价格设置得过低，那么激励对象从股权激励中实现收益几乎没有难度，激励效果会比较差，而且对公司其他股东来说，显然有失公平；如果进入价格设置得过高，那么对其他股东来说，有利于充分保障其股权不被稀释，但是激励对象实现收益的可能性较低，从而导致其参与工作的积极性较弱。因此，公平地确定价格有利于将激励对象与股东、公司的利益绑定，既激发激励对象的工作热情，又能让公司和股东获取更多收益。

第一节　定价模型

在确定进入价格时，公司主要分两步进行：第一步是确定基准价格（也称"公平价格"），上市公司的基准价格即股票价格，非上市公司的基准价格即股权（股份）价格；第二步是在基准价格的基础上，以一定的定价模型确定激励对象的进入价格。本节将讲解几种常见的定价模型。

一、折价：进入价格＜基准价格

折价模型是指公司给予激励对象的进入价格是基准价格按照一定折扣计算出的价格。在这种模式下，激励对象以低于基准价的价格进入，体现了公司激励员工的诚意。这属于激励力度最大的定价模型——折扣价格既有内在价值（低于现有的基准价格），也有时间价值（未来公司股价上涨带来的收益）。但对于公司原有股东来说，折扣价格意味着较低的股东进入门槛，稀释原股东股份的可能性就会比较大。同时，由于只要维持现有的股份价格，激励对象就能在行权或解除限售时获得收益，所以激励效果不会太明显。一般来说，折价模型对于发展呈现下行趋势且以维稳为第一要义的公司比较合适。

二、平价：进入价格＝基准价格

平价模型是指按照基准价格确定进入价格。在这种模式下，进入价格的内在价值为零，只具有时间价值。要实现未来收益，激励对象必须努力将公司的股票价格推向高处，因为只有股票价格上涨，他才有获利的可能性。由于相对折中,这种方式受到大多数公司的采纳。

三、溢价:进入价格>基准价格

溢价模型是指以高出基准价格的定价作为进入价格。这种模式最具有挑战性,因为进入价格的内在价值为负,且实现时间价值有一定的不确定性和难度。只有公司未来的股票价格超过溢价价格,激励对象才有实现收益的可能性。这样的定价方式对公司原股东来说是比较友好的,因为激励对象进入股东会的门槛较高。但由于这样的定价方式易使激励对象失去对激励的信心,所以我建议只有在公司发展潜力极大、市场十分看好公司前景的情况下运用该模式。

四、可变价格模式

可变价格模式是指事先不确定进入价格和获授数量,而是按照等待期或限售期内的公司及激励对象业绩或其他参数的变化确定行权或解除限售时的获授数量和进入价格。比如,事先确定激励对象A的进入价格总价为10万元,即到行权或解除限售时A支付的对价为10万元,但是不事先确定A获授的股权数量,期满后,公司根据公司利润增长和A业绩增长计算出相应参数,用届时的股票价格除以上述参数以确定进入价格——公司利润和A业绩增长越多,进入价格越低,A支付总价对应的获授数量就越多。这种方式完全以公司业绩和激励对象个人业绩为影响要素,排除了公司股票价格本身变化带来的影响,比较客观,适合业绩考核体系完善的上市公司使用。

第二节　进入价格设定

上市公司的股价由市场决定且具有可观性，并有法律明文规定，因此在确定进入价格时相对简单；非上市公司的基准价格没有对应的市场股票价格，因此确定起来难度大得多。不同公司可根据自身情况参考相关要素决定基准价格，继而选择适合的定价模型以确定最后的进入价格。

一、上市公司规定

（一）普通上市公司授予限制性股票

关于限制性股票，《上市公司股权激励管理办法》第二十三条规定：上市公司在授予激励对象限制性股票时，应当确定授予价格或授予价格的确定方法。授予价格不得低于股票票面金额，且原则上不得低于下列价格较高者：（1）股权激励计划草案公布前1个交易日的公司股票交易均价的50%；（2）股权激励计划草案公布前20个交易日、60个交易日或者120个交易日的公司股票交易均价之一的50%。上市公司采用其他方法确定限制性股票授予价格的，应当在股权激励计划中对定价依据及定价方式做出说明。

用友网络在2019年实施股权激励时授予限制性股票的价格便是上述规则的例外。

> **案例**
> 用友网络：2.5折的授予价格[①]

用友网络于2019年9月10日公告了《独立财务顾问报告》，报告显示如下内容。

（1）限制性股票的授予价格。

限制性股票的授予价格为6.11元/股，为公司从二级市场回购股票的平均价格的25%。

（2）本次授予价格的定价依据和定价方式。

本次限制性股票授予价格的定价参考了《上市公司股权激励管理办法》第二十三条的规定，是在综合考虑公司"3.0阶段"业务转型发展战略对人才的需求状况、人才市场竞争状况、公司现有人才状况及公司业绩目标要求的基础上确定的。

综合人才需求、人才市场发生的变化，并兼顾激励对象的出资能力以及激励效果等各种因素，公司最近3年的股权激励计划（包括授予价格的设定）是基于支持公司"3.0阶段"的战略目标，充分考虑人才需求和人才市场竞争，并结合公司实际而制定的。前两年的股权激励计划已经起到较好的效果，因此公司本年度将继续延续限制性股票授予价格按照回购价格的25%进行授予的原则。

（二）普通上市公司授予股票期权

关于股权期权，《上市公司股权激励管理办法》第二十九条规定：上市公司在授予激励对象股票期权时，应当确定行权价格或者行权价格的确定方法。行权价格不得低于股票票面金额，且原则上不得低于下列

[①] 案例来源：《关于公司2019年股票期权与限制性股票激励计划授予相关事项之独立财务顾问报告》，上海荣正投资咨询股份有限公司。

价格较高者：（1）股权激励计划草案公布前1个交易日的公司股票交易均价；（2）股权激励计划草案公布前20个交易日、60个交易日或者120个交易日的公司股票交易均价之一。上市公司采用其他方法确定行权价格的，应当在股权激励计划中对定价依据及定价方式做出说明。

在授予股票期权时，也不乏公司依据自身实际情况而不依据上述规定进行定价。

> **案例**
> 海欣食品：自主定价，提振士气[①]
>
> 海欣食品于2021年推出股权激励计划，计划授予期权行权价格为每份5.88元，采取的是自主定价方式，为上述价格较高者的75%。
>
> 本次激励计划激励工具和定价方式的选择综合考虑了激励力度、公司股份支付费用、业绩状况、员工出资压力等多种因素，从稳定核心管理团队、保证员工薪酬竞争力、维护公司整体利益的角度出发，最终选择股票期权作为激励工具，且行权价格采用自主定价的方式。

（三）科创板上市公司授予限制性股票

《上海证券交易所科创板股票上市规则》第10.6条规定：上市公司授予激励对象限制性股票的价格，低于股权激励计划草案公布前1个交易日、20个交易日、60个交易日或者120个交易日公司股票交易均价的50%的，应当说明定价依据及定价方式。对于出现前款规定情形的，上市公司应当聘请独立财务顾问，对股权激励计划的可行性、相关定价依据和定价方法的合理性、是否有利于公司持续发展、是否损害股东利

---

① 案例来源：《上海荣正投资咨询股份有限公司关于海欣食品股份有限公司2021年股票期权激励计划草案（修订稿）之独立财务顾问报告》，巨潮网。

益等发表意见。

因此，对于科创板来说，限制性股票的授予价格可以突破50%的限制，公司只需要提供独立财务顾问的意见即可，定价更加灵活。

> **案例**
> 晶丰明源：自主定价，突破50%[①]

晶丰明源2020年股权激励计划出炉，本次激励计划确定的首次限制性股票授予价格为36元/股，为本次激励计划草案公布前1个交易日交易均价的41.85%，也是前20个交易日交易均价的43.95%。

本次限制性股票的授予价格采取自主定价方式，目的是促进公司发展、维护股东权益，为公司长远稳健发展提供机制和人才保障。公司属于人才技术导向型企业，充分保障股权激励的有效性是稳定核心人才的重要途径。公司所处经营环境面临诸多挑战，包括行业周期、技术革新、人才竞争、资本市场波动等，本次激励计划授予价格有利于公司在不同周期和经营环境下有效地进行人才激励，使公司在行业竞争中获得优势。此外，本着激励与约束对等的原则，公司在设置了具有较高挑战性的业绩目标的情况下，采用自主定价的方式确定授予价格，可以进一步激发激励对象的主观能动性和创造性。以此为基础，本次激励计划将为公司未来持续发展经营和股东权益带来正面影响，并推动激励目标的顺利实现。

（四）科创板上市公司授予股票期权

期权的行权价格由股东自行商定，但原则上不应低于最近一年经审

[①] 案例来源：《上海信公科技集团股份有限公司关于上海晶丰明源半导体股份有限公司2020年限制性股票激励计划限制性股票预留授予相关事项之独立财务顾问报告》，巨潮网。

计的净资产或评估值（对期权行权价格的限制）。

根据上述规定，科创板外的上市公司实施股权激励时的授予价格和行权价格都有相应的法定下限，即无论上市公司拟采取何种定价模型，最后确定的价格都不能低于法定的最低值，而科创板上市公司在限制性股票的定价上具有一定的自主性和灵活性。

二、非上市公司定价参考因素

对于非上市公司来说，由于没有股票市场价格作为定价基准，如何确定进入价格相对来说难度更大。基准价格之所以也被称作"公平价格"，是因为其能够相对客观地反映公司的价值。比如：消费者到商场里买一件外套，结合这件外套的品牌、用料、设计、剪裁等，他心里会有一个预估的基准价格，即这件外套理论上值多少钱；当商家报价时，根据报价与预估基准价的差距，消费者可以看出商家的促销诚意。同样，在股权激励方案推出时，拟激励对象和潜在的激励对象通过进入价格与公平价格间的折扣考量公司激励的诚意。因此，公允地确定基准价格，既有利于起到实际的激励效果，又能够兼顾公司和股东的实际利益。在确定基准价格时，常见的参考因素有以下几种。

（1）注册资金。

以注册资本作为基准价格的定价标准是最简单的定价方式。该方法适用于净资产和注册资本金相差不大的公司，即每股价格为1元。

（2）评估净资产。

一般而言，大部分公司的净资产与注册资本金并不对应，因此公司在确定授予股权基准价格时需要使用其他方式。评估净资产是指以评估后的每股净资产作为基准价格。

（3）账面净资产。

账面净资产是指一个企业的实收资本加上资本公积、盈余公积和未分配利润后的所有者权益。账面净资产是指以每股账面净资产确定基准价格。

（4）市场估值。

采用市场估值来确定公司每股股票的内在价值，以此确定进入价格是美国非上市公司实施股权激励时的常见做法。具体操作：首先对公司的每项资产进行评估，相加后得到各项资产的市场公允价值总和，然后减去各类负债的公允价值总和，得到公司股权的公允市场价值，最后用上述价值除以公司总股本（非上市公司的总股本为注册资本），就得到授予时的公平价格。采用市场对公司股权价值的专业评估来确定公平价格，相对来说更为公允。

（5）市盈率。

采用市盈率定价的公式如下：

基准价格 = 每股收益 × 市盈率

该方法又被称为"模拟股票上市定价法"，即基准价格以预测的每股收益与市盈率的乘积加以确定。用公司的总收益除以总股本得出每股的收益，市盈率参考同类公司上市时的市盈率。适用该方法的前提是，拟实施股权激励的公司拥有可参照的同行业规模类似的上市公司，因此公司本身的规模不会太小。

（6）用户数（互联网公司等）。

对于互联网公司来说，流量就是生命，只有积累足够的用户数，才能够保障公司的生存和壮大。因此，在确定公司的价值时，不同于传统公司参考注册资本、净资产价值，互联网公司应当更多地侧重于关注公司的用户数量，以估算公司的现实价值和未来潜力。具体而言，互联网公司可以设定相关的公式，计算公司每股基准价格。对于用户数来说，分量级确定系数；有效用户数所处区间越高，相对应的系数应当越有利于较高基准价格的推出。

结合以上参考因素，非上市公司的定价自由度更高，可以采取零元、一元定价或者评估公司净资产、市场估值等多种定价方法，其确定定价方式更多考虑的是从激励目的出发，以期达到最好的激励效果。

三、国有控股上市公司规定

《国有控股上市公司（境内）实施股权激励试行办法》规定，根据公平市场价原则，确定股权的授予价格（行权价格）。（1）上市公司股权的授予价格应不低于下列价格较高者：一是股权激励计划草案摘要公布前一个交易日的公司标的股票收盘价；二是股权激励计划草案摘要公布前30个交易日内的公司标的股票平均收盘价。（2）上市公司首次公开发行股票时拟实施的股权激励计划，其股权的授予价格在上市公司首次公开发行上市满30个交易日以后，依据上述原则规定的市场价格确定。

四、不同类型公司的定价参考

上述介绍的是非上市公司在定价时可参考的因素。其实，公司还可以通过自身的因素驱动来确定相应的定价标准。

（一）从驱动型角度区分不同类型的公司

1.资金驱动型

在资金驱动型公司中，资金的充裕度将直接决定公司的发展。资金驱动型公司对资金的需求和依赖远远强于其他类型的公司。因此，对于该类企业来说，实施股权激励的一大目的就是从激励对象身上融资，以充实公司的资金库。鉴于上述原因，资金驱动型公司在定进入价格时，通常会采取较高的价格。

2.资源驱动型

资源驱动型公司是指资源对公司发展至关重要的公司，其既不过分依赖资金，也不过分倚重人才。在这种情况下，其实施股权激励会设定相对折中的价格，既能充分保障公司和股东的利益，也能起到一定的激励效果。

3.人力驱动型

大部分的服务型公司都是人才驱动型公司，该类公司对人才的依赖程度十分高，资源、资金都是其次，只要有匹配的高质量人才，公司就会运作良好。公司实施股权激励是为了留住人才，留住人才就保障了公司的发展。因此，在设定加入价格时，公司会倾向于采取较低的价格，以真正达到激励员工的目的。

（二）以发展时期为角度区分不同公司

1.创业期或早期公司

对于新设立的企业来说，净资产与收益往往还没有固定，因此依据注册资本定价是常用的办法。公司采用注册资本定价，可以留给激励对象更多的股权升值空间，更有利于将激励对象与公司利益相绑定，进一步激发股权激励的效果。从股权融资的角度出发，如果公司采用注册资本定价，在企业不同的发展阶段释放不同的股权数量，那么对股权激励总量的规划和分配便更为关键。

2. 成熟期公司

对于成熟期公司来说,公司发展已经迈入正常轨道,有固定的收益与净资产,企业成长性变低,股权升值空间一般,此时激励对象更看重的是股权给自身带来的分红收益。因此,为了激励效果的良好展现,这个时期的公司更常见的定价方法是净资产定价法或者固定收益法。

第三节　退出价格设定

定价格不但包括激励对象的进入价格,还涉及激励对象退出时的价格。具体而言,退出价格就是指激励对象将已持有的股权转让给公司或其指定的第三人的价格。由于本书会在第十四章"股权激励第十二步——定退出"中详细讲解如何设定退出价格,故在此不再赘述。

第十一章

股权激励第九步
——定时间

> 股权激励中的时间点设置,既要达到企业长期激励的目的,又要使员工不会感觉遥不可及。

对于公司来说，股权激励计划是一个长期项目，需要有可持续的发展流程；对于激励对象来说，通过努力获得激励成果不会遥不可及。只有综合两方的利益诉求，我们才能设计出符合股权激励初衷的时间节点。

第一节　激励周期的概念

从微观角度来说，股权激励周期相当于由一个个时间节点组成的"时间轴"，不同的节点对应不同的激励动作。激励周期一般包含以下时间点：股权激励的有效期、授予日（授权日）、等待期、行权日（针对股票期权）、解锁期（针对限制性股票）、禁售期（窗口期）等（见图11-1）。

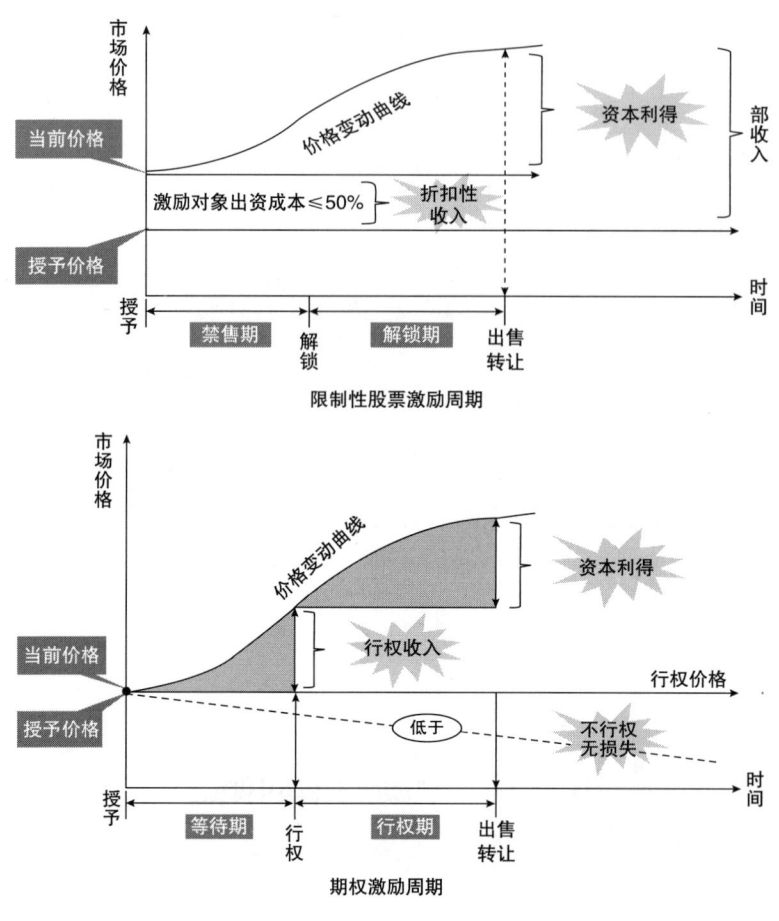

图 11-1　激励周期包含的时间点

第二节　有效期

股权激励的有效期是指从激励计划生效之日起至最后一批激励股权行权或解锁完毕而激励计划终止的时间段，激励对象只能在有效期内行使相关权利，超过有效期难以再行主张。

一、上市公司规定

《上市公司股权激励管理办法》第十三条规定：股权激励计划的有效期从首次授予权益日起不得超过10年。也就是说，对于上市公司来说，股权激励的有效期最长为10年。

根据澜亭股权激励研究院《2018年中国A股市场股权激励大数据报告》《2019年中国科创板股权激励大数据报告》的数据：2019年，中国A股市场中股权激励计划时间模式一般为"1+3"模式、"2+3"模式、"1+2"模式、"1+4"模式。其中，50%以上的上市公司选择"1+3"模式，仅有大约10%的上市公司选择"2+3"模式、"1+2"模式、"1+4"模式，还有8%左右的上市公司依据股权激励计划对时间模式进行自主设计。与此同时，自2019年科创板开市以来，科创板上市企业实施股权激励以第二类限制性股票为主，有限期从48个月到72个月不等，主要根据公司具体的股权激励计划安排。

二、非上市公司操作指引

法律并没有对非上市公司激励计划的有效期做出强制性规定，因此非上市公司可根据自身实际情况予以考量。一般而言，非上市公司可以考量以下因素。

（一）企业战略所划定的期间

股权激励计划的目的是将员工利益与公司的长远发展相绑定，企业在实行股权激励计划之前，势必会形成相对长久、全面的战略规划布局，在不同的期限内拟实现不同的业绩、战略目标。因此，将激励计划的有效期与不同战略目标所对应的阶段进行有机匹配，将更有利于针对性地激励员工实现企业目标。具体而言，战略目标对应的计划完成期限应当含于激励计划的有效期，例如计划战略目标完成的年限为5年，激励计划的有效期就需长于5年，一般设置为5~6年。

（二）与激励对象签订的劳动合同有效期

有效期的设置也需要考虑员工劳动合同的有效期剩余期限，一般不超过剩余劳动期限，以避免出现合同在有效期内到期的情形。当然，公司也可以在激励计划中明确：如果劳动关系提前结束，那么已获授的股票期权或限制性股票将由公司收回或不得解锁。

（三）企业所处的行业特性

在披露股权激励方案的公司中，行业分布非常明显。股权激励明显集中于高新技术产业，主要原因在于高新技术行业人力资本依赖程度远高于其他行业。相应地，实施股权激励的有效期也有明显的行业特征。传统制造业的有效期一般为5年，互联网以及新兴的科技产业一般为3年。

以上因素仅供公司参考，在实际操作中，公司需要综合考量企业自身情况、员工实际情况、行业惯例等多方面因素，以敲定合适的有效期。

第三节　授予日

授予日也称授权日，是指实施股权激励的公司向激励对象授予限制性股票或股票期权的日期。在整个股权激励的周期中，授予日这个节点十分重要，等待期、行权期、解锁期等期间的起算点就是授予日。

另外，要注意区分授予日与股权激励计划的生效日，生效日是指公司发布的股权激励方案指明的激励计划生效之日。对于上市公司而言，生效日是满足报证监会备案、证监会无异议且公司股东大会审议通过之日。对于非上市公司而言，股东大会审议通过激励计划之日即为生效日。而授权日是公司实际授予股权激励的日期，一般是股东大会通过股权激励计划后，由董事会再制定的一个具体日期。授权日晚于生效日，自生效日起，激励计划获得可执行的效力；自授权日起，各个具体的激励对象获得股权激励授予的权利。

《上市公司股权激励管理办法》规定，上市公司的授予日必须是交易日。而对于非上市公司而言，不存在交易日与否的问题，但在确定授予日时可以考虑以下因素。

（1）方便公司操作。为了便于公司开展授予工作，授予日应当放在工作日，同时与企业战略目标的起始日及考核部门的考核日期相适应。

（2）方便对激励对象的考核。授予日的确定可考量激励对象的受聘日或晋升日或接管公司重要项目之日、业绩考核日、完成既定工作成果之日等要素，以便考核部门在对激励对象做出是否可行权或可解除限售评定时，更有针对性和更准确地做出考评结果。

第四节　等待期（限售期）

等待期是指从授予日起至股票期权可行权或限制性股票可解除限售的期间，激励对象无法行权也无法解除限售，只有等到等待期结束并且达到了激励方案所规定的业绩指标或其他条件以后，才能获得对激励股权的处分权。对于采取限制性股票实施股权激励的方式，等待期又称为限售期，即股权激励计划设定的激励对象行使权益的条件尚未达成，限制性股票不得转让、用于担保或偿还债务的期间。

公司之所以要设置等待期，是为了在激励员工之外，达到留住、绑定优秀员工的目的。虽然股权激励是有条件的激励，公司对于行权和解除限售势必规定了员工个人层面的指标和公司层面的指标，但如果一达到上述目标就可以行权或解除限售，那对于公司来说，人才还是容易流失。公司只有在此基础上增加时间维度的要求，才能实现捆绑优秀员工的目标，防止优秀员工产生短期获利的投机性心理。如果激励对象在等待期未满就终止与公司的劳动关系，那么所有未行权的股票期权、未解除限售的限制性股票都将由公司收回，激励对象无法再行使权利。只有继续留在公司，忠诚勤勉地工作，激励对象才可以在将来获得收益。

《上市公司股权激励管理办法》第二十四条规定，限制性股票授予日与首次解除限售日之间的间隔不得少于12个月。《上市公司股权激励管理办法》第三十条规定，股票期权授权日与获授股票期权首次可行权日之间的间隔不得少于12个月。因此，对于上市公司而言，等待期最短不得短于1年。

公司在设置股权激励计划的等待期时，应当考虑完成既定业绩目标的周期、困难程度以及拟绑定激励对象的时间跨度。对于前者，公司应当将等待期（尤其是设置分次等待期的）与公司的战略目标所对应的阶段相匹配，使公司可在等待期满后，根据该阶段战略目标的实现与否与实现程度决定是否可行权或可解除限售。对于后者，公司应当综合考量公司所处行业、激励对象的职业属性及公司拟与其绑定的期间等因素。

一般而言，最短的和分批行权所间隔的股权激励计划的等待期不短于1年，有效期为10年的股权激励计划最短等待期为3~5年，有效期为5年的股权激励计划等待期为1~2年。

设置等待期一般有以下几种方式。

一、一次性等待期

一次性等待期是指激励对象在一次性等待期满后，可以对股票期权100%行权，或可解除限售100%的限制性股票。这种方式简单直接，等待期满即可一次性将激励股权总额全部行权或解除限售，由于激励效果显著，适合强烈希望在一定时间内快速改善公司业绩的公司。

案例
昆药集团：2016年限制性股票计划[①]

2016年6月，昆药集团股份有限公司（以下简称"昆药集团"）发布关于实施限制性股票激励计划的公告，其中载明，自限制性股票授予日起12个月后的首个交易日，满足解除限售条件的激励对象可申请解锁100%的激励股权。上述对于授予的限制性股票的解锁期及解锁安排的规定方式即为一次性解除限售：自授予日起，限售期为1年，1年后激励对象如符合公司设置的解锁目标，即可一次性解锁全部限制性股票。根据昆药集团的激励方案，当次限制性股票的授予价格为零元/股，且解锁条件相对宽松。

公司层面：锁定期内，归属于上市公司股东的净利润及归属于上市公司股东的扣除非经常性损益的净利润均不得低于授权日前最近三个会计年度的平均水平，且不得为负。

个人层面：根据昆药集团对员工的绩效考核评定结果，以决定相应的可解锁比例，只有考评等级为"不合格"时，才完全不能解锁限制性股票。

昆药集团之所以采取这样的设置方式，是有其现实考虑的。根据2015年财报，昆药集团实现营收49亿元，同比增长19.2%，归属于

---

① 案例来源：《昆药集团2016年度限制性骨片激励计划（修改稿）》，上海证券交易所。

上市公司股东的净利润达4.2亿元，同比增长45.7%，扣非净利润增长50.4%，利润为近6年最高水平。实施股权激励时正值公司业绩"高位"，公司的主要目标已不再是业绩持续增长，而是保持与维稳。在这样的时刻，公司采用较为激进的激励方式，就是为了激发骨干员工在关键时刻继续保持奋斗激情，将公司业绩保持在高位水平。

二、分次等待期

分次等待期与一次性等待期相对，是指在授予日后，激励对象得分多次对对应的股票期权行权或限制性股票解除限售的一种方式。比如，某公司的股权激励计划规定激励对象可在满足行权条件后分四次行权，每次行权比例为25%，等待期为1年、2年、3年、4年，即从授予日起1年后，满足行权条件的激励对象可申请对25%的期权行权，从授予日起两年后，再次满足行权条件的激励对象可申请对其余25%的期权行权，以此类推。

《上市公司股权激励管理办法》第二十五条规定，在限制性股票有效期内，上市公司应当规定分期解除限售，每期时限不得少于12个月。《上市公司股权激励管理办法》第三十一条规定，在股票期权有效期内，上市公司应当规定激励对象分期行权，每期时限不得少于12个月，后一行权期的起算日不得早于前一行权期的届满日。因此，对于上市公司而言，法律规定必须要设置分次等待期。

分次等待期的方式更符合设置等待期的初衷，既能真正做到长期绑定优秀员工，又能避免员工短期获利行为。实践中，使用此种等待期设置方式的公司更为常见，毕竟"小步快跑、不断升级"的模式相对来说激励效果更为明显。在次数设置上，分三四次行权或解除限售的情形最为常见。

> **案例**
> 中兴通讯：一年等待、三次行权[①]
>
> A股5G领头羊中兴通讯2020年发布股权激励计划行权条件：本计划有效期为4年，经过1年的等待期后分三次行权，每年分别有1/3股票期权在满足行权条件后可以行权。第一个行权期行权条件为2020年归属于上市公司普通股股东的净利润不低于30亿元；第二个行权期行权条件为2020年和2021年累计归属于上市公司普通股股东的净利润不低于64.7亿元；第三个行权期行权条件为2020年、2021年和2022年累计归属于上市公司普通股股东的净利润不低于102.3亿元。

第五节　禁售期

禁售期是指激励对象持有的公司股份不得转让、出售或做其他处分的期间。禁售期的设置是为了进一步绑定激励对象，防止激励对象以损害公司利益为代价，抛售激励股权进行短期套利的行为。禁售期满，激励对象才可处分持有的公司股票。

对于股份有限公司，《中华人民共和国公司法》第一百四十一条明文规定：公司董事、监事、高级管理人员应当向公司申报所持有的本公司的股份及其变动情况，在任职期间每年转让的股份不得超过其所持有本公司股份总数的25%；所持本公司股份自公司股票上市交易之日起一年内不得转让；上述人员离职后半年内，不得转让其所持有的本公司股份。

[①] 案例来源：《中兴通讯股份有限公司2020年股票期权激励计划》，中兴通讯。

对于有限责任公司，虽然法律法规没有强制规定，但是公司可以通过在股权激励方案中对禁售期加以约定，以约束激励对象行权或解除限售后的行为。

> **案例**
> 一品红药业：第二期限制性股票激励计划[①]
>
> 禁售期是指对激励对象所获限制性股票解除限售后进行售出限制的时间段。本激励计划的禁售规定按照《中华人民共和国公司法》《中华人民共和国证券法》等相关法律法规、规范性文件和公司章程执行，具体如下：
>
> （1）激励对象为公司董事和高级管理人员的，其在任职期间每年转让的股份不得超过其所持有本公司股份总数的25%。上述人员离职后半年内，不得转让其所持有的本公司股份。
>
> （2）激励对象为公司董事和高级管理人员的，将其持有的本公司股票在买入后6个月内卖出，或者在卖出后6个月内又买入，由此所得收益归本公司所有，本公司董事会将收回其所得收益。
>
> （3）在本激励计划的有效期内，如果《中华人民共和国公司法》《中华人民共和国证券法》等相关法律法规、规范性文件和公司章程中对公司董事和高级管理人员持有股份转让的有关规定发生了变化，则这部分激励对象转让其所持有的公司股票应当在转让时符合修改后的《中华人民共和国公司法》《中华人民共和国证券法》等相关法律法规、规范性文件和公司章程的规定。

[①] 案例来源：《一品红药业股份有限公司第二期限制性股票激励计划（草案）》，中财网。

第六节　分期激励绑定时间

正如本章第四节对等待期的介绍，大部分实施股权激励的企业会采取多期行权或多期解除限售的方式，毕竟分期实施激励会与公司的阶段性目标相匹配，并且通过分期激励，公司可实现长期绑定优秀员工的目标。下文将通过分析上市公司股权激励相关数据，就不同类型的企业实施股权激励的时间设置提出建议。

一、上市公司数据分析

结合德勤2018年6月发布的《2017—2018年度中国A股上市公司高管薪酬及激励调研报告》、2019年7月发布的《2018—2019年度中国A股上市公司高管薪酬及长期激励调研报告》以及澜亭股权激励研究院发布的《2018年中国A股市场股权激励大数据报告》《2019—2020年中国科创板股权激励大数据报告》共四份数据报告，我们可以看出以下几点。

（1）在2017年度实施股权激励的A股上市公司中，90%的激励计划生效或解锁时间安排为三批次。

（2）在2018年度实施股权激励的A股上市公司中，70%的公司采取的是一年等待期或限售期、三年匀速行权或解除限售的安排。

（3）自2008年年初至2018年11月底，沪深两市中成功实施的1 814例股权激励方案设置的激励期限集中在3～6年，其中设置4年的比例最高，占比为56.8%，设置5年的紧随其后，为31.2%。

2018年度1～11月份A股市场股权激励方案考核有效期均值为4.5年，其中沪市为4.54年，深市为4.57年，创业板为4.4年，中小板为

4.51年。

结合上述数据可知，上市公司在实施股权激励计划时，设置一年的等待期或限售期、分三年行权或解除限售的安排最为常见。上述时间跨度的设计，既能够与公司的阶段性战略目标相匹配，又能够在合理期间内实现绑定员工的目标。

二、不同类型企业建议

通常在设置分期行权或解除限售的绑定时间时，不同行业会根据行业特性选择不同的时间跨度。

上述四份数据报告显示，制造业、信息技术和批发零售行业为实施股权激励计划的头部行业，而制造业下属二级行业中，又以电子设备制造业、电气机械及器材制造业、医药制造业、化学原料及制品制造业为主。显而易见，实施股权激励较多的行业主要是对人才尤其是技术人才需求和依赖度较高的行业。越是在这些企业，留住人才、将人才和公司前景相绑定的愿景就越强烈，同时由于企业的股票成长空间巨大，实施股权激励也会更有效果。其中，对于分期激励绑定时间的设计，不同类型的企业会有不同的考量。结合实践和上述数据，我们提出以下建议。

（1）基于发展早期对核心技术人才的强烈需求以及人才市场对技术骨干的争夺，高新产业的中小型公司在设置分期激励时，应当缩短绑定期限，防止员工产生激励权益遥不可及的想法，从而轻易诞生跳槽念头。

（2）由于规模相对较大的企业成立时间早、综合实力强，一旦实施股权激励，激励对象留任的可能性就非常大。另外，规上企业的阶段性战略目标通常时间跨度会比较长。结合上述两点原因，对于规模较大的企业，分期激励的绑定期限可对应予以延长，从而实现长期激励和绑定核心员工的目的。

（3）其他类型的企业，需要结合企业自身情况尤其是战略目标的实现时长、行业对员工的依赖程度等因素决定绑定时间。总的来说，绑定时间与企业战略目标的实现时长成正比，与企业对员工的依赖程度成反比。

第七节　可行权日和行权期（期权相关）

可行权日和行权期是采用股票期权的激励计划涉及的时间概念，前者指等待期满、满足行权条件的激励对象可申请行权的日期，后者指等待期满、满足行权条件的激励对象可申请行权的期间，即从可行权日起至一定节点的期间。《上市公司股权激励管理办法》第五十一条规定，可行权日必须为交易日。

原则上，只要进入了行权期即可申请行权，但是出于对公司操作便捷性的考虑以及防止激励对象谋取私利，公司在激励计划中往往会给行权期再次限制范围，该期间称为"窗口期"。对于上市公司而言，为了防止激励对象通过控制信息披露来操纵股价并为自己谋取私利，监管部门曾要求在行权期内设置窗口期。已失效的《上市公司股权激励管理办法（试行）》第二十七条曾规定，激励对象应当在上市公司定期报告公布后第二个交易日，至下一次定期报告公布前10个交易日内行权，但不得在下列期间内行权：（1）重大交易或重大事项决定过程中至该事项公告后两个交易日；（2）其他可能影响股价的重大事件发生之日起至公告后两个交易日。非上市公司也可以设置"窗口期"，目的是防止激励对象陆续申请行权造成的行权烦琐和行政压力。如果公司将行权期设置在一个更小的时间跨度内，激励对象只可以在该期间申请行权，那么待该期间结束后，公司层面再统一安排受理和行权程序将有利于减轻股权激励的工作压力。

> **案例**
> 立讯精密：2019年股票期权激励计划

2021年2月，立讯精密发布公告称公司2019年股票期权激励计划预留授予第一个行权期行权条件已满足，已获授股票期权的250名激励对象在第一个行权期可自主行权共410.95万份，行权价格为13.70元/股。公司2019年股票期权激励计划预留授予部分共五个行权期，第一个行权期可行权期限为2021年1月22日至2021年11月26日，实际可行权期限为2021年2月8日至2021年11月26日。

第八节　解锁期（限制性股票相关）

解锁期是采用限制性股票的激励计划涉及的时间节点，是指限售期满，满足条件的激励对象可以申请解除限售的期间。与行权期类似，公司在股权激励计划中也可以基于提高行政部门办理解锁事宜工作效率的目的，限缩申请解除限售的期间。

根据公司与激励对象的实际情况，合理划定股权激励周期中的各个时间节点，既是实现股权激励目的的必然要求，也是强化激励效果的有效方法。只有科学合理地划分了各个时间节点，公司才能做到事半功倍。

案例
恒逸石化：限制性股票激励计划的解锁

根据2017年公布的第二期限制性股票激励计划，恒逸石化本次激励计划共分为三个解锁期：第一个解锁期，以2016年净利润为基数，2017年净利润增长率不低于50%，净利润7.8亿元；第二个解锁期，以2016年净利润为基数，2018年净利润增长率不低于100%，净利润10.4亿元；第三个解锁期，以2016年净利润为基数，2019年净利润增长率不低于200%，净利润15.6亿元。

恒逸石化第二期限制性股票激励计划第三个解锁期于2020年解锁。限制性股票解锁的条件，需从公司合规、激励对象合规、公司业绩考核以及个人绩效考核四个方面进行考虑。

第十二章

股权激励第十步
——定考核

↪ 定考核是股权激励中浓墨重彩的一笔,对考核机制的设置、执行及对考核结果的分析等,将直接影响股权激励计划的科学性与合理性。

第一节　业绩考核的三个原则

股权激励计划中常见的"行权条件"或"解除限售条件"是为了防止股权激励计划沦为单纯的奖励计划而事先设定的一些约束条件。激励对象要想获得激励股权对应的丰厚回报，就必须先达到特定的约束条件。这些约束条件通常表现为业绩考核要求，即公司就股权激励计划设置一定的业绩考核要求，在约定的时间内对激励对象的工作表现及业绩表现进行考核评估，并依据考核结果对激励对象的激励股权分配予以确认或调整，进而保证股权激励计划的公允性与科学性。在具体分析案例前，我们先明确一下设定业绩指标的基本原则。

一、增量原则

《以奋斗者为本》一书也被视为"华为公司人力资源管理纲要"，其开篇便有这样一段话："企业的一切活动都应当围绕价值创造展开，人力资源管理也一样。人力资源管理的核心目的是使员工全力为客户和企业创造价值，实现这一目标取决于如何评价员工的价值贡献和如何分配企业创造的价值和剩余价值。"其中,有关华为价值创造、价值评价与价值分配三者之间的关系,如图12-1所示。

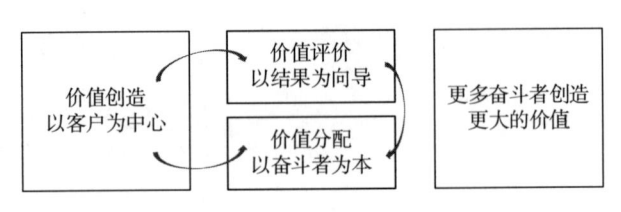

图12-1 华为人力资源管理体系框架

而股权激励作为企业薪酬体系的补进部分,也与传统人力资源管理活动相同,应当以价值创造为核心展开。对大部分企业来讲,价值创造对应的就是增量业绩。增量业绩目标的设定、考核评估以及对考核结果的分析利用,将直接影响激励股权的分配结果,进而影响当次股权激励计划的实施效果以及下一轮股权激励计划的设计。

我们在前文多次讲到,公司实施股权激励的本质目的是将股东、高管以及员工的力量汇聚在一起"共建、共创、共担、共享",其中首要任务是"共建、共创"。这句话蕴含着两层意思:第一层,对公司和股东而言,实施某项股权激励计划是在现有业绩的基础上追求业绩增长,把"蛋糕做大";第二层,对激励对象而言,股权激励应当是他们在基本工资、绩效工资等以外另行获得的股权收益或晋升机会,它是在保留员工原有"奶酪"的基础上让员工"分享更多的蛋糕"。能否树立增量思维是影响股权激励计划实施效果的重要因素。水大鱼大,只有当公司获得增量业绩时,股东和激励对象能够分享的果实才会多;反之,股东和激励对象想要获得更多的收益,就应该竭尽全力保证公司的业绩呈现逐年增长的态势。两者始终是相辅相成的关系。

二、确定性原则

在股权激励中设定业绩考核目标时，我们一定要秉承确定性原则，将公司目标、部门目标、个人目标逐级细化，让员工清楚地认识到自己要追逐的方向及高度，也让负责股权激励考核的部门在执行考评任务时，有理有据、避免争议。设定业绩考核目标时，我们不妨参考一下SMART原则（见表12-1）。

表12-1 SMART原则对应的含义及要求

S（specific）	M（measurable）	A（attainable）	R（relevant）	T（time-bound）
具体	可衡量	可实现	相关性	有时限
业绩考核需切中特定的工作目标，不能笼统	业绩考核的项目可以通过具体的数据或者行为进行明确	业绩目标通过员工的行为是可以实现的，避免设置得过高或者过低	设定的业绩目标与其他目标是相关联的；单个员工的业绩目标是与其本职工作相关联的	注重完成业绩目标的特定期限

三、差异性原则

股权激励作为一个中长期激励工具，通常会涉及不同业务部门不同岗位的众多员工，并且激励计划实施周期通常在3年以上，因此每个激励对象在不同阶段适用的考核标准必然有所差异。对于那些拟整体实施股权激励的大型集团公司而言，其激励对象更有可能分布在多个分公司、子公司、控股公司甚至是上下游产业链所在的相关公司之中，且分散在不同行业、不同岗位上，对他们的业绩要求进行设定之前，公司应当站在更高的维度通盘考虑，以确保股权激励计划的合理性和公平性。差异性原则具体表现在以下三个方面。

（一）行业间或部门间的业绩要求设定应有所差异

对于身处不同行业或不同部门的激励对象，我们有必要事先进行充分的调研与考察，然后依据调研结果并结合本公司自身的情况设定科学具体的业绩要求。我们要重视各行业领军人物以及各部门主管的意见，毕竟他们更熟悉各自领域内的具体业务发展状况及需求。但是，差异性并不代表过度倾斜。在制定业绩要求时，公司应该注重公平，可以有合理的、适度的倾斜，但不能将自己置于"顾此失彼""捉襟见肘"的尴尬境地，这是与股权激励的初衷相违背的。作为股权激励计划的推行者，公司应当有大局观念，通过设立公平合理的业绩考核目标，让各部门、各行业之间形成通力合作、你追我赶的良性氛围。

（二）同部门不同岗位的业绩要求设定应有所差异

在同一部门内，由于激励对象本身的职位、职级、工作年限等要素存有差异，单个激励对象可获授的激励股权额度也就存在差异。股权激励计划应当体现"权、责、利"相统一的原则，掌握更多权力、获取更多利益的人理应承担更多的责任，这里的责任通常就是业绩增长目标。如果某个激励对象在股权激励计划实施过程中承担了更多的责任，为公司发展做出了卓越的贡献，那么公司可以依据股权激励计划事先约定好的规则向该激励对象释放更大的权限，并与其分享更多的股权收益。

（三）不同时间段的业绩要求设定应有所差异

股权激励计划的实施过程较长，在不同的年限里，股权激励计划涉及的业绩要求应当呈现稳健上升的态势，这才能契合前文所称的"增量思维"，也只有公司、部门和个人的业绩呈现正向增长，股权激励的正面价值才能得以体现。为了实现这一价值，公司在实施某个股权激励计划时，应当将该计划所在周期内全部业绩目标按年分解，明确在不同考核期限内具体应完成哪些目标,其中第一年的目标设定得精准合理,更为重要,毕竟后几年的业绩要求都是在第一年的基础上推演得来的。只有将中长期的业绩要求逐年拆解,部门或员工的业绩压力才会得到均匀的分摊和消化,相关业绩目标实现的可能性也会更高。此外,公司设定业绩要求时务必要脚踏实地,设定出的业绩要求应当让激励对象"跳一跳,可以够得着",千万不可急功近利,否则极有可能挫伤激励对象的积极性,同时徒增公司的财务成本。

第二节 业绩考核要求的确定

在某一股权激励计划中,行权条件或解除限售条件应当体现公司股东及投资人的意志——向激励对象授予激励股权后应当获得更高价值的预期回报。而业绩考核正是对行权条件或解除限售条件的具体落实,并以《股权激励计划实施业绩考核办法》的形式落于纸面。公司对激励对象的业绩考核要求的确定主要涵盖以下四个方面:第一,业绩考核的前提;第二,业绩考核指标的选择;第三,业绩考核标准的确定;第四,业绩考核的评价方法。

一、业绩考核的前提

在实施股权激励的过程中,业绩考核应当以其价值和必要性为前提。如果发生某些特定事项致使整个股权激励计划失效或使某个激励对象丧失被激励资格,业绩考核的结果也就失去了原先的意义。

（一）上市公司进行业绩考核的前提条件

根据《上市公司股权激励管理办法》第七条、第八条和第十八条[①]，上市公司在实施股权激励期间，必须同时满足两大条件，只有这样激励对象获授的激励股份方可行权或解除限售，业绩考核指标的设定和评价才有意义（见表12-2）。

表12-2　上市公司进行业绩考核的前提条件

	未发生以下任意情形
公司	■ 最近一个会计年度财务会计报告被注册会计师出具否定意见或者无法表示意见的审计报告 ■ 最近一个会计年度财务报告内部控制被注册会计师出具否定意见或无法表示意见的审计报告 ■ 上市后最近36个月内出现过未按法律法规、公司章程、公开承诺进行利润分配的情形 ■ 法律法规规定不得实行股权激励的 ■ 中国证监会认定的其他情形

---

① 《上市公司股权激励管理办法》第七条　上市公司具有下列情形之一的，不得实行股权激励：（1）最近一个会计年度财务会计报告被注册会计师出具否定意见或者无法表示意见的审计报告；（2）最近一个会计年度财务报告内部控制被注册会计师出具否定意见或无法表示意见的审计报告；（3）上市后最近36个月内出现过未按法律法规、公司章程、公开承诺进行利润分配的情形；（4）法律法规规定不得实行股权激励的；（5）中国证监会认定的其他情形。

第八条　激励对象可以包括上市公司的董事、高级管理人员、核心技术人员或者核心业务人员，以及公司认为应当激励的对公司经营业绩和未来发展有直接影响的其他员工，但不应当包括独立董事和监事。外籍员工任职上市公司董事、高级管理人员、核心技术人员或者核心业务人员的，可以成为激励对象。单独或合计持有上市公司5%以上股份的股东或实际控制人及其配偶、父母、子女，不得成为激励对象。下列人员也不得成为激励对象：（1）最近12个月内被证券交易所认定为不适当人选；（2）最近12个月内被中国证监会及其派出机构认定为不适当人选；（3）最近12个月内因重大违法违规行为被中国证监会及其派出机构行政处罚或者采取市场禁入措施；（4）具有《中华人民共和国公司法》规定的不得担任公司董事、高级管理人员情形的；（5）法律法规规定不得参与上市公司股权激励的；（6）中国证监会认定的其他情形。

第十八条　上市公司发生本办法第七条规定的情形之一的，应当终止实施股权激励计划，不得向激励对象继续授予新的权益，激励对象根据股权激励计划已获授但尚未行使的权益应当终止行使。

（续表）

激励对象	未发生以下任意情形
	■ 最近12个月内被证券交易所认定为不适当人选的 ■ 最近12个月内被中国证监会及其派出机构认定为不适当人选的 ■ 最近12个月内因重大违法违规行为被中国证监会及其派出机构行政处罚或者采取市场禁入措施 ■ 具有《中华人民共和国公司法》规定的不得担任公司董事、高级管理人员情形的 ■ 法律法规规定不得参与上市公司股权激励的

（二）非上市公司进行业绩考核的前提条件

目前，对非上市公司如何实施股权激励计划并没有具体的规定。因此，非上市公司实施股权激励计划时，可根据实际情况自行决定是否在业绩考核前增设前提条件以及设置何种前提条件。

二、业绩考核指标的选择

《上市公司股权激励管理办法》第九条至第十一条均强调了上市公司的股权激励计划中应当包含激励对象获授权益、行使权益的条件。其中，第十条明确指出："上市公司应当设立激励对象获授权益、行使权益的条件。拟分次授出权益的，应当就每次激励对象获授权益分别设立条件；分期行权的，应当就每次激励对象行使权益分别设立条件。"第十一条又指出："绩效考核指标应当包含公司业绩指标和激励对象个人绩效指标。相关指标应当客观公开、清晰透明，符合公司的实际情况，有利于促进公司竞争力的提升。上市公司可以公司历史业绩或同行业可比公司相关指标作为公司业绩指标对照依据，公司选取的业绩指标可以包括净资产收益率、每股收益、每股分红等能够反映股东回报和公司价值创造的综合性指标，以及净利润增长率、主营业务收入增长率等能够反映公司赢利能力和市场价值的成长性指标。以同行业可比公司相关指标作为对照依据的，选取的对照公司不少于3家。激励对象个人绩效指标由上市公司自行确定。上市公司应当在公告股权激励计划草案的同时披露所设定指标的科学性和合理性。"

对于非上市公司而言，目前并没有出台相关法律法规对授予条件等做出规定，因此非上市公司实施股权激励计划时相对灵活自由。但是，为了确保股权激励计划的科学性和公平性，也为了防止政策突然变化，非上市公司在设定业绩考核指标时可以参考相关法律法规对上市公司的规定。

那么，业绩考核指标究竟有哪些呢？又有哪些适用于本公司呢？接下来，我们就从业绩考核指标的类型及业绩考核指标选择的三个维度入手进行分析。

（一）业绩考核指标的类型

业绩考核指标的类型多种多样，但加以规整，可以分为财务指标和非财务指标，非财务指标又可以细分为内部运营类、客户类等指标。马永斌先生在结合多位学者的研究结果之后，整理出了一份较为全面的有关股权激励的业绩指标库。该指标库从财务、股东与客户、管理流程、学习与成长四个角度，结合公司的战略目标，分门别类地列举出了业绩考核的常用指标（见表12-3）。

表 12-3　股权激励业绩指标库[1]

	战略目标	常用指标
财务	股东价值持续增长	■ 经济增加值（EVA） ■ 每股盈余 ■ 股票价格 ■ 市盈率 ■ 价格/收益比（与同行比） ■ 净利润增长率（与同行比） ■ 净资产增长率（与同行比） ■ 总资产收益率（与同行比） ■ 投资回报率（与同行比）
	资产运营	■ 流动资产周转率 ■ 应收账款周转率 ■ 净现金流量
	偿债能力	■ 资产负债率 ■ 速动比率 ■ 流动比率
股东与客户	与董事会关系	董事会对关系的评估
	与股东关系	■ 与股东的会议次数 ■ 股东满意度
	增加客户价值	■ 市场占有率 ■ 顾客满意度 ■ 销售增长率
管理流程	制定和沟通战略	员工了解战略的百分比（员工调研）
	监控财务业绩	赢利等级的质量
	实施业绩管理流程	■ 员工目标与战略链接的百分比 ■ 员工激励与战略链接的百分比
	实施风险管理流程	■ 流程质量（外部审计） ■ 风险事件处理率

---

[1] 马永斌.公司治理之道——控制权争夺与股权激励[M].北京：清华大学出版社，2018.

（续表）

战略目标		常用指标
学习与成长	确保技术的支撑	■ 研发投入与销售额之比（与同行比） ■ 专利数量，被采用的专利数量 ■ 新产品开发周期
	确保人力资本准备度	■ 关键岗位的人力资本准备度 ■ 关键岗位实施继任计划的百分比 ■ 关键员工流失率
	发展企业文化	■ 员工满意度调查 ■ 员工培训投入与销售额之比（与同行比） ■ 员工的收入增长率

（二）业绩考核指标选择的三个维度

股权激励业绩指标库中列明的常用指标为公司拟定业绩要求提供了极大的便利，但这并不意味着一份股权激励计划的业绩要求中必须包含全部指标。为了方便业绩要求的执行与考核，各公司只需要从指标库中选出4~6个最契合公司中长期发展目标的业绩指标即可。

当然，公司在选取业绩考核指标时，应当重点考虑公司所处行业的特点、公司中长期的战略发展规划、公司的财务状况、业绩达标的可能性、业绩考核的便利性等因素。这里我们可以从公司、个人和特殊目的三个维度进行考虑。

1.公司层面的业绩考核指标

一是反映股东回报和公司价值创造等综合性指标。

（1）净资产收益率。

净资产收益率又称股东权益报酬率或净值报酬率或权益利润率等，它是净利润与平均股东权益的百分比，是公司税后利润除以净资产得到的百分比。该指标可以反映股东权益的收益水平，可以用来衡量公司运用自有资本的效率，可以体现自由资本获得净收益的能力。净资产收益率越高，说明投资带来的收益越高。

净资产收益率指标有两种计算方式：一种是全面摊薄净资产收益率，另一种是加权平均净资产收益率。相关公式：

全面摊薄净资产收益率＝报告期净利润÷期末净资产

加权平均净资产收益率＝净利润÷平均净资产×100%

平均净资产＝（年初净资产＋年末净资产）÷2

（2）经济增加值。

经济增加值模型是美国思腾思特咨询公司基于剩余收益思想开发的一种新型价值分析工具和业绩评价指标。它全面考虑了企业的资本成本，同时从企业价值增值这一根本目的出发，更能准确地评价企业业绩。

经济增加值是股东真正的利润，是公司经营过程中获得的收益扣除所占用的全部资本成本之后的剩余额，是公司取得的超过全部资本成本的投资回报。这部分剩余额是扣除了经营者人力资本必要回报（股东工资）和股东财务资本所有者必要回报（资本必要报酬）后可供管理者和股东共同分配的收益来源。[1]公司在这个过程中如果给予管理者的报酬超过了企业的经济增加值，就会损害股东的利益。可见，经济增加值的基本理念是，资本获得的收益至少要能够补偿投资者承担的风险，即股东必须赚取不低于资本市场上类似风险投资回报的收益率。

经济增加值的计算公式：

经济增加值＝息前税后净营业利润－资本成本

（3）资本回报率。

资本回报率是指投出或使用资金与相关回报（回报通常表现为获取

---

[1] 王娟.EVA业绩评价与股权激励模式设计[J].财会通讯（学术版），2007（03）：82-84.

的利息或分得的利润）的比例，可用于衡量投出资金的使用效果。在企业中，资本回报率是用来评估一个公司或其事业部门历史绩效的指标，也可以用来衡量宏观经济总的资本回报，资本投入的产出比资本存量即为总资本回报率。在资本回报率高的地方，资金会在下一期流入，进而投资增加，经济增长加速。

贴现现金流决定着公司的最终（未来）价值。然而，在短期内，现金流很容易受到人为控制，比如管理者过分强调营收，通过延迟现金支付、推迟广告活动、削减研发经费等手段做高资本回报率。这导致表面看来公司发展强健，但事实上可能管理不善，因为管理者追求短期利益，牺牲了公司的成长机会和长期发展价值。正因如此，资本回报率被视为一个滞后指标，它所提供的信息只能反映公司的历史绩效。

资本回报率的计算公式：

资本回报率=税后营运收入÷（总资本总财产－过剩现金－无息流动负债）=（净收入－税收）÷（股东权益+有息负债）

二是反映公司赢利能力及市场价值等成长性指标。

（1）净利润增长率。

净利润是指利润总额减去所得税之后剩下的余额，是公司当年实现的可供出资人（股东）分配的净收益，也被称为税后利润。它是一个企业经营的最终成果：净利润多，企业的经营效益就好；净利润少，企业的经营效益就差。因此，净利润是衡量一个企业经营效益的重要指标。净利润的多寡主要取决于两个因素：一是利润总额，二是所得税。而净利润增长率是指公司当期净利润比上期净利润的增长幅度，指标值越大代表公司赢利能力越强。[1]

其中，与净利润有关的一组计算公式：

---

[1] 王诗慧.AB公司财务能力的综合分析[D].长沙：长沙理工大学，2017.

净利润=利润总额-所得税

净利润增长率=（当期净利润-上期净利润）÷上期净利润×100%

净利润增长额=净利润-上年净利润

（2）主营业务收入增长率。

主营业务收入增长率可以用来衡量公司的产品生命周期，判断公司发展所处的阶段。[1]一般来说，如果主营业务收入增长率超过10%，那么这说明公司产品处于成长期，将继续保持较好的增长势头，尚未面临产品更新的风险；如果主营业务收入增长率为5%～10%，那么这说明公司产品已经进入稳定期，不久将进入衰退期，公司需要着手开发新产品；如果主营业务收入增长率低于5%，那么这说明公司产品已进入衰退期，保持市场份额已经较为困难，主营业务利润开始滑坡。如果公司没有已开发的新产品，那么公司可能将走向衰落。

主营业务收入增长率的计算公式：

主营业务收入增长率=（本期主营业务收入-上期主营业务收入）÷上期主营业务收入×100%

三是反映企业收益质量的指标。

（1）主营业务利润占利润总额比重。

主营业务利润又称基本业务利润，是主营业务收入减去主营业务成本和主营业务税金及附加费用得来的利润。[2]通常情况下，企业的主营业务利润应是其利润总额最主要的组成部分，即主营业务利润占利润总额的比重应该是最高的。[3]其他业务利润、投资收益和营业外收支相对

---

[1] 孙立成，周德群，梅强.石油行业上市公司财务绩效综合评价研究[J].技术经济与管理研究，2012（07）：3-6.

[2] 栾智.基于数据包络分析和模拟仿真的发电企业效率分析[D].哈尔滨：哈尔滨工业大学，2010.

[3] 刘华.试论财务报告分析[J].淮南职业技术学院学报，2006（02）：38-40.

来讲比重不应过高。[①]主营业务利润占利润总额比重这一指标可以用来衡量公司的赢利能力。

主营业务利润占利润总额比重计算公式：

主营业务利润占利润总额比重=（主营业务收入－主营业务成本－主营业务税金及附加）÷利润总额

（2）现金营运指数。

现金营运指数是反映企业现金回收质量、衡量风险的指标。它是经营现金流量与经营所得现金的比值，理想的现金营运指数应为1。其中，经营所得现金等于经营净收益加上各项折旧、减值准备等非付现费用，经营现金流量等于经营所得现金减去应收账款、存货等经营性营运资产净增加。[②]

现金营运指数相关的计算公式：

现金营运指数=经营现金净流量÷经营现金毛流量=（经营所得现金－经营性营运资产净增加）÷经营所得现金

经营现金净流量=净收益+非经营活动税后净损失（减净收益）+折旧、摊销+营运资本净减少（减净增加）

其中，经营所得现金是经营净收益与非付现费用之和。

2.激励对象个人层面的业绩考核指标

股权激励是将有限的股权拿出来与那些对企业发展有卓越贡献的人共享利益、共担风险，存在着明显的"权、责、利"相统一的原则。一般而言，能够成为激励对象则证明某个员工在过去的工作中有着不俗的表现，公司向其授予激励股权是期待日后他能发挥更大的价值，而价值

[①] 周斌.十六家上市银行投资价值分析[D].兰州：兰州大学，2012.

[②] 鲜于银燕.我国股权激励业绩考核指标统计性分析[J].现代商贸工业，2012，24（17）：110-111.

的衡量需要借助绩效考核的方式呈现。

（1）关注价值观等软指标。

对于激励对象个人的业绩考核，我们首先应关注其价值观。这里主要看激励对象是否认可公司的价值观和企业文化，是否具有拼搏奋进、积极向上的"创业者"心态等。由于价值观之类的指标不可量化，评价者在对激励对象进行考核时务必秉承公平公正的理念，不可偏私。

（2）关注具体的个人指标。

从市面上公开的股权激励计划来看，对个人的绩效考核主要有两种方式：一种是在公司原有的绩效考核体系下，对激励对象的业绩进行评估；另一种是针对股权激励计划，设置专门的《股权激励考核管理办法》，对激励对象提出高于原有绩效考核体系下的业绩要求。但不管采取哪种方式，个人的业绩考核指标都包括产品研发指标、客户服务指标、项目运营管理指标、个人发展与成长等指标。

（3）对个人业绩考核结果分级管理。

在股权激励中，对个人业绩考核结果应当设定不同的等级，不同等级对应着不同的可行权或可解除限售比例。这里可以参照"业绩优异者多拿、业绩劣后者少拿、业绩未达标者不拿"的原则，以保证股权激励的公平性。

（4）超额授予。

为了提高股权激励计划对员工的吸引力，也为了使激励对象全身心地投入公司发展，预留股权充足的公司可以将激励"加码"——超额授予。也就是说，在公司业绩达成的情况下，向做出杰出贡献的激励对象授予更高额度的激励股权（见表12-4）。

表12-4　超额授予

考核结果	评价	行权或解除限售比例
A+	非常优秀	120%
A	优秀	100%
B	良好	80%
C	不合格	0

3. 具有"里程碑"意义的特殊目标

除了常见的公司层面和激励对象个人层面的业绩考核指标外，也有一些公司会将某些具有"里程碑"意义的事件设置为业绩考核指标，我们将其称为特殊目标。澜亭股权研究院在参与的股权激励专项服务中，碰到的高频特殊目标有IPO、融资、App版本升级和日活用户数量等。

（1）IPO。

为公司实行IPO而实施股权激励，其实并不常见。IPO表示首次公开募股，是指一家企业或公司第一次将它的股份向公众出售。IPO的好处有很多：公司成功IPO后可以募集资金，吸引更多的投资者；提高公司的知名度和员工的认同感；个人投资者或风险投资人可以在企业顺利IPO后获得丰厚的回报；有利于完善现代企业的经营管理制度，便于日后公司的管理和发展。也正由于IPO具备上述优势，很多公司将IPO作为公司在某个时间段内发展的首要目标。为了这个目标，其他具体的指标均可以为其让路。比如，澜亭股权研究院在为一家互联网企业拟定的股权激励计划中约定，该公司只要在3年内成功IPO，激励对象就可以行权。

（2）融资。

我们在讲"定目标"时提到，股权激励有募集资金的功能。一些具有强烈资金需求的公司会将融资进程、融资规模设置为业绩要求。譬如，澜亭股权研究院曾为一家影视制作公司提供股权激励专项咨询服务。众所周知，影视制作需要投入大量的资金，而一家公司手头上推进的影视制作项目肯定不止一个。这类公司对资金的需求度非常高，为此它们需要有源源不断的资金进入才能保证公司业务的正常进行。为了解决资金问题，这家影视制作公司实施了股权激励，并且约定：2019年度，公司需完成天使轮融资并顺利融得5 000万元；2020年度，公司需顺利完成A轮融资并顺利融得1.5亿元；2021年度，公司需顺利完成B轮融资并顺利融得3亿元。

（3）App版本升级、平台注册用户数及日活用户数量。

在互联网时代，越来越多的互联网科技型公司涌进大众视野，这些互联网公司大都拥有自己的App、官网等载体，同类公司之间的竞争也日益激烈。尤其是在当前追求"流量"的背景下，它们对App的使用满意度及平台用户数、日活用户数等都有着极高的要求。2019年，澜亭股权研究院为一家短视频制作公司提供股权激励专项服务，该公司在2018年推出了自有的短视频App，不到半年时间就积攒了30万用户，但在短视频盛行、各短视频平台激励竞争的背景下，30万用户实在是不值一提。然而，该公司高层相当看中短视频的发展前景，决意不惜一切代价发展短视频业务，为了调动内部员工的积极性，拟推出股权激励计划，并且将App版本升级、平台注册用户数及日活用户数量设定为业绩考核指标。具体如下：2019年度，App版本升级不低于15次，平台注册用户数达300万人且日活用户数量达150万人；2020年度，App版本升级不低于20次，平台注册用户数达800万人且日活用户数量达400万人；2021年度，App版本升级不低于40次，平台注册用户数达3 000万人且日活用户数量达1 500万人。

> **小贴士**
> 选择业绩考核指标时善用"组合思维"
>
> 由于业绩考核指标多种多样，单个指标未必能满足公司的业绩发展需求，所以我们可以将多个指标组合，从而满足公司不同的发展需求。这里主要有两种方法：第一，单个层面内利用多个考核指标进行考核；第二，多层面相结合选定业绩考核指标。当然，业绩考核指标的数量也不宜过多（3～5个为宜），不然会使激励对象行权或解锁的条件过于苛刻，同时给公司人力资源部门实施具体的考核工作增加难度。

三、业绩考核标准的确定

公司要想业绩考核要求明确具体，光有业绩指标还不够，还要确定对激励对象进行考核的业绩标准。业绩指标仅仅确定了业绩考核的项目，业绩考核标准则明确了某个指标需要达到什么样的水平，它通常以数值的形式呈现。比如，某公司股权激励计划中约定公司层面的业绩考核条件为"以2019年营业收入为基数，2020年营业收入增长率不低于30%"，其中"营业收入增长率"就是业绩考核指标，"30%"就是业绩考核标准。

在确定业绩考核标准时，公司应当注意以下三个方面。

（一）务必明确业绩下限

股权激励作为一种中长期激励工具，一般被视为公司全面薪酬体系的有益补充，股权激励中的业绩考核要求应与中短期的业绩考核要求相区分。由于股权激励周期较长，公司为激励员工投入的成本较高，业绩达成后员工可获得的股权收益也较高，所以股权激励中的业绩考核要求应适当高于中短期的业绩考核要求。我们可以在敲定公司发展战略的基础上，适当参照本公司年终奖的业绩考核要求以及同行业对标企业实施股权激励时制定的业绩考核要求，然后针对各业绩考核指标制定出合理的业绩下限。

业绩个下限的确定务必严谨、科学、合理，否则业绩标准设立过高，激励对象的积极性将会遭到挫伤，更有甚者，股权激励不仅不能成为绑定员工的"金手铐"，反而会成为加速员工离职的"催化剂"。如果业绩标准设立过低，激励对象不费吹灰之力就可以达成业绩并分得利益，此时股权激励就丧失了"激励"价值，并且公司还要为此付出高昂的成本。

（二）酌情设置业绩上限

这里所称的"业绩上限"就是我们常见的"封顶式"股权激励。我们之所以要对股权激励设置上限，主要是基于两方面的考量。

第一，避免外部宏观环境对业绩的影响。通常情况下，业绩的增长是公司各部门核心人员共同协作、努力奋斗的结果，但有时也会是外部宏观环境变化促成的结果，这个结果的取得具有偶然性。若事先未对股权激励的业绩设置上限，那些贡献不足或未做贡献的激励对象也可以"躺赢"获得高额回报，这对那些兢兢业业、勤勤恳恳为公司发展做出卓越贡献的员工来讲就有失公平，他们后期的工作积极性或将受到影响。比如，2019年受"非洲猪瘟疫情"的影响，市面上合格猪肉供不应求，一时间猪肉及猪肉制品的价格飙涨，此时有合格猪肉资源的公司业绩相当出色，但这种业绩增长并非是员工努力工作的结果，而是带有强烈的偶然性因素。如果不对股权激励的业绩加以封顶，那么公司可能会因为股权激励而遭受损失。

第二，防止激励对象恶意透支公司未来资源。如果股权激励没有业绩上限，那么激励对象可能会为了快速获得业绩成就而忽视公司的长远发展，以恶意透支公司的未来资源为代价换取短期利益，这是明显违背股权激励的初衷的。

在股权激励计划中，业绩下限是必须存在的因素，而是否需要设置业绩上限则由公司自由裁量。

（三）业绩标准应逐年合理递增

股权激励作为中长期激励工具，一般会有3~5年的周期，在这个周期内，公司需要逐年制定业绩标准。股权激励计划中的各项业绩指标呈增长趋势是一个必然性的要求，但是各指标每年究竟增长多少则需要公司根据自身的发展战略、经营计划等慎重考虑。每一个指标的增长幅度应当有一定难度，需要各激励对象通力合作才能实现，同时又不能是与现实脱节的、遥不可及的。每年的业绩标准都应当是"跳一跳，够得到"。为此，在制定业绩标准时，公司应当主动听取各部门管理层的意见，并对业绩指标及其标准做出科学性及合理性的说明。

四、业绩考核的评价方法

为了股权激励计划更好地发挥作用，我们可以借助一些评价方法来完成股权激励中的业绩考核工作。常见的评价方法有KPI（关键绩效指标）绩效考核法、目标管理法、360度绩效考核法、平衡计分法、关键事件考核法、配对比较考核法、交替排序考核法、图尺度考核法、强制分布考核法等。由于篇幅限制，这里我们选择前五种方法进行展示。

（一）KPI绩效考核法

1. 含义及基本步骤

KPI绩效考核也被称作关键绩效考核，它是通过对工作绩效特征的分析，提炼出最能代表工作绩效的关键指标体系，并以此为基础进行考核的模式。[①] KPI绩效考核中存在一个重要的管理原理——"二八原理"，即在一个企业的价值创造过程中，存在着"20/80"的规律，也就是20%的骨干人员创造企业80%的价值，而且"二八原理"也同样适用每一个员工，即80%的工作任务是由20%的关键行为完成的。[②] 因此，公司必须抓住20%的关键行为对员工进行分析和衡量，这样就能抓住业绩评价的核心。KPI指明各项工作内容所产生的结果或所应达到的标准，以量化为佳。最常见的KPI可以分为效益类、营运类和组织类三种。

确定KPI的要点在于流程性、计划性和系统性。具体流程及各流程的任务如表12-5所示。

表12-5　KPI绩效考核法

流程	主要任务
确定业务重点	明确企业的战略价值，在企业会议上利用头脑风暴法和鱼骨分析法找出企业的业务重点（也就是企业价值评估重点），再用头脑风暴法找出这些关键业务领域的关键业绩指标，即企业级KPI
分解出部门级KPI	各部门的主管需要依据企业级KPI建立部门KPI，并对相应部门的KPI进行分解，确定相关的要素目标，分析绩效驱动因数（技术、组织、人），评价指标体系

[①] 兰亚竹. 层次分析法在研发人员绩效考核中的应用[J]. 井冈山大学学报（自然科学版），2011, 32（02）：20-23.

[②] 参见：http://www.baidu.com/link?url=oGASGJqjJ4zBBpC8yDF8xDhiqDSn1JZjFWsHhEoSNd85PkV8Xil-qs5mQ8KrynaE。

(续表)

流程	主要任务
分解出个人的KPI	各部门KPI人员一起再将KPI进一步细分,分解出更细的KPI及各职位的业绩衡量指标。这些业绩衡量指标就是员工考核的要素和依据。这对KPI体系的建立和测评过程本身来说,就是统一全体员工朝着企业战略目标努力的过程,也必将对各部门治理者的绩效治理工作起到很大的促进作用[①]
设定评价标准	指标指的是从哪些方面衡量或评价工作,解决"评价什么"的问题;而标准指的是在各个指标上分别应该达到什么样的水平,解决"被评价者怎么做、做多少"的问题
审核关键绩效指标	跟踪和监控这些关键绩效指标是否可以操作等,主要是为了确保这些关键绩效指标能够全面、客观地反映被评价对象的绩效,而且易于操作

2.优缺点

KPI绩效考核是现代企业中备受重视的业绩考评方法,也被广泛地运用于股权激励的业绩考核。它的优点是可以将公司责任、部门责任和员工个人责任予以明确,使业绩考评建立在量化的基础上。然而,它也存在一些缺点,比如企业绩效考核与企业战略目标脱节、考核指标体系难以建立、过分注重企业短期绩效而忽视长期绩效、因内部沟通不足导致绩效考核遭受员工抵制等情况。

(二)目标管理法

1.含义及基本步骤

目标管理法主要来自美国管理学家彼得·德鲁克所著的《管理的实践》一书中,他提出了"目标管理和自我控制的主张"。德鲁克认为:

---

① 张静.企业绩效评估的有利工具——关键业绩指标法[J].铁道物资科学管理,2004(05):33-35.

"企业的目的和任务必须转化为目标。如果企业无总目标及与总目标相一致的分目标来指导职工的生产和管理活动，则企业规模越大、人员越多，发生内耗和浪费的可能性就越大。"

目标管理法属于结果导向型的考评方法之一，它是指由下级与上司共同决定具体的绩效目标，并且定期检查目标完成情况，再根据目标的完成情况决定奖励与处罚的一种管理方式。简而言之，目标管理法以实际产出为基础，考评的重点是员工工作的成效和劳动的结果。

目标管理法的典型步骤：

- 制定组织的整体目标和战略。
- 在经营单位和部门之间分配主要的目标。
- 各单位管理者和他们的上级一起设定本部门具体目标。
- 部门的所有成员参与设定自己的具体目标。
- 管理者与下级共同商定如何实现目标的行动计划。
- 实施行动计划。
- 定期检查目标的进展情况，并向有关单位和个人反馈。
- 基于绩效的奖励将促进目标的成功实现。

2. 优缺点

目标管理法的优点是，其作为评价标准可以直接反映出员工的工作内容，让结果易于观测，并且评价的准确性高，也可以适时对员工提出建议、进行反馈和辅导。由于目标管理的过程是员工共同参与的，员工对目标的认可度以及执行积极性都能有所提高，可以增强员工的责任心和事业心，同时目标管理有助于改进组织结构的职责分工。

目标管理法也有缺点，即它无法在不同部门、不同员工之间设立统一的目标，因此难以对员工和不同部门之间的工作绩效进行横向比较。

（三）360度绩效考核法

1. 含义及基本步骤

360度绩效考核（见图12-2）是绩效考核的方法之一，它的特点是评价维度多元化（通常是4个或4个以上），因此也被称为"全视角反馈"，通常适用于组织对中层以上的人员进行考核，可以为组织建立起正确的导向。

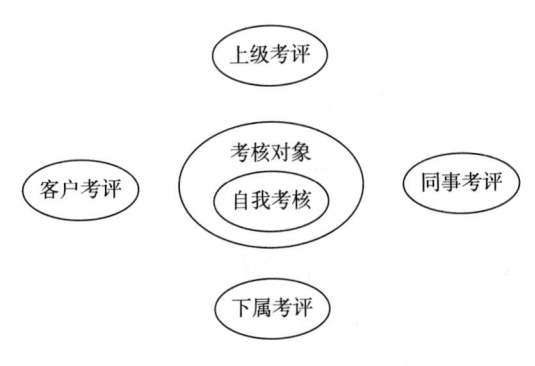

图12-2　360度绩效考核法

360度绩效考核法主要分为三个阶段。

- 准备阶段：使所有相关人员（包括所有评估者、受评者以及所有可能接触或利用评估结果的管理人员）正确理解企业实施360度评估的目的和作用，进而建立起对该评估方法的信任。
- 评估阶段：经受评者同意，组建360度绩效反馈队伍，并对评估者进行360度评估反馈技术的培训。条件完备时，企业还可以根据自身情况建立起自己的能力模型要求，并在此基础上设计360度反馈问卷。上级、同级、下级、相关客户和本人再分别按各个维度标准进行评估，再统计、报告评估结果。最后，企业管理部门针对反馈

- 反馈和辅导阶段：通过来自各方的反馈，让受评者更加全面地了解自身的长处和短处，更清楚地认识到公司和上级对自己的期望以及自己目前存在的差距或可改进的空间；必要时，可以聘请专家或顾问开展一对一的反馈辅导谈话，来指导受评者如何去阅读、解释以及充分利用360度评估和反馈报告。

2. 优缺点

360度绩效考核法有着明显的优点，它打破了由上级考核下属的传统考核制度，可以避免传统考核中考核者极易出现的"光环效应""居中趋势""偏紧或偏松""个人偏见""考核盲点"等现象，在一定程度上提升了员工参与管理的自主性和积极性。但是，它也存在缺点，主要表现为考核成本高、考核培训工作难度大、无法完全保证评估者公平公正等。

（四）平衡计分法

1. 定义及其设计原则

平衡计分法是一种全方位的、财务指标和非财务指标相结合的策略性评价指标体系[1]，它最突出的特点是将企业的愿景、使命和发展战略与企业的业绩评价系统联系起来，把企业的使命和战略转变为具体的目标和评测指标，以实现战略和绩效的有机结合。

平衡计分法打破了传统只注重财务指标的业绩管理办法，从财务、客户、内部经营、学习与成长四个维度对员工业绩进行考评（见表12-6）。

---

[1] 唐健. 中国移动PZH分公司绩效管理体系设计[D]. 成都：西南财经大学，2009.

表12-6 平衡计分法

维度		主要指标
财务		利润、投资回报率、经济增加值等
客户		客户满意程度、客户保持程度、新客户的获得、客户获利能力、市场份额等
内部经营	创新环节	新产品开发所用的时间、新产品销售收入占总收入的比例、损益平衡时间、一次设计就能完全达到客户对产品性能要求的产品百分比、设计交付前需要被修改的次数等
	生产经营环节	产品生产时间、经营周转时间、产品质量、服务质量、产品成本、服务成本等
	售后服务环节	提供保证书、修理、退货、换货、支付手段的管理等
学习与成长		员工培训支出、员工满意度、员工的稳定性、员工的生产率等

在利用平衡计分法设计绩效评价制度时，组织应当注意五个方面的平衡。

- 财务指标与非财务指标之间的平衡。企业考核的一般是财务指标，而对客户、内部经营、学习与成长等非财务指标考核较少，即便有对非财务指标的考核，也多为定性的说明，缺乏量化和系统性的考核。
- 企业长期战略目标和短期经营目标之间的平衡。平衡计分法从企业的长期目标出发，逐步分解到企业的短期经营行为，在关注企业发展的同时，也关注企业目标的完成情况，可以实现战略目标与经营目标之间的平衡。
- 企业外部与企业内部之间的平衡。在平衡计分法中，股东和客户为外部群体，员工和内部业务流程是内部群体，平衡计分法能注意到不同群体之间可能出现的利益冲突并加以平衡。
- 结果性指标与动因性指标之间的平衡。平衡计分法以有效完成战略为动因，以可衡量的指标为目标管理的结果，寻求结果性指标与动因性指标之间的平衡。
- 领先指标与滞后指标之间的平衡。一般认为，财务指标是滞后指标，它只能反映公司上一年度的财务情况，不能用于让企业知道如何改善业绩和可持续发展；而客户、内部经营和学习与成长三项指标则属于领先指标，它们使企业更加重视过程而不单单局限在结果层面，也可以用来预测企业的发展趋势。

2.优缺点

平衡计分法的优点有三个：首先是将部门绩效与企业、组织整体绩效紧密结合；其次是符合财务评价和非财务评价并重的业绩评价体系的设置原则；最后是通过非财务评价指标有效地衡量公司未来的财务业绩，进而避免企业的短期行为。

平衡计分法也有缺点：第一，实施难度大，对企业中高层管理者的管理水平有着极高的要求；第二，指标较多，指标体系的建立较为困难，实施成本大；第三，各指标之间的权重分配较为复杂；第四，对非财务指标的量化工作难以落实。

（五）关键事件考核法

1.含义及基本步骤

关键事件考核法就是在特定的时间内（通常为半年或一年内），由上级主管将激励对象在日常工作中的一些关键事件一一记录下来，并在考核时由主管人员与被考核人员一起讨论，最后得出考核结果（见图12-3）。这里的关键事件通常是指做得特别好的事件或者做得特别不好的事件。

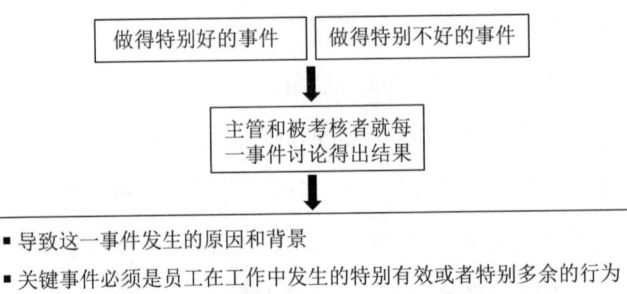

```
做得特别好的事件    做得特别不好的事件
              ↓
         主管和被考核者就每
         一事件讨论得出结果

• 导致这一事件发生的原因和背景
• 关键事件必须是员工在工作中发生的特别有效或者特别多余的行为
• 员工出现关键事件的后果
• 员工自己能否支配或控制出现这一事件的后果
```

图12-3　关键事件考核法

2. 优缺点

关键事件考核法的主要优点是将考核的重点集中在职务行为上，这些行为具有明显的可观察性和可测量性，通过对这些职务行为的分析可以确定行为背后可能带来的利益或作用。但是，关键事件考核法也存在三个主要的缺点。第一，需要耗费大量的时间去搜集关键事件，并加以概括和分类。第二，关键事件的定义是显著地对工作绩效有效或无效的事件，这就遗漏了平均绩效水平。但对工作而言，最重要的就是描述"平均"的职务绩效。显然，关键事件考核法无法承担全面的职务分析工作。第三，关键事件考核法不宜作为单独的考核方法，应当与其他方法搭配使用。

第三节　业绩考核结果的利用

在拟定一个股权激励计划时，公司有四个环节涉及考核结果的利用，分别是股权激励的进入环节、授予环节、行权或解除限售环节和激励对象股份调整环节。但授予环节的考核通常是由公司前期的内部考核结果决定的，并不在本章所讲的业绩考核范畴内，此处所讲的业绩考核结果主要是在行权或解除限售环节和激励对象股份调整环节两大环节有所利用。

一、在行权或解除限售环节的利用

在股权激励中，激励对象的行权条件或解除限售条件与员工的业绩完成情况直接挂钩，具体的业绩考核要求包括但不限于公司层面、个人层面以及特殊目标层面的业绩要求。业绩考核结果将直接决定激励对象能否行权或解除限售，并且各激励对象业绩落入的等级区间，将直接影响激励对象可行权或可解除限售的比例。

二、在激励对象股份调整环节的利用

股权激励应当做到"四能"：能来、能走、能上、能下。业绩常常被视为激励对象对公司的承诺，也是激励对象能否持续获授激励股权的有效保障。而考核的目的是为之后激励对象和激励股权数额的调整提供合理依据。这里的调整包括增配股权、减持股权和注销资格三大方面。

（一）增配股权

如果激励对象在考核周期内有卓越的业绩表现，那么经过合法有效的程序后，公司可以为该激励对象增配更多的激励股权，或者将其纳入新一轮股权激励计划，从而保证优秀员工能够持续被激励。

（二）减持股权

有赏必有罚。如果激励对象在考核周期内业绩表现不佳，但又符合激励股权的授予条件，那么公司可以依据事先约定好的规则，适当下调激励对象的激励股权。

（三）注销资格

如果激励对象不仅业绩表现令人失望，而且有一些严重的违法违纪行为，那么公司有必要将这类激励对象清理出去。最有力的手段就是注销该激励对象被激励的资格，只有这样，公司才能保证股权激励始终发挥正向效应。

第四节　股权激励计划深度剖析

一、简洁型业绩指标

> **案例**
> 以净利润增长率为业绩考核指标——华夏幸福[①]

2018年7月，华夏幸福基业股份有限公司（证券代码600340，以下简称"华夏幸福"）发布了《2018年股票期权与限制性股票激励计划》，该计划从公司层面和激励对象两个层面设立了考核要求。

（1）公司层面考核要求。

本激励计划在2018—2020年会计年度中，分年度对公司的业绩指

---

① 案例来源：《2018年股票期权与限制性股票激励计划》，华夏幸福基业股份有限公司。

标进行考核，以达到公司业绩考核目标作为激励对象当年度的行权条件之一。业绩考核目标如表12-7所示。

表12-7　业绩考核目标

行权安排		业绩考核目标
首次授予的股票期权	第一个行权期	以2017年净利润为基数，2018年净利润增长率不低于30%
	第二个行权期	以2017年净利润为基数，2018年净利润增长率不低于65%
	第三个行权期	以2017年净利润为基数，2018年净利润增长率不低于105%
预留授予的股票期权（若预留部分于2018年授予）	第一个行权期	以2017年净利润为基数，2018年净利润增长率不低于30%
	第二个行权期	以2017年净利润为基数，2018年净利润增长率不低于65%
	第三个行权期	以2017年净利润为基数，2018年净利润增长率不低于105%
预留授予的股票期权（若预留部分于2019年授予）	第一个行权期	以2017年净利润为基数，2018年净利润增长率不低于30%
	第二个行权期	以2017年净利润为基数，2018年净利润增长率不低于65%
	第三个行权期	以2017年净利润为基数，2018年净利润增长率不低于105%

注：以上"净利润"是指经审计的归属于上市公司股东的净利润。

在行权期内，公司为满足行权条件的激励对象办理行权事宜。若在各行权期内，公司当期业绩水平未达到业绩考核目标条件，那么所有激励对象对应考核当年可行权的股票期权均不得行权，公司注销激励对象股票期权当期可行权份额。

（2）激励对象层面考核要求。

激励对象个人层面的考核根据公司内部相关评价制度实施。激励对象个人考核评价结果分为"优秀""合格""基本合格""不合格"四个等级，分别对应的行权系数如表12-8所示。

表12-8

评价结果	优秀	合格	基本合格	不合格
行权系数		100%		0%

个人当年可行权额度 = 个人当年计划行权额度 × 行权系数

在公司业绩目标达成的前提下，激励对象按照本计划规定比例行权；若激励对象上一年度个人评价结果不合格，则激励对象对应考核当年可行权的股票期权均不得行权，激励对象不得行权的股票期权由公司注销。

> 评价：就公司层面考核要求来看，仅选取了"净利润增长率"这一核心指标；就激励对象层面考核要求来看，直接适用公司内部相关评价制度进行考核，并且只要考核结果为"基本合格"及以上，均可以100%行权。因此，总的来看，整个计划中业绩考核部分简洁明了，激励对象有明确的奋斗目标，公司人力资源部门实施考核时也省事省力，这与华夏幸福前期完善的人力资源管理制度密不可分。

二、复合型业绩指标

> **案例**
> 以净利润增长率和现金流量净额为业绩考核指标——金杯电工[①]

2019年3月，金杯电工股份有限公司（证券代码002533，以下简称"金杯电工"）公布了《2019年限制性股票激励计划》，该计划同时包含公司业绩考核要求和个人绩效考核要求。

（1）公司业绩考核要求。

本激励计划（包括预留部分）解除限售考核年度为2019—2021年三个会计年度，分年度进行财务业绩指标考核，以达到公司财务业绩考核目标作为激励对象当年度的解锁条件（见表12-9）。

表12-9 公司业绩考核要求

解除限售期	公司业绩考核指标
第一个解除限售期	以2018年度的净利润为基数，2019年度的净利润增长率不低于15%；2019年经营活动产生的现金流量净额不低于当年净利润的50%
第二个解除限售期	以2018年度的净利润为基数，2020年度的净利润增长率不低于20%；2019年经营活动产生的现金流量净额不低于当年净利润的50%
第三个解除限售期	以2018年度的净利润为基数，2021年度的净利润增长率不低于25%；2021年经营活动产生的现金流量净额不低于当年净利润的50%

注：业绩考核年度"净利润"是指扣除股份支付费用影响和非经常性损益后归属母公司所有者的净利润。

---

① 案例来源：《2019年限制性股票激励计划》，金杯电工股份有限公司。

（2）个人绩效考核要求。

激励对象个人绩效考核根据《金杯电工股份有限公司2019年限制性股票激励计划实施考核管理办法》相关制度实施。个人绩效考核分为A、B、C、D、E五个档次，各考核档次对应的解除限售系数如表12-10所示。

表12-10　个人解除限售系数

考评结果	A	B	C	D	E
解除限售系数	100%	90%	75%	50%	0

当激励对象获授权益、行使权益的条件未成就时，相关权益不得递延至下期。

> 评价：就公司层面考核要求来看，金杯电工仅选取了"净利润增长率"和"经营活动产生的现金流量净额"两项指标；就激励对象层面考核要求来看，特意拟定了限制性股票激励计划实施考核管理办法，将股权激励的考核与公司原先的内部相关评价制度予以区分，虽然考核的工作量更大一些，但这样的考核制度更加具有针对性和科学性，并且考核结果详细分为A、B、C、D、E五档，各档对应着不同的解除限售系数。因此，与华夏幸福的股权激励相比，金杯电工的业绩考核要求更加复杂、详细。

案例

以多个指标为业绩考核指标——宏大爆破[①]

2017年4月，广东宏大爆破股份有限公司（证券代码002683，以下简称"宏大爆破"）发布《限制性股票激励计划（草案）》，该草案从公司业绩、经营单位业绩和激励对象个人业绩三个层面入手设置了详细的考核要求，同时列明了各家对标企业的基本情况。

（1）公司业绩考核要求。

限售期考核指标：公司限制性股票限售期内，各年度归属于上市公司股东的净利润及扣除非经常性损益的净利润均不得低于授予日前最近三个会计年度的平均水平且不得为负。

公司解除限售期前一年度业绩考核要求：本计划的解除限售日所在的会计年度，公司对每次解除限售前一年度的财务指标进行考核，以达到公司业绩考核目标作为激励对象当年度的解除限售条件之一。业绩考核的指标为净利润增长率、基本每股收益和主营业务收入占营业收入的比例。在本激励计划有效期内，公司对各年度财务业绩考核目标如表12-11所示。

表12-11 公司业绩考核要求

解除限售期安排	业绩考核指标
限制性股票第一次解除限售	以2016年业绩为基准，2019年净利润较2016年增长不低于185%，且不低于对标企业75分位值；2019年基本每股收益不低于0.23，且不低于对标企业75分位值；主营业务收入占营业收入的比例不低于99.70%
限制性股票第二次解除限售	以2016年业绩为基准，2020年净利润较2016年增长不低于225%，且不低于对标企业75分位值；2020年基本每股收益不低于0.25，且不低于对标企业75分位值；主营业务收入占营业收入的比例不低于99.70%

[①] 案例来源：《限制性股票激励计划》，广东宏大爆破股份有限公司。

（续表）

解除限售期安排	业绩考核指标
限制性股票第三次解除限售	以2016年业绩为基准，2021年净利润较2016年增长不低于275%，且不低于对标企业75分位值；2021年基本每股收益不低于0.30，且不低于对标企业75分位值；主营业务收入占营业收入的比例不低于99.70%
限制性股票第四次解除限售	以2016年业绩为基准，2022年净利润较2016年增长不低于330%，且不低于对标企业75分位值；2022年基本每股收益不低于0.35，且不低于对标企业75分位值；主营业务收入占营业收入的比例不低于99.70%

本激励计划中所指净利润或计算过程中所使用的净利润指归属于上市公司股东的扣除非经常性损益的净利润；[①]若公司发生资本公积转增股本、派发股票红利、股份增发等影响公司总股本数量事宜，那么所涉及的公司股本总数将做相应调整，基本每股收益目标值随公司股本总数调整做相应调整。

为保护股东利益，解除限售时股票市场价格（前5个交易日公司标的股票交易均价）应当不低于授予时股票公平市场价格；未达到的，可以延长解除限售期，直至符合上述条件。

（2）经营单位层面的业绩考核。

经营单位的考核指标主要包括净利润、三项资产比率（应收账款、其他应收款、预付账款、存货合计占总资产的比例）等，根据考核指标的完成情况对应不同的解除限售比例。

（3）激励对象层面的绩效考核。

激励对象个人考核评估依据个人绩效考核方案中列明的关键业绩考

---

① 朱为绎，胡萍. 股权激励费用：经常性损益还是非经常性损益[J]. 财会月刊，2009（25）：72-73.

核指标进行。绩效考核结果按照S（优秀）、A（良好）、B（合格）、C（不合格）四个考核等级进行归类，对应的解除限售比例如表12-12所示。

表12-12 激励对象层面的绩效考核

考核等级	考核结果定义	考核分数	解除限售比例
S	优秀：超额完成任务，工作超出期望，有突出业绩	90分以上	100%
A	称职：较好完成任务，部分工作超出期望，业绩正常	80~89分	85%
B	称职：基本完成本职任务，业绩基本正常	70~79分	70%
C	基本称职：部分工作未完成，业绩有较大改进空间	69分以下	0

在完成公司业绩考核的前提下，激励对象各年可解除限售比例＝个人所在经营单位绩效考核结果对应的解除限售比例 × 个人绩效考核结果对应的解除限售比例。

若限制性股票的上述解除限售条件达成，那么激励对象持有的限制性股票按照本计划规定比例逐年解除限售；反之，若解除限售条件未达成，则由公司回购注销。

另外，宏大爆破还明确了对标企业的选择。激励计划草案显示：公司定位于矿山服务企业，包括工程施工业务和民爆生产业务。同行业对标企业的选择首先选取公司所处开采辅助活动行业的A股上市公司，包括海油工程、石化油服、中海油服、博迈科、准油股份、惠博普、仁智股份、贝肯能源、海默科技、恒泰艾普、通源石油、潜能恒信、金诚信共13家公司；再根据公司业务性质的相似度增加部分A股上市公司，包括久联发展、南岭民、*ST兴化、江南化工、同德化工、雅化集团、凯龙股份、高争民爆、雷鸣科化、雪峰科技、国泰集团、中钢国际、葛洲坝、中铁二局、中国建筑、中工国际、粤水电共17家上市公司。一共30家A股上市公司组成本次激励计划的对标企业。在年度考核过程中，行业样本若出现主营业务发生重大变化或出现偏离幅度过大的样本极值，则由公司董事会在年终考核时剔除或更换样本。

各家对标企业的基本情况在此不予赘述，详见2017年广东宏大爆破股份有限公司《限制性股票激励计划（草案）》。

> 评价：宏大爆破股权激励的业绩考核要求的设置具有创新性，它从公司、经营单位和员工个人三个层面出发，每一层面均选取了多个业绩考核指标，并确定了四个等级的考核结果及各结果对应的解除限售比例。此外，宏大爆破还列明了对标企业的名录及对标企业选择的依据，这对后期评价是否达到"对标企业75分位值"这一业绩指标提供了明确的依据。

三、弹性指标

案例
预先设立两组业绩考核指标可供选择——大华股份[①]

2019年11月，浙江大华技术股份有限公司（证券代码002236，以下简称"大华股份"）公布了《2018年限制性股票激励计划（草案修订稿）》，该修订稿对公司业绩考核要求和个人绩效考核要求都做出了规定。

（1）公司业绩考核：首次授予限制性股票的激励对象每次解锁时，公司必须满足如表12-13所示的业绩条件。

---

① 案例来源：《2018年限制性股票激励计划》，大华股份。

表12-13 公司业绩考核

解锁期	业绩条件
第一个解锁期	指标一：解锁时点前一年度相比授予时点前一年度的复合营业收入增长率不低于23%，且截至2019年12月31日当年归属于公司普通股股东的加权平均净资产收益率不低于17% 指标二：解锁时点前一年度相比授予时点前一年度的归母净利润增长率不低于32%，且截至2019年12月31日当年归属于公司普通股股东的加权平均净资产收益率不低于19%
第二个解锁期	指标一：解锁时点前一年度相比授予时点前一年度的复合营业收入增长率不低于23%，且截至2020年12月31日当年归属于公司普通股股东的加权平均净资产收益率不低于18% 指标二：解锁时点前一年度相比授予时点前一年度的归母净利润增长率不低于60%，且截至2020年12月31日当年归属于公司普通股股东的加权平均净资产收益率不低于19%
第三个解锁期	指标一：解锁时点前一年度相比授予时点前一年度的复合营业收入增长率不低于23%，且截至2021年12月31日当年归属于公司普通股股东的加权平均净资产收益率不低于19% 指标二：解锁时点前一年度相比授予时点前一年度的归母净利润增长率不低于90%，且截至2021年12月31日当年归属于公司普通股股东的加权平均净资产收益率不低于19%

本计划预留部分的限制性股票在公司满足如表12-14所示的业绩条件时分两次解锁。

表12-14 预留部分的限制性股票解锁条件

解锁期	业绩条件
预留限制性股票第一个解锁期	指标一：解锁时点前一年度相比授予时点前一年度的复合营业收入增长率不低于23%，且截至2020年12月31日当年归属于公司普通股股东的加权平均净资产收益率不低于18% 指标二：解锁时点前一年度相比授予时点前一年度的归母净利润增长率不低于60%，且截至2020年12月31日当年归属于公司普通股股东的加权平均净资产收益率不低于19%

（续表）

解锁期	业绩条件
预留限制性股票第二个解锁期	指标一：解锁时点前一年度相比授予时点前一年度的复合营业收入增长率不低于23%，且截至2021年12月31日当年归属于公司普通股股东的加权平均净资产收益率不低于19% 指标二：解锁时点前一年度相比授予时点前一年度的归母净利润增长率不低于90%，且截至2021年12月31日当年归属于公司普通股股东的加权平均净资产收益率不低于19%

（2）激励对象上一年度绩效考核结果符合《浙江大华技术股份有限公司2018年限制性股票激励计划实施考核管理办法》的规定。

> 评价：大华股份设置的业绩要求具有灵活性，它事先制定了两套公司层面的业绩指标，只要公司实现其中一套指标即可，这让激励对象在后期有更多努力的方向，且无论完成哪一套业绩指标，都在公司可接受范围之内。在激励对象个人层面的考核上，大华股份也单独制定了限制性股票激励计划实施考核管理办法。

案例
各年业绩指标累计的——安井食品[①]

福建安井食品股份有限公司（证券代码603345，以下简称"安井食品"）于2019年10月公告了《2019年限制性股票激励计划（草案）》，该草案从公司和个人两个层面设置了业绩考核要求。

---

① 案例来源：《2019年限制性股票激励计划实施考核管理办法》，福建安井食品股份有限公司。

（1）公司层面业绩考核要求。

本激励计划首次授予的限制性股票解除限售考核年度为2019—2021年三个会计年度，每个会计年度考核一次，首次授予各年度业绩考核目标如表12-15所示。

表12-15　首次授予业绩考核目标

首次授予解除限售期	业绩考核目标
第一个解除限售期	2019年营业收入值不低于50.26亿元
第二个解除限售期	2019—2020年两年累计营业收入值不低于107.75亿元
第三个解除限售期	2019—2021年三年累计营业收入值不低于170.785亿元

注：上述"营业收入"以公司经审计的合并报表数值为计算依据。

若预留部分在2019年授出，则预留部分业绩考核目标与首次授予部分一致；若预留部分在2020年授出，则预留部分各年度业绩考核目标如表12-16所示。

表12-16　2020年预留授予业绩考核目标

预留授予解除限售期	业绩考核目标
第一个解除限售期	2019—2020年两年累计营业收入值不低于107.75亿元
第二个解除限售期	2019—2021年三年累计营业收入值不低于170.785亿元

注：上述"营业收入"以公司经审计的合并报表数值为计算依据。

若公司某一年度业绩考核未满足上述业绩考核目标，所有激励对象对应考核当年可解除限售的限制性股票均不得解除限售，由公司回购注销。

（2）个人层面绩效考核要求。

激励对象个人层面的考核按照公司现行薪酬与考核的相关规定实施。个人层面解除限售比例按如表12-17所示的考核结果确定。

表12-17 个人层面绩效考核要求

个人层面上一年度考核结果	个人层面解除限售比例
优秀	100%
良好	90%
合格	80%
不合格	0

若各年度公司层面业绩考核达标，激励对象个人当年实际解除限售额度＝个人层面解除限售比例 × 个人当年计划解除限售额度。

激励对象当年不能解除限售的限制性股票，由公司回购注销。

> **评价**：安井食品公司层面的业绩要求设置具有弹性。就第一个解除限售期的业绩要求来看，仅以2019年一年的营业收入值为指标，业绩达成就可以解除限售，业绩达不成则不能解除限售；但第二个解除限售期的业绩要求以2019—2020年两年累计的营业收入值为指标，也就是说如果2019年业绩达成，超额完成部分可以累加进2020年的考核中，只要再努力完成差额部分的业绩就可以。当然，如果2020年业绩表现出色，那么第三个解除限售期内的业绩可以更轻松地完成。相反，如果2019年业绩未达成，那么2020年不仅要填平2019年的业绩差额，还要完成当年度的业绩指标，这给员工带来了一定的业绩压力。另外，举一个极端的例子，如果安井食品在2019年营业收入值超过了170.785亿元，第二、第三个解除限售期公司层面的业绩要求均达标，那么只要激励对象个人通过绩效考核就可以解除限售。与前几个案例相比，安井食品在公司层面设置的业绩要求看起来最简单，但其背后存在的可能性却是最为丰富的。

四、封顶式股权激励

> **案例**
> 设置上限的"封顶式"股权激励——招商蛇口[①]

2016年11月,招商局蛇口工业区控股股份有限公司(证券代码001979,以下简称"招商蛇口")发布了《股票期权首期授予计划(草案)》,该草案对公司和个人两方面的业绩要求做出了规定。

1. 公司层面的业绩条件

(1)招商蛇口归属于上市公司股东的扣除非经常性损益的净资产收益率不低于如表12-18所示的目标值,且不低于对标企业同期75分位值。

表12-18 招商蛇口公司层面业绩条件——净资产收益率

第一批生效	第二批生效	第三批生效
本批生效时,前一个完整财年归属于上市公司股东的扣除非经常性损益的净资产收益率不低于13%	本批生效时,前一个完整财年归属于上市公司股东的扣除非经常性损益的净资产收益率不低于14%	本批生效时,前一个完整财年归属于上市公司股东的扣除非经常性损益的净资产收益率不低于15%

(2)招商蛇口归属于上市公司股东的扣除非经常性损益的净利润三年复合增长率不低于如表12-19所示的目标值,且不低于对标企业同期75分位值。

归属于上市公司股东的扣除非经常性损益的净利润三年复合增长率=

$$\sqrt[3]{\frac{N期归属于上市股东的扣除非经常性损益的净利润}{N-3期归属于上市公司股东的扣除非经常性损益的净利润}} \times 100\% - 1$$

---

① 案例来源:《招商局蛇口工业区控股股份有限公司股票期权首次授予计划(草案)》,招商蛇口。

表12-19　招商蛇口公司层面业绩条件——净利润三年复合增长率

第一批生效	第二批生效	第三批生效
本批生效时，前一个完整财年归属于上市公司股东的扣除非经常性损益的净利润三年复合增长率不低于13%	本批生效时，前一个完整财年归属于上市公司股东的扣除非经常性损益的净利润三年复合增长率不低于13%	本批生效时，前一个完整财年归属于上市公司股东的扣除非经常性损益的净利润三年复合增长率不低于13%

（3）招商蛇口达成集团下达的经济增加值考核目标（见表12-20）。

表12-20　经济增加值考核目标

第一批生效	第二批生效	第三批生效
本批生效时，前一个完整财年达成集团下达的经济增加值考核目标	本批生效时，前一个完整财年达成集团下达的经济增加值考核目标	本批生效时，前一个完整财年达成集团下达的经济增加值考核目标

（4）自授权日至每一批期权行权期结束日，在满足上述业绩条件的基础上，必须有至少10个交易日的交易价格达到公司上市发行价（除权后）23.34元或以上，激励对象方可行权。

2. 激励对象层面的业绩条件

（1）若激励对象在股票期权生效的前一年度绩效考核结果为合格或以上，那么根据公司业绩情况和生效安排，激励对象当期应生效的股票期权可以生效，实际生效比例根据个人绩效考核结果确定（见表12-21）。

表12-21　激励对象层面的业绩条件

个人年度绩效等级	个人实际可生效股票期权占本批个人应生效股票期权的比例
良好或以上	100%
合格	80%
合格以下	0

（2）对于公司高级管理人员，如果任期内经济责任审计中发现经

营业绩不实、国有资产流失、经营管理失职以及存在重大违法违纪的行为，则其获授的股票期权（包括未生效的和已生效未行权的）全部失效，已经行权获得的股权激励收益应当上交招商蛇口。

3. 封顶机制

与常见的股权激励不同，招商蛇口对激励对象设置了"封顶"机制，即激励对象的个人实际激励收益最高不超过本期股票期权授予时其薪酬总水平的40%。

> **评价：** 招商蛇口设置的业绩要求主要有以下几大特色：第一，公司层面设置复合业绩指标，包括归属于上市公司股东的扣除非经常性损益的净资产收益率、扣除非经常性损益的净利润三年复合增长率、招商集团下达的经济增加值考核指标等；第二，除业绩指标外，将股价也作为考核的标准，自授权日至每一批期权行权期结束日，在满足公司层面三项业绩条件的基础上，必须有至少10个交易日的交易价格达到公司上市发行价（除权后）23.34元或以上，激励对象方可行权；第三，设定收益封顶机制，规定激励对象的个人实际激励收益最高不超过本期股票期权授予时其薪酬总水平的40%。这种"封顶式"的设计可以有效地控制公司实施股权激励的成本，避免偶然性外部因素对公司业绩的大幅影响，更能预防公司未来资源的过度透支。

第十三章

股权激励第十一步
——定调整

定调整是股权激励中不可或缺的一步，对调整机制的设置、执行等，将直接影响股权激励计划的科学性与合理性。

第一节　激励股权数量及价格的调整办法

股权激励的调整包括激励股权数量的调整、激励股权价格的调整。通常，在公司发生资本公积转增股本、派发股票红利、股份拆细或缩股、配股等事宜时，公司将对股票期权数量及所涉及的标的股票总数做出相应的调整。以股票期权为例，调整方法一般如下。

一、上市公司激励股权数量及价格的调整

（一）股票期权数量的调整方法

1.资本公积转增股本、派发股票红利、股份拆细

$$Q = Q_0 \times (1+n)$$

其中：Q_0 为调整前的股票期权数量；n 为每股的资本公积转增股本、派发股票红利、股份拆细的比率（每股股票经转增、送股或拆细后增加的股票数量）；Q 为调整后的股票期权数量。

2. 配股

$Q = Q_0 \times P_1 \times (1+n) \div (P_1 + P_2 \times n)$

其中：Q_0 为调整前的股票期权数量；P_1 为股权登记日当日收盘价；P_2 为配股价格；n 为配股的比例（配股的股数与配股前公司总股本的比例）；Q 为调整后的股票期权数量。

3. 缩股

$Q = Q_0 \times n$

其中：Q_0 为调整前的股票期权数量；n 为缩股比例（1股公司股票缩为 n 股股票）；Q 为调整后的股票期权数量。

4. 派息、增发

在公司发生派息或增发新股的情况下，股票期权数量不做调整。

（二）股票期权行权价格的调整方法

在某一激励计划草案公告当日至激励对象完成股票期权行权期间，若公司发生资本公积转增股本、派发股票红利、股份拆细或缩股、配股、派息等事宜，公司将对股票期权的行权价格做出相应的调整。调整方法如下。

1. 资本公积转增股本、派发股票红利、股份拆细

$P = P_0 \div (1+n)$

其中：P_0 为调整前的行权价格；n 为每股的资本公积转增股本、派发股票红利、股份拆细的比率；P 为调整后的行权价格。

2. 配股

$P = P_0 \times (P_1 + P_2 \times n) \div [P_1 \times (1 + n)]$

其中：P_0 为调整前的行权价格；P_1 为股权登记日当日收盘价；P_2 为配股价格；n 为配股的比例（配股的股数与配股前股份公司总股本的比例）；P 为调整后的行权价格。

3. 缩股

$P = P_0 \div n$

其中：P_0 为调整前的行权价格；n 为缩股比例；P 为调整后的行权价格。

4. 派息

$P = P_0 - V$

其中：P_0 为调整前的行权价格；V 为每股的派息额；P 为调整后的行权价格，经派息调整后，P 仍需大于1。

5. 增发

在公司发生增发新股的情况下，股票期权的行权价格不做调整。

（三）调整程序

当出现前述情况时，公司股东大会授权公司董事会审议通过关于调整股票期权数量、行权价格的议案。公司应聘请律师就上述调整是否符合《上市公司股权激励管理办法》、公司章程和本激励计划的规定向公司董事会出具专业意见。在调整议案经董事会审议通过后，公司应当及时披露董事会决议公告，同时公告律师事务所意见。

根据《上市公司股权激励管理办法》第六十五条第四款，上市公司应当将报告期内权益价格、权益数量历次调整的情况以及经调整后的最新权益价格与权益数量在定期报告中予以披露。

二、非上市公司激励股权数量及价格的调整

非上市公司还可能遇到公司上市或被并购的情形，通常公司可以视情况提出加速到期方案或直接终止。加速到期就意味着跳过原先设定的考核指标，直接进入行权程序，这对员工来说无疑是一件好事。但有的公司在制订股权激励计划时会事先约定：发生公司上市或被并购一类的情形时，公司将终止原计划，对于已获授但尚未行权的部分，按照原价加计利息的方式回购。

第二节　激励对象异动时的股权激励方案调整办法

一、激励对象违反竞业条款和保密条款时的股权激励计划处理

公司在进行股权激励时，一般都会在合同中约定竞业条款和保密条款。这些条款属于惩罚性条款，要求激励对象不得泄露公司的商业和技术秘密，不得提前辞职，离开公司时不得存在为竞争对手工作、带走其他职员等有损公司利益的行为，否则公司就会取消或终止当年甚至前几年的股权激励。

股权激励计划中基本上都有这样的惩罚性条款，比如摩托罗拉、可

口可乐等公司在股票期权计划中均有"坏孩子条款",对"跳槽"到竞争企业工作、对本公司敌意收购、严重损害企业利益的经营管理者,公司有权拒绝兑现尚未行使的期权。这对经理人"跳槽"或自立门户产生了重要的约束作用,有利于激励对象的稳定。

腾讯曾向其前员工索要竞业限制赔偿金,高达1 940万元。

> **案例**
> 腾讯前员工违反保密与竞业限制协议,遭腾讯索赔1 940万元
>
> 徐振华系腾讯前员工,于2009年4月加入腾讯游戏,负责网游开发运营。他曾研发出著名网游《轩辕传奇》,并获得腾讯的股票期权,同时与腾讯公司签订了《保密与不竞争承诺协议书》。但是,徐振华并没能信守承诺,于2014年1月私下成立上海沐瞳科技有限公司。2014年5月,徐振华从腾讯离职后又成立了三家公司,前后研发出多款与腾讯研发的游戏相似的产品,尤其是《无尽对决》与腾讯《王者荣耀》高度相似。
>
> 于是,腾讯将徐振华诉至法院。一审法院认为徐振华的确违反了竞业限制约定,并要求徐振华赔偿腾讯方面372万元。随后双方均不满此次的判决,提起上诉。二审法院审理后认定徐振华的行为明显违反了劳动者应遵守的竞业限制方面的基本义务,同时二审法院改变了一审法院认定的违约金的计算结果,并据此判令徐振华按照双方协议约定,返还其基于腾讯授予股票获得的所有实际收益,向腾讯支付1 940万元。据了解,这是目前国内竞业限制案件中判罚金额最大的案件。

二、激励对象升职、调岗、转换任职公司时的调整办法

一般来说,激励对象发生正常职务变更,但仍在公司内或在关联

公司内继续任职的，其获授的激励股权仍然按照职务变更前规定的程序进行。

如果激励对象职务变更或调岗后成为依照法律规定难以享有激励股权或持有公司股权的人员，那么其已获授但尚未行权或解除限售的激励股权将不得按计划行使，同时其已经享有的股权由公司进行回购。这主要是基于公司股权激励合规性的要求，如果激励对象成为依法不得受激励的人员，而公司不加以及时调整的话，那么激励计划将会有违法风险。

下述案例展现了公司如何规定激励对象发生异动时的处理方式。

案例

厦门象屿2020年股权激励计划：激励对象异动的处理方式

厦门象屿股份有限公司（股票代码600057，以下简称"厦门象屿"）于2020年11月21日公布了《2020年股权激励计划（草案）》，其中第八章"公司及激励对象发生异动的处理"载明：

（1）激励对象发生正常职务变更，但仍在公司内或在公司控股子公司内任职的，其获授的股票期权或限制性股票完全按照职务变更前本激励计划规定的程序进行。

（2）激励对象被选举为监事或独立董事或因其他组织调动成为相关政策规定的不能持有公司股票或限制性股票的，其已获授但尚未解除限售的限制性股票不得解除限售，由公司以授予价格加上中国人民银行同期定期存款利息之和进行回购注销。

三、激励对象服务终止时的调整办法

在激励对象终止对公司的服务时，股权激励计划要做出相应的调整。调整的方式主要有两种：加速行权和期权失效。

（一）终止劳动关系

终止劳动关系包括两种情形：一种是负面情形离职，比如员工因为违反规章制度而被公司解雇；另一种是非负面情形离职，比如员工因为自己的因素提出辞职申请或劳动合同期满离职。在发生终止劳动关系的情形下，一般来说，对于员工已经获授但尚未解除限售的限制性股票或尚未行权的股票期权，公司将进行回购注销；而对于已经解除限售或已行权的激励股权，公司将根据实际情况做出继续有效的处理或以公司事先确定的价格予以回购处理（通常，在负面情形下回购价格会较低，在非负面情形下回购价格会较高）。

激励对象主动辞职、公司裁员、劳动合同期满离职的，激励对象已行权的股票期权或已解除限售的限制性股票继续有效。激励对象已获授但尚未行权的股票期权不得行权，由公司注销；激励对象已获授但尚未解除限售的限制性股票不得解除限售，由公司回购注销，回购价格为授予价格。激励对象离职前需缴纳完毕股票期权或限制性股票已行权或解除限售部分的个人所得税。

激励对象未能有效履职、失职或渎职等行为损害公司利益或声誉而导致公司解除与激励对象劳动关系的，激励对象已行权的股票期权或已解除限售的限制性股票继续有效。激励对象已获授但尚未行权的股票期权不得行权，由公司注销；激励对象已获授但尚未解除限售的限制性股票不得解除限售，由公司回购注销，回购价格为授予价格。激励对象离职前需缴纳完毕股票期权或限制性股票已行权或解除限售部分的个人所得税。

（二）退休

美国的做法是，如果经理人因为退休而离职，其持有的所有股权激励计划的授予时间表和有效期限不变，享受与离职前一样的权利。如果他获授的是股票期权计划，而且在退休后3个月内没有执行，则股票期权成为非法定股票期权，不享受税收优惠。

中国有两种做法：一种是按照国际惯例，授予时间表和有效期限不变；另一种是在6个月之内加速行权，在6个月内未完成行权的股权激励计划将失效。

伟星股份在其股权激励计划中就规定了激励对象退休的处理方法。

> **案例**
> 伟星股份2020年第四期股权激励计划：激励对象退休办法
>
> 浙江伟星实业发展股份有限公司（股票代码002003，以下简称"伟星股份"）于2020年8月26日发布《第四期股权激励计划（草案）》，在第十三章"本激励计划的变更和终止"中，伟星股份对激励对象退休时股权激励计划的执行做出了以下规定。
>
> 激励对象退休时，其获授的限制性股票当年已达到可解除限售条件的，该部分仍可由激励对象继续享有，其余尚未达到可解除限售的限制性股票不得解除限售，由公司按照授予价格加上银行同期存款利息之和回购注销。

（三）丧失行为能力

如果经理人因事故、疾病永久性地丧失了行为能力，从而中止了与公司的雇佣关系，则在其持有的股权激励计划过期之前，该经理人或其合法继承人可以自由选择时间对可行权部分行权。一般建议在伤残离职5年内完成行权，在离职5年内未完成行权的股权激励计划将失效。

金牛电器规定了激励对象另一种异动——丧失劳动能力时的处理办法。

> **案例**
> 金牛电气2020年股权激励计划：丧失劳动能力的规定

芜湖金牛电气股份有限公司（股票代码870014，以下简称"金牛电气"）于2020年11月3日发布《2020年股权激励计划（草案）》，其中在第十三章"公司与激励对象发生异动时股权激励计划的执行"中载明，激励对象因丧失劳动能力而离职，应分以下两种情况处理。

（1）当激励对象因工伤丧失劳动能力而离职时，在情况发生之日，激励对象根据本激励计划已获授但尚未解除限售的限制性股票将按照本激励计划规定予以解除限售。在其离职后，个人绩效考核结果不再纳入解除限售条件。

（2）当激励对象非因工伤丧失劳动能力而离职时，在情况发生之日，激励对象根据本激励计划已获授但尚未解除限售的限制性股票不得解除限售，由公司回购。

（四）死亡

如果受激励人在任期内死亡，那么股权激励可以作为遗产由其继承人继承。对于被继承的激励股权的有效期，不同的公司规定不一样。有的公司规定在激励股权正常过期之前，继承人可以自行选择行权时间；也有一些公司规定，在员工死亡后的时间内，继承人可以自由行权，但超过一定的时限，股权激励计划将自动作废。更多公司采用的是继承人应在3年内完成行权，如果继承人在3年内没有完成行权，股权激励计划将失效。

在美国，如果员工在离职的一定时间（如3个月）内死亡，那么大多数公司董事会将这种情况视同员工在任期内死亡。

同样,在对激励对象身故的处理上,金牛电气采用了如下处理方式。

激励对象身故的,应分以下两种情况处理。

(1)激励对象若因执行职务身故,在情况发生之日,经董事会决定,激励对象已获授但尚未解除限售的限制性股票将由其指定的财产继承人或法定继承人代为持有,按照本激励计划规定予以解除限售。在其身故后,个人绩效考核结果不再纳入解除限售条件。

(2)激励对象若因其他原因身故,在情况发生之日,激励对象根据本激励计划已获授但尚未解除限售的限制性股票不得解除限售,由公司回购。

第十四章

股权激励第十二步
——定退出

↪ 退出机制是整个股权激励计划中最重要的板块,前期设置得好,各方可以"好聚好散",反之,则可能出现"兄弟式合伙,仇人式分家"。

第一节　预先设置退出机制的重要性

对于公司而言，拿出部分股权来激励员工并不是一件难事，但是如何把给出去的股权妥善地收回来且不伤及各方情面则是一大难题。从澜亭股权研究院多年面向企业家的授课情况来看，企业家最关心的也正是激励对象如何退出的问题。

从近年来股权激励的实施情况来看，退出环节是企业、股东与激励对象之间最容易起冲突的环节，比如雪莱特、富安娜、中关村在线等知名企业都曾在退出环节与激励对象产生分歧甚至引发诉讼。

下面通过两个案例的评析，来让大家切身感受一下预先设置退出机制的重要性。

案例
中关村在线与员工股权激励纠纷案：早期试水的反面教材

中关村在线全名是"北京中关村在线数字信息技术有限公司"，由赵雷等人成立于1999年，主要从事科技消费产品的报价和在线交易。创业初期，公司一名副总因为与赵雷的经营理念不合而率领一批核心员工出走,这给赵雷相当沉重的打击。

为了稳定军心并留住公司其他优秀员工,2000年3月,中关村在线与一些技术骨干分别签订了劳动合同,其中有这样一条条款:"乙方工作满12个月后,可以获得甲方分配的股权8万股;自乙方获得第一笔股权之日起,乙方每工作满一年可以获得甲方分配的股权8万股。如果甲方在乙方获得的第一笔股权期满之前上市,乙方可以提前获得第一笔甲方分配的股权。"在该合同签订后,这些员工大都留在公司任职。直到一年后,相关员工因为各种因素陆续离职。

2004年,美国CNET Networks,Inc(纳斯达克交易代码CNET)宣布将以1 600万美元收购中关村在线和蜂鸟网。在并购消息传出后,前述员工开始联系中关村在线要求兑现当初劳动合同中的承诺,但是中关村在线一直处于回避状态,站出来回应的是八亿时空计算机科技有限公司(中关村在线的控股公司)副总裁范晔晖。范晔晖表示:"原劳动合同中规定的股权分配并不存在,如果说合同规定的是股权,那么这些股权应该到工商局备案,备案是必需的程序,但事实是目前没有备案,没有备案就没有法律效力。"范晔晖还表示:"员工如果要兑现这些股份,那么也只能兑现这个公司当初的10万元注册资金。"按照范晔晖的回复:首先,公司并不认可劳动合同中股权分配条款的合法性;其次,即便合同合法有效,公司也仅按照初始注册资金10万元兑现股权,而不是按照当时1 000万元的注册资金或CNET的收购价来兑现股权。如此一来,公司股权每股价值相当微小,即便是持股最多的员工可以兑现的股权价值也就几千元,这与员工的理解相去甚远。

对此回复,员工显然不接受。一名员工拿出离职时中关村在线出具的《股权分配证明》,其中显示中关村在线承认该员工工作满一年并且无偿获得8万股股权,待公司股权分配体系建成后向其本人补发《股权分配合同》。但事实上,有关"8万股股权"的约定并不明晰,比如公司总共有多少股股权，8万股股权占公司股权总量的比例是多少，8万股股权对应多少权益、权益是按什么标准计算，到期后如何衡量公司股权的增值性，8万股股权如何兑现、能否转让、怎么转让，《股权分配证明》中都未提及。

2004年11月，7名持有合同的员工一起向海淀区仲裁委员会提出劳动仲裁请求。海淀区仲裁委员会认为这个合同纠纷主要是关于股份期权能否兑现的纠纷，不是简单的劳资纠纷，已经超出了劳动仲裁的范围。因此海淀区仲裁委员会出具了书面建议，建议7名员工通过法律手段解决纠纷。

在海淀区仲裁委员会做出仲裁后，7名员工立即向海淀区法院提起诉讼。在两次庭审中，原被告双方围绕合同的合法性、股权与股份期权的区别等实体问题展开了激烈的辩论，但最终海淀区法院却以"劳动争议超出劳动仲裁时效"为由判决原告败诉。员工方面不能接受这样的判决结果，一致表示要上诉至北京市第一中级人民法院。

案例评析：

中关村在线与员工股权激励纠纷案具有一定的时代意义，彼时股权、股份期权等作为新兴事物刚刚进入中国，且跨越《中华人民共和国劳动法》《中华人民共和国公司法》等多部法律。1999年11月，我国第一批股份期权试点在北京推行，次年逐步扩大试点。2000年12月8日，北京市人大常委通过的《中关村科技园区条例》（2001年1月1日正式实行）承认"中关村科技园区企业可以实行股份期权"。

但中关村在线作为早期试水股权激励的公司，对股权激励的规则、程序等具体事宜的了解并不深入，再加上其实施股权激励的真实背景是核心高管率众出走，股权激励被用作"救急"的措施，考虑并不周详，最终只与员工落实为一个较为粗放的条款，从而引发了与员工之间的纠纷。纠纷发生后，中关村在线处理危机的应变能力也不到位。公司完全可以积极与员工协商,适度支付股权分配款项,这不仅可以平息纠纷,还能提升公司的整体形象,为高新技术企业实施股权激励做出表率,同时也为CNET的并购加分,可谓一举多得。但无论如何,中关村在线与员工的股权激励纠纷都给股权激励在我国的发展指明了改进方向,尤其强调了退出机制的设置将直接影响激励对象的兑现结果。

案例
雪莱特:高管离职引发的股权激励纠纷案

广东雪莱特光电科技股份有限公司(证券代码002076,以下简称"雪莱特")创立于1992年,是中国电光源产业领域极具代表性的上市公司。柴国生是雪莱特的创始人兼董事长。

李正辉是柴国生的云南同乡,自2000年进入雪莱特担任柴国生的助理,由于业绩能力突出,一年后即升任公司副总裁,负责销售。为了表示对李正辉工作能力的认可及鼓励,柴国生于2002年、2004年两次向李正辉赠送股权,具体时间节点及关键事宜如下。

2002年10月30日,柴国生与李正辉签订了一份《关于股份出让的有关规定》:"鉴于李正辉先生对公司工作的重要性及未来发展需要,公司董事长柴国生先生自愿将名下股份38万股(占现时公司总股本的3.8%)无偿转让给李正辉先生,股份的权益和责任规定如下。(1)股份权益的享用从2003年1月1日起生效,享受和其他股东同样的分配权益并承担相应风险责任。(2)无论公司上市与否,李正辉从持有股票之日起,在公司服务时间不能少于5年,即2003年1月1日至2006年12月31日。若中途退出,无论公司市值多少,一律按原值38万元计算,以原值38万元除以服务年限支付股权。服务满5年后,其股票可按公司的实有资产(不包括无形资产)转让或上市出售,公司有优先购买权。(3)股东必须以公司利益为最高利益,一旦出卖公司利益或违反保密条例,经董事会讨论,将丧失股权,并承担相应的经济、法律责任。(4)非公司允许,股东不得从事、兼职其他任何职业、职务,违反规定将承担由此造成的损失及赔偿。"

为了配合柴国生将激励股权转让至李正辉名下,雪莱特通过了董事会会议并向广东省工商行政管理局申报增加李国辉为公司股东。申报文件中有一份柴国生与李正辉于2003年4月1日签订的《股权转让协议》:"柴国生原来拥有的公司74.4%的股权(股金2 083.2万元),现转让3.8%的股权(股金106.4万元)由李正辉受让,其他股东的出资额及比例都不变;李正辉必须于2003年4月30日前将购买股权的款项全部付清给柴国生。"雪莱特的全体股东都在协议书上进行了签字确认。

2004年1月30日,李国辉从雪莱特领取了2003年股东分红款38万元(2003年度该公司确认年终按1 000万元利润对股东进行分配)。

2004年7月15日,柴国生与李正辉又签订了一份《股权赠与协议》,明确由柴国生将其合法持有的公司0.70%的股权赠与李正辉。同一天,李正辉还签署了一份《股权受赠承诺书》给雪莱特:"鉴于柴国生拟将其合法持有的公司0.70%的股权赠与本人,本人接受该等赠与。为此,本人郑重承诺遵守如下义务:自本人做出本承诺之日起五年内,本人如果以任何理由从公司主动离职,则本人应向柴国生先生给予经济赔偿。赔偿金额按以下方法计算:本人离职之日,如果受赠股份未上市流通,赔偿金额=受赠股份数×公司最近一期经审计的每股净资产值;本人离职之日,如果受赠股份已上市流通,赔偿金额=受赠股份数×离职之日雪莱特股票交易收盘价。以上'受赠股份数'指本人接受柴国生先生赠与的股权在雪莱特改制为股份公司后形成的股份数(含本人接受赠与至本人从雪莱特主动离职之日期间送股及公积金转增股本)。以上'离职之日'由雪莱特人力资源部确定。"同日,公司还配合做出了董事会决议并办理了工商变更登记。

2006年10月25日，雪莱特经批准在深交所上市，股票代码为002076。雪莱特在同年10月9日签署的招股说明书及发行公告中确认："柴国生和李正辉等21名自然人为公司发起人。（1）2003年股东股权转让。经公司股东会议同意，2003年4月1日，员工李正辉与股东柴国生签署《股权转让协议》，李正辉受让柴国生所持有的3.8%的股权成为新股东，股东数变更为8人，并履行了相关的工商变更登记手续；本次股权转让价格为106.4万元，作价依据为当时的注册资本（2 800万元×3.8%=106.6万元），股权款全部以现金方式结清，本次股权转让不存在纠纷……（3）2004年7月15日，公司股东会议决议同意，股东柴国生和股东李正辉及其13名员工分别签订赠与协议，柴国生将持有的4.03%股份赠与李正辉及其13名员工，并办理了相关工商变更手续。"

2007年7月25日，李正辉以身体情况为由向雪莱特递交辞职报告。2007年8月28日，雪莱特出具离职证明，确定经公司董事会决定，同意董事兼副总经理李正辉先生辞去公司一切职务，并于2007年8月28日与李正辉先生正式解除劳动关系。李正辉本人也在离职证明上签字确认。

从2007年12月21日起，李正辉与柴国生、雪莱特之间的连环诉讼开始展开。首先是李正辉向佛山市南海区劳动仲裁委员会提起诉雪莱特经济补偿和董事津贴争议的仲裁，仲裁请求被驳回后，他又向佛山市南海区人民法院提起诉讼，后又撤回起诉。接着是柴国生以"滥用股东权利"为由向广东省高级人民法院起诉，请求：（1）李正辉返还其持有的雪莱特5 223 886股股票（以2007年9月21日收盘价17.35元/股计算，价值90 634 422.1元）；（2）判令李正辉赔偿柴国生经济损失19 294 014.75元；（3）李正辉承担全部诉讼费用。广东省高级人民法院经审理后做出判决，但柴国生与李正辉均不服原审法院判决，向最高人民法院提起上诉。

在连环诉讼中，双方的争议焦点主要如下。

（1）李正辉所持有的雪莱特3.8%的股权是柴国生无偿赠与的还是李正辉有偿受让取得的？柴国生是否可以要求李正辉返还该部分股权？

柴国生主张：李正辉所持有的雪莱特3.8%的股权是柴国生无偿赠与的。其提交的证明证据为2002年12月30日双方当事人签订的《关于股份出让的有关规定》和2003年1月14日做出的《董事会决议》。柴国生向李正辉赠送股权的目的是激励其长期在公司工作，现在李正辉服务期未满即离职，应向其返还全部获赠的股份。

李正辉主张：李正辉所持有的雪莱特3.8%的股权是有偿受让取得的。其提交的证据是2003年4月1日做出或签订的《股东会决议》《股权转让协议》《招股说明书》等，证明了双方当事人对雪莱特3.8%股权的购买约定到购买行为完成的事实，并主张《股权转让协议》替代了原来的赠与关系，其受让股权是有偿的，雪莱特是以此进行其股东的变更登记、股东名册登记和公司的招股上市的。李正辉还主张在柴国生办公室向其支付106万元现金，但柴国生没有给收据。即便是需要向柴国生返还股份，也只应按实际未服务期限计算应返还股份的数量。

最高人民法院核心观点：鉴于李正辉不能提供证据证明其向柴国生支付过股权转让款，应认定柴国生与李正辉签订的《股权转让协议》未实际履行，李正辉系根据《关于股份出让的有关规定》建立的附条件的赠与法律关系获得雪莱特3.8%股权。柴国生上诉主张其向李正辉赠与股份的事实成立，本院予以采信。《关于股份出让的有关规定》载明李正辉自2003年1月1日起在雪莱特服务需满5年，若中途退出，以原值除以服务年限支付股权。双方当事人对违反赠与所附条件应承担违约责任的约定明确，但对如何处理约定不明。对柴国生和李正辉关于违约如何处理内容的解读，本院均不予采信。

《中华人民共和国合同法》第一百九十二条规定，受赠人有不履行赠与合同约定义务情形的，赠与人可以撤销赠与。本案中，当雪莱特决定于2007年8月28日与李正辉正式解除劳动关系时，李正辉依据《关于股份出让的有关规定》自2003年1月1日持股后在雪莱特公司服务了近四年零九个月，尚有4个月的服务时间未满，按每月获赠股份的数额折合，可撤销赠与的4个月股份数为348 259股（李正辉约定服务时间为5年，即60个月，平均每月获赠股份为5 223 886÷60=87 064.77股，4个月对应的股份数为87 064.77×4=348 259股），李正辉应退还给柴国生。柴国生上诉请求依据合同法可以行使撤销权的观点成立，但由于李正辉已经履行了赠与所附条件约定的大部分服务时间之义务，其请求撤销全部赠与的主张，本院不予支持。对李正辉服务时间未满足部分对应的股权，本院准许其撤销赠与。

（2）李正辉签署的《股权受赠承诺书》中关于赔偿金额计算条件"受赠股份已上市流通"的意义以及李正辉应向柴国生赔偿的数额。

柴国生主张：《股权受赠承诺书》的签署时间是2004年7月15日，当时我国股权分置改革刚刚启动，尚未完成，假如雪莱特实现上市，其股份可能被区分为流通股和非流通股。为明确李正辉在公司上市后违背承诺的责任，雪莱特上市后受赠股份如果是非流通股，赔偿标准按每股净资产值计算；雪莱特上市后受赠股份如果是流通股，赔偿标准按交易收盘价折算。这是2004年双方进行股权赠与之时的政策背景与真实意思。

2005年8月23日发布的《关于上市公司股权分置改革的指导意见》（证监发〔2005〕80号）明确要取消非流通股与流通股，使上市公司所有股份最终成为"全流通股"。雪莱特股票首次公开发行的时间是2006年10月25日，根据"新老划断"的股权分置改革要求，雪莱特作为股权分置后的新上市公司，全部股份都是流通股，李正辉不存在持有非流通股的可能性。而李正辉作为发起人在公司上市后一年内股票转让受限制，是李正辉应承担的责任和义务，不能否认其股份是流通股。李正辉应按照流通股的赔偿计算标准支付赔偿金。

李正辉主张：《股权受赠承诺书》第一条第1款是对受赠股份未上市流通的赔偿约定，第2款是对受赠股份已上市流通的赔偿约定，是否已上市流通的界定对象均特指李正辉依受赠协议所获赠的雪莱特原0.7%的股份。上市流通的含义是指李正辉持有的受赠股份可以在证券市场进行正常交易和转让，并非指雪莱特公开发行的股票在证券交易所上市交易。《中华人民共和国公司法》第一百四十一条规定："公司公开发行股份前已发行的股份，自公司股票在证券交易所上市交易之日起一年内不得转让。"因此，受赠股份在李正辉离职时尚属于未上市流通股份。李正辉的辞职申请被认定为主动离职，其赔偿金额应当按照《股权受赠承诺书》第一条第1款的约定计算。

最高人民法院核心观点：李正辉在签署《股权受赠承诺书》时承诺，如其违约，对受赠股份以每股价值为单位计算向柴国生进行经济赔偿，并载明了股权价值的两种计算方法。按照一般的经济生活习惯，在公司未上市时，公司净资产价值是公司股权价格的最直接参考标准，在公司上市以后，公司股票市值是公司股权价格的最直接参考标准。李正辉在《股权受赠承诺书》中对股权价值的计算方法，符合通常情况下人们对公司股权价格的参考标准，因此，将《股权受赠承诺书》中约定的"受赠股份已上市流通"解读为系针对公司股份是否上市流通更符合经济生活的常理。柴国生答辩主张"受赠股份已上市流通"系指公司股份上市流通的观点本院予以采纳。

综上，对当事人上诉争议的两个焦点问题，最高人民法院认为：柴国生和李正辉之间关于3.8%和0.7%雪莱特股份的约定及李正辉签署的《股权受赠承诺书》，建立了附条件的赠与民事法律关系，该民事法律关系是双方当事人的真实意思表示，不违反法律、法规的禁止性规定，合法有效。根据《中华人民共和国合同法》第一百九十二条和当事人之间的约定，李正辉未完全履行赠与所附条件，应相应退还柴国生所赠雪莱特的股份及按其承诺对柴国生做出经济赔偿，应退还的股份数为348 259股，应赔偿金额为19 294 014.7元，同时判决规定李正辉从判决生效之日起10日内支付，逾期按银行规定的贷款利率双倍支付利息。而李正辉第二次获赠的0.7%的股份，也应当退还给柴国生。

至此，争讼已久的"股权纠纷案"才告一段落。

案例评析：

柴国生与李正辉股权激励纠纷案被视为"国内第一起上市公司诉股东滥用股东权利案"和"第一起股权激励纠纷案"。从案件的解决方式、解决过程和处理结果来看，整个案件没有赢家，无论是柴国生还是李正辉都为争议解决投入了大量的时间和金钱，同时还各自承担了争诉过程中股价下跌的风险和损失。

而这起纠纷案产生的根本原因就是"退出机制"设计不完善。

第一，退出机制的设置没有遵循对等原则。柴国生两次向李正辉赠与股份时都以"服务期限"作为判定的标准，其中第一次赠股的退出条件中虽然约定了李正辉在服务期未满的情况下离职时，其持有的获赠股份应当按照原值返还，但却没有明确具体的返还数量计算方式。柴国生认为应当返还所有股份，而李正辉认为应按照实际服务期限计算返还股份数量，法院审理后认为李正辉最终享受的激励股权数量与其服务期限成正比，若李正辉未满服务期即退出，仅需要按照未服务期限换算出应返还的股权数量。而第二次赠与的退出条件是李正辉未满服务期离职时，需要返还柴国生向其赠与的股份的实际价值。两次赠股的退出机制相比，第一次赠股时约定的退出条件约束性明显低于其激励性，违背了柴国生向李正辉赠股的初衷。"约束"与"激励"不对等，导致了李正辉在服务期临满时离职，且双方对退出的解决机制存在重大分歧。

第二，退出价格的计算方式不明确。第二次赠股时，双方虽然就不同情况做了区分，但是并没有就退出价格设计的初衷及背景、退出可能涵盖的所有基本情形、各情形及公式中的关键字等做出说明和释义，这也就导致了双方对激励对象退出时究竟适用哪种情形产生了分歧。

第二节　如何设置完美的退出机制

有进必有出，有出才有进。这是一个动态循环往复的过程。

前述两个股权激励纠纷案例足以体现预先设置退出机制的重要性，也正因此，退出机制被视为股权激励计划的核心组成部分。公司会关心如何让激励对象合理、合法地退出，预先设置的退出情形是否全面，激励对象退出的价格如何计算，退出时的程序及手续如何。而员工也一样关心退出机制，比如哪些情形下需要退出股权激励计划，退出时激励股权如何变现，相关权益如何保障，有过错的情况下该承担哪些责任，退出时需要经过哪些程序和手续，等等。要想避免各方在退出环节产生分歧，公司就要事先设置退出机制。

而想要设计一个完美的退出机制，公司就需要从两方面入手：第一，明确设计退出机制时应遵循的三个原则；第二，从退出情形、退出价格、回购主体、回购程序四个方面入手设计完整的退出机制。

一、设计退出机制时应遵循的原则

在设计退出机制前，我们需要明确三个原则，分别是离职即退出原则、约束与激励对等原则和指向清晰完整原则。

（一）离职即退出原则

此原则主要指向非上市公司。非上市公司更多考虑人合性、股权激励池的有限性以及公司控制权问题，因此非上市公司更需要此类人走股留的规定与指引。股权激励通常是企业基于某些特定目的，力图将公司、股东和员工绑定的激励工具。不管这些特定目的是什么，它们的本质都是希望员工能够积极主动地参与公司决策、分享公司成长收益并分担经营风险。

在公司内部实施股权激励时，激励对象往往都是与公司有正式劳动关系，并且达到一定工作年限或职级要求的员工。为了能够向员工释放出长期合作、荣辱与共的诚意，公司一般会折价向员工授予激励股权，目的是换取激励对象一定的服务年限以及服务期内的价值。因此，激励对象一旦离职，就丧失了成为激励对象的资格，公司应当将该离职员工手中的激励股权收回，这就是"离职即退出原则"的应有之义。若激励对象离职后不退出股权激励计划，该激励对象的身份就从员工变成了投资人，这不符合公司实施股权激励的初衷和逻辑。

（二）约束与激励对等原则

约束与激励对等原则是整个股权激励过程中都应当遵守的原则，而其在退出机制设定环节的表现最为突出。股权激励中有一个最基本的逻辑线条：公司向中意的员工授予激励股权，被激励的员工应努力工作提升公司价值，公司价值提升且双方无异动，被激励员工可行权获益；公司价值降低或被激励员工存在一定程度的过错，则被激励员工要承担利益受损的风险和责任。在设计退出机制时，我们应当注意"约束性"和"激励性"的平衡，如果退出机制过于严苛，"约束性"超越了"激励性"，激励对象参与股权激励计划的积极性就会受到抑制，股权激励的正向激励作用也难以体现；如果"约束性"明显低于"激励性"，违约成本较低，那么激励对象很有可能在服务期内做出损害公司及股东利益的事，或者在满足约束条件后快速离职变现，不顾公司的远期发展。

（三）指向清晰完整原则

在前述雪莱特"柴国生和李正辉股权激励纠纷案"中，双方争议的焦点之一就是李正辉离职后要不要返还受赠的激励股份、返还多少股份、按照何种标准计算赔偿金额。而该争议产生的原因就是前期有关退出条件的条款约定得过于粗放。在相关协议签订时，大家处于"蜜月"式的合作期，碍于情面不会约定过细，但是一旦触发退出机制且涉及经济利益，双方立即进入"自我防御"状态，只会站在自己的角度，按照最有利于自己的方式解读原本粗放的条款。在任何一段合作关系中，双方一旦缺乏互信、理解和包容，就会产生分歧和争议，而此时就亟须按照事先约定的条款或规则来解决争议，事先没有约定或者有约定但约定不明就可能导致矛盾发酵。因此，在股权激励退出环节中，为了避免出现上述情况，我们有必要事先设置完整的、指向明确的退出机制。

二、设计退出机制实际操作

由于股权激励涉及的关键主体是公司和参与激励计划的员工，所以能够触发股权激励退出机制的通常也就是员工和公司两大主体。根据具体情形的差异，会出现不退出、主动退出、被动退出、意外退出四大类情况。其中，主动退出是指员工自己选择离开，主要有员工主动离职、退休等情形；被动退出是指公司让员工离开，主要基于员工过错或者公司因经营环境或市场行情等发生重大变化；意外退出是指员工丧失劳动能力或死亡，从而需要退出。

这部分论述与第十三章"定调整"部分有一定的重合，但是两者侧重点不同，本处是系统性地梳理所有可能触发退出机制的情形（见表14-1）。

表14-1 所有可能触发退出机制的情形

	情形		退出机制
员工异动	不退出	职位变更但仍在公司任职	不退出，按原计划进行
	主动退出	主动离职、劳动合同到期	■ 已获授但尚未行权或解除限售的部分不得行权或解锁，由公司注销 ■ 回购价格：授予价格加计年息
		退休	■ 按退休前的计划进行，但个人绩效考核结果不纳入行权或解锁条件 ■ 回购价格：授予价格加计年息
	被动退出	考核不达标	因此类因素与公司解除劳动关系的： ■ 已获授但尚未行权或解除限售的部分不得行权或解锁，由公司注销 ■ 回购价格：授予价格和回购时股票市场价格孰低
		不能胜任工作	
		不服从轮岗调岗	
		失职渎职	
		违反保密协议	
		违反竞业限制	
		违反法律法规，损害公司利益	
	意外退出	员工因执行职务死亡	■ 由指定的财产继承人或法定继承人代为持有 ■ 已获授但尚未行权或解除限售的按身故前的激励计划进行 ■ 个人绩效考核结果不再纳入行权或解锁条件
		员工非因执行职务死亡	■ 已获授但尚未行权或解除限售的部分不得行权或解锁，由公司注销 ■ 已行权部分由继承人继承
		员工因执行职务丧失劳动力	个人绩效考核结果不再纳入行权或解除限售条件
		员工非因执行职务丧失劳动力	已获授但尚未行权或解除限售的部分由公司注销

（续表）

情形			退出机制
公司异动	不退出	公司控制权变更	继续实施
		公司合并、分立	继续实施
	被动退出	公司未依法披露信息，导致股权激励无效	■ 未行权的股票期权由公司统一注销 ■ 已行权的，激励对象返还全部收益，但激励对象可向公司追偿
		公司因会计、财务等违法违规	■ 已获授但尚未行权或解除限售的部分不得行权或解除限售，由公司回购注销 ■ 回购价格：授予价格加计年息
		公司因经营环境或市场行情等发生变化	按授予价格回购

（一）员工异动

通常，发生退出情形往往是由于员工层面发生了需要终止激励的情形。总的来说，员工异动分为以下几种情形。

1. 不退出

当激励对象发生正常职务变更，但仍服务于公司或者公司的关联公司（包括母公司、子公司、兄弟姊妹公司等），同时不存在不得接受激励的情形时，激励对象无须退出。毕竟双方劳动关系仍在，继续股权激励能够持续激发员工为公司贡献价值的积极性，但在考核层面和股权数量等层面，公司可根据需求做出部分调整。

规范表述：激励对象发生正常职务变更，但仍在公司内或在公司控股子公司内任职的，其获授的股票期权或限制性股票完全按照职务变更前本激励计划规定的程序进行。

2.主动退出

主动退出可分为"主动离职、劳动合同到期"和"退休",在前者这种情形下,员工可能不再满足受激励条件或者公司觉得不适合继续激励:对于已获授但尚未行权或解除限售的部分不得行权或解锁,由公司注销;对于已经行权或解除限售的部分按照授予价格加计一定年息予以回购。对于后者,如果激励对象退休,那么对于已获授但尚未行权或解除限售的部分按退休前的计划进行,但个人绩效考核结果不纳入行权或解锁条件,对于已经行权或解除限售的部分按照授予价格加计一定年息予以回购。

规范表述:激励对象因退休而离职,在情况发生之日,激励对象已行权的股票期权或已解除限售的限制性股票继续有效,激励对象已获授但尚未行权的股票期权不得行权,由公司注销;激励对象已获授但尚未解除限售的限制性股票不得解除限售,由公司回购注销,回购价格为授予价格加上银行同期存款利息之和。

3.被动退出

被动退出主要是指非员工意愿的退出,一般就是指员工发生负面情形,公司要求其退出。对于这类情形,一方面,员工不再享有相应的受激励的资格;另一方面,对于已经行权或解锁的激励股权,公司会用较低的价格予以回购。具体原因包括员工考核不达标、不能胜任工作、不服从轮岗调岗、存在失职渎职情形、违反保密协议或竞业限制、违反法律规定和损害公司利益。因此类因素退出的,对于已获授但尚未行权或解除限售的部分不得行权或解锁,由公司注销;对于已经行权或解除限售的部分可按照授予价格和回购时股票市场价格孰低者回购(上市公司),或者按照授予价格和公司届时的净资产价格孰低者予以回购(非上市公司)。

规范表述：激励对象未能有效履职、失职或渎职等行为损害公司利益或声誉而导致公司解除与激励对象劳动关系的，激励对象已行权的股票期权或已解除限售的限制性股票继续有效，激励对象已获授但尚未行权的股票期权不得行权，由公司注销；激励对象已获授但尚未解除限售的限制性股票不得解除限售，由公司回购注销，回购价格为授予价格。

4.意外退出

意外退出是指员工层面发生了本人和公司意愿之外、不可控的情形，导致员工难以继续为公司提供服务而需要退出。具体情形包括员工因执行职务死亡或丧失劳动力、非因执行职务死亡或丧失劳动力。之所以要区分是因执行职务还是非因执行职务，主要是为了体现公司在激励员工时的公平原则。相应地，退出机制的设计也会有所差别。

- 员工因执行职务死亡的，对于已获授但尚未行权或解除限售的部分按身故前的计划进行，但个人绩效考核结果不纳入行权或解锁条件；对于已经行权或解除限售的部分由指定的财产继承人或法定继承人代为持有。
- 员工非因执行职务死亡的，对于已获授但尚未行权或解除限售的部分不得行权或解除限售，由公司注销；已经行权或解除限售的部分由继承人继承。
- 员工因执行职务丧失劳动能力的，对于已获授但尚未行权或解除限售的部分按之前的计划进行，但个人绩效考核结果不纳入行权或解锁条件。
- 员工非因执行职务丧失劳动能力的，对于已获授但尚未行权或解除限售的部分不得行权或解除限售，由公司注销。

规范表述：激励对象丧失劳动能力而离职的，其已获授但尚未行权的股票期权不得行权，由公司注销；其已获授但尚未解除限售的限制性股票不得解除限售，由公司回购注销，回购价格为授予价格加上银行同期存款利息之和。

激励对象发生身故的，其已获授但尚未行权的股票期权不得行权，由公司注销；其已获授但尚未解除限售的限制性股票不得解除限售，由公司回购注销，回购价格为授予价格加上银行同期存款利息之和；已解除限售部分限制性股票由继承人继承。

（二）公司异动

当然，也存在公司层面发生异动情形导致需要终止激励的情况。公司层面的异动分为以下两种情形。

1. 不退出

此种情形主要包括公司控制权变更、公司合并或分立。通常来说，这种情形并不会影响公司股权激励计划的继续执行，因此公司可继续予以实施。当然，部分公司会事先规定，如果发生上述情形，那么届时由股东会、董事会决定是否退出。

规范表述：公司出现下列情形之一时，本计划不做变更，按本计划的规定继续执行：（1）公司控制权发生变更；（2）公司出现合并、分立等情形。

2. 被动退出

此种情形是指公司层面存在负面情况，导致股权激励难以延续，员工不得不退出，包括公司未依法披露信息导致股权激励无效、公司因会计和财务等违法违规、公司因经营环境或市场行情等发生变化。

由于公司未依法披露信息导致股权激励无效的，对于已获授但尚未行权或解除限售的部分，由公司注销；对于已行权或解除限售的部分，激励对象需要返还全部收益，但是可以向公司追偿。

由于公司因会计、财务等违法违规的，对于已获授但尚未行权或解除限售的部分不得行权或解锁，由公司注销；对于已经行权或解除限售的部分按照授予价格加计一定年息予以回购。

由于公司因经营环境或市场行情等发生变化的，对于已经行权或解除限售的部分按照授予价格回购。

规范表述：公司因信息披露文件有虚假记载、误导性陈述或者重大遗漏，导致不符合股票期权或限制性股票授予条件或行权或解除限售安排的，未行权或解除限售的股票期权或限制性股票由公司统一注销或回购注销处理，激励对象获授股票期权或限制性股票已行权或解除限售的，所有激励对象应当返还已获授权益。对上述事宜不负有责任的激励对象因返还权益而遭受损失的，可按照本激励计划相关安排，向公司或负有责任的对象进行追偿。

（三）特殊情形

此情形主要是指激励对象在激励期间涉及离婚。离婚一般不会影响员工激励资质、考核以及激励方案的继续推行，所以不视作退出情形。但是按照《中华人民共和国民法典》婚姻编的规定，这部分激励股权极有可能被认定为夫妻共同财产，在离婚时可能涉及分割的问题，所以特此提及。激励股权是为了吸引、留住和激励优秀员工，而其配偶对公司来说没有任何贡献价值，不宜作为公司股权的持有者。因此，公司可与员工事先约定，这部分股权不可分割，但是激励股权产生的经济利益可以由员工及其配偶按照离婚协议、遗产继承或法律规定予以分割。

规范表述：激励对象在激励期间涉及离婚的，激励股权不可分割，但是由激励股权所产生的经济利益可由激励对象及其配偶按照《中华人民共和国民法典》婚姻编的相关规定予以分割。任何时候激励对象的配偶不得径行向公司提出分配激励股权对应的经济利益的要求。

三、股权退出的方式

公司可以根据自身情况提前设置相关的退出方式。退出方式可分为三类。

一类是强制退出。所谓的强制退出是指，在预先设定条件发生时，公司有权回购激励对象所获股份，或有权不再授予未成熟的股权。法律术语表达为：股权回购方有权利回购。

一类是允许退出。所谓的允许退出是指，在预先设定条件发生时，激励对象有权选择要求公司（或公司大股东）回购其部分股份，或有权选择对于未成熟的股权不行权。法律术语表达为：激励对象有权利要求股权回购方回购。

一类是选择退出。所谓的选择退出是指，在预先设定条件发生时，公司有权选择是否回购激励对象所获股份，或有权不再授予未成熟的股权。法律术语表达为：股权回购方有权利但无义务回购。

> **案例**
> 华为退出规则：虚拟受限股的退出
>
> 虚拟受限股的实质是员工享有企业的分红权，并不真正意义上持有该等股份，一旦员工离开企业或触及违约条款，企业有权按照事先约定的价格收回该等股份。在华为，员工没有虚拟受限股的持股凭证，也不能转让或流通虚拟受限股。

在华为，虚拟受限股一般每年增发不超过10%，给各级员工授予多少受限股，需要视企业的具体情况而定，购买价格一般以每股净资产为参照标准。

对于员工因故需要退出，华为的详细规定如下。

- 在职人员，每年可以卖1/4的股票。
- 公司非常困难时期，员工不能卖股票，离职也不能兑换股票。
- 公司在经营困难时，每年可以卖1/10的股票。
- 换工号时没有再聘用，股票回购，不能保留。
- 在卖掉或重组的子公司工作满5年，离职可以保留股票。
- 在华为工作满8年且45岁以上，可申请保留股份。申请后，公司检查违反诚信与否，视情况批准。
- 退休可以保留最近3年职位最高的饱和配股数量，对于多的股份，公司回购。
- 退出股价＝净资产/股数。
- 任正非在2018年前有股东大会决议否决权。

案例
时间单元计划：权益清零的退出

华为5年时间单元计划，采取的是"递延＋递增"的分配方案。操作方法举例如下。

假如2014年给予员工时间单元计划的授予资格，配了10 000个单位，虚拟面值为1元。

- 2014年（第一年），没有分红权。
- 2015年（第二年），获取10 000×1/3分红权。

- 2016年（第三年），获取10 000×2/3分红权。
- 2017年（第四年），全额获取10 000个单位的100%分红权。
- 2018年（第五年），在全额获取分红权的同时，另外进行升值结算。如果面值升值到5元，则第五年获取的回报是全额分红+10 000×（5-1），同时，对这10 000个单位进行权益清零。

四、股权退出注意要点

（一）回购主体

根据现行《中华人民共和国公司法》和最高人民法院司法判例，我们可基本明确回购主体应为目标公司的大股东和控股股东，而不能是目标公司本身，因为这会造成公司减资，而公司减资是一个复杂的过程，会严重影响目标公司的债权人的权益。一般来说，我们在设置规则时会约定由公司控股股东或者其指定的第三人作为回购主体。

（二）回购价格

这是特别重要的内容，涉及激励对象的根本经济利益。如果约定的回购价格不当或不合理就会造成诉讼，也可能会被法院推翻；如果被推翻，法院认定的回购价格就无法预料。所以，我建议：（1）根据各种情况明确约定回购的价格体系；（2）各种回购价格应当是明确的，或者是有明确的计算公式，不能是模糊的，也不能有歧义；（3）回购价格应当是合理合法的。

（三）回购程序

回购程序涉及做出回购决定的主体、回购决定的确定时间、通知、送达。具体说明如下：回购决定是董事会做出、股东会做出还是回购方自己确定，应在授予时明确，同时应符合《中华人民共和国公司法》和公司章程；回购决定做出的时间是在授予后行权前还是行权后，是在激励对象离职后还是离职前；回购决定做出后如何通知激励对象，如果送达不到又怎么办；等等。程序的不当可能会造成实体内容的无效，所以目标公司一定要注重程序问题。

五、股权退出的相关案例

下面介绍几例全国知名企业因股权激励引发的诉讼纠纷，对读者理解股权激励退出机制可能有所启发。

案例
孙云与搜房控股有限公司合同纠纷

案涉《股票期权协议》第二部分总则第3条规定，当受让人与公司的雇佣关系终止时，"所授予的股票期权在雇佣关系终止日起的30天后终止，股票期权中尚不能行使的部分失效"。最高人民法院认为，搜房公司是出于自身利益考虑，不愿为孙宝云办理股票期权行使事宜，而不是因客观障碍导致股票期权不能行使。《离职协议书》约定："在协议生效后，双方权利义务终止，除违反本协议的行为外，任何一方不得通过任何途径向对方主张任何权利。"最高人民法院认为，该协议书的内容为搜房公司就协商解除劳动合同事宜向孙宝云支付经济补偿金，并未提及孙宝云的股票期权问题，不足以推定搜房公司和孙宝云合意终止股票期权关系。

判决结果：搜房公司于判决生效后10日内给付孙宝云《股票期权协议》中约定的股票55 000股（其中，10 000股按每股1港元行权，40 000股按每股2港元行权，5 000股按每股5港币行权）。

案例

徐某与阿里巴巴（中国）有限公司

案情：2007年7月31日，阿里巴巴网络公司受Alibaba.com Corporation（阿里巴巴国际站）的授权委托，出具《Alibaba.com Corporation 2007年股份激励计划股票期权授予通知》给徐某。该通知中载明：本通知应成为授权协议的一部分，按该计划和本奖励协议中的条款和条件，徐某被授予购买本公司普通股票的权利，授予限制股单位总数20 000。2011年2月21日，阿里巴巴网络公司书面通知徐某，该通知中载明：徐某离职后，公司发现其在职期间存在营私舞弊行为，严重违反了阿里巴巴商业行为准则及公司的价值观，现公司正式通知其，对其的离职行为，公司内部将参照因特定事由被公司解雇处理。公司受阿里巴巴集团的委托特别提醒其注意以下事项：阿里巴巴集团将按原始行权价回购徐某目前持有的由阿里巴巴集团根据2007年股份激励计划授予的股份期权而获得的52 469股阿里巴巴集团的股份。另外，对于其申请转让给张某的阿里巴巴集团股份，阿里巴巴集团将不予办理转让手续。

法院认为，徐某作为阿里巴巴网络公司的员工，在任职期间与他人投资成立公司并与阿里巴巴集团关联公司签订合同，但未向公司披露，严重违反了其签订的劳动合同中约定的应当遵守的规章制度，即本案所涉的《阿里巴巴集团商业行为准则》中关于利益冲突的规定，同时构成特定事由，即严重违反"参加人"与"公司"及其任何"子公司"之间任何协议或合意，以及就与其担任或受聘于"服务提供者"有关的任何重大事实作虚假陈述或遗漏任何该等重大事实，阿里巴巴集团有理由据此主张不予办理相关股权登记等转让手续，故法院对徐某的诉请不予支持。

案例

美团股权激励计划引争议，三名已离职员工诉讼维权

案情：2011年2月1日刘先生入职三快科技公司，担任城市经理一职。在职期间，刘先生通过《美团公司2011年股权激励计划股票期权授予通知》，被授予35 000股的股票期权，三快科技公司的法定代表人王兴在该通知上签字。2013年8月21日，刘先生离职，此后双方因股票期权的行权事宜产生争议。刘先生诉至法院，要求确认其股票期权行权日为2013年8月20日，且同时应得股票期权为17 953股；确认其股票期权行权日的每股股票价值按三快科技公司经审计的2012年度会计报告中每股净资产值进行确认；确认其行权时股票增值收益所得按全年一次性奖金的征税办法计算征收个人所得税并由三快科技公司代扣代缴；三快科技公司在刘先生支付行权款之日起三日内向刘先生提供行权收据和股份证书。

被告三快科技公司辩称：刘先生2011年2月1日入职本公司，担任城市经理，后变更为销售经理。2013年8月21日，双方解除劳动关系。刘先生起诉主体错误，股票期权授予通知并非本公司做出，而是美团公司（一家依据开曼群岛法律设立的公司）做出，本公司与刘先生之间不存在劳动关系，本案不属于劳动争议；股票期权授予通知及股票期权授予协议中载明管辖法院为香港法院，海淀法院没有管辖权；本公司并未发行股票，与美团公司之间不存在相互持股的关系，客观上不存在向刘先生授予第三方股权的可能性；税收问题由行政机关管理，并非人民法院民事案件的受案范围；刘先生并未支付行权款，无法在尚未发生的事实的基础上主张权利。请求法院驳回刘先生的全部诉讼请求。

结　语

"致天下之治者在人才",随着中国经济的快速发展和转型升级,人才是企业第一资源的定论毋庸置疑。正当企业家用尽"十八般武艺"拟留住骨干人才时,历史悠久的股权激励正以其成本小、激励效果明显的优势进入大众视野。

对公司来说,股权激励并不只是"纸上谈兵",局限于几份文件,而是一套基于公司和行业实际情况为公司和员工量身定制的系统。

对公司老板、股东来说,一定要事先明确实施股权激励的初衷,知晓股权激励的内在逻辑和实质,并愿意和骨干员工分享公司将来发展的增量。

对于激励对象来说,通过参与股权激励计划,员工愿意放弃其他择业机会,将自身与公司的发展绑定,希望与老板、股东共建共享,实现个人和公司共同的目标。

本书首先介绍股权激励的背景和历史,继而讲解实施股权激励的方法论,并用12章的篇幅重点介绍了澜亭股权研究院创立的"12定"模型,以最简单明了的方式将股权激励的"骨架"展现给读者。我们希望通过本书,让读者尤其是对股权激励有兴趣的企业主和其他人士,对股权激励形成更为系统、清晰和全面的认识。最后,如果您有兴趣了解更多,也欢迎您来澜亭股权研究院或联系本书作者,相互切磋,共同学习。